我们一起解决问题

弗布克工作手册系列

质量管理
职位工作手册

第4版

宋宝学◎著

人民邮电出版社

北　京

图书在版编目（ＣＩＰ）数据

质量管理职位工作手册 / 宋宝学著. -- 4版. -- 北京：人民邮电出版社，2023.5
（弗布克工作手册系列）
ISBN 978-7-115-61492-6

Ⅰ．①质… Ⅱ．①宋… Ⅲ．①企业管理－质量管理－手册 Ⅳ．①F273.2-62

中国国家版本馆CIP数据核字（2023）第054568号

内 容 提 要

　　质量管理是企业经营环节中的重要组成部分，它可以帮助企业提升生产效率，提高服务水平和客户满意度，从而使企业获得更多的利润并更好地发展。

　　本书从组织设计、业务运营和管理提升三个层面，对质量管理的各项工作如质量管理团队建设、质量管理体系建立、全过程质量控制、全过程质量检验、质量全面改善、质量管理工具、全方位质量成本管控、服务质量管控、供应链环境下的质量管控、智能制造环境下的质量管控等进行了详细介绍。本书兼具时效性、操作性与工具性，在提供相应的质量管理理论知识的同时，还提供了大量的模板与示例，为质量管理工作者提供了一套可以落地的整体化解决方案，有利于从业者提升业务能力和管理水平。

　　本书适合企业质量管理从业人员、中高层管理人员、管理咨询师及相关领域的专家学者使用。

　◆ 　　著　　　宋宝学
　　　责任编辑　程珍珍
　　　责任印制　彭志环

　◆ 人民邮电出版社出版发行　　北京市丰台区成寿寺路 11 号
　　　邮编 100164　　电子邮件 315@ptpress.com.cn
　　　网址 https://www.ptpress.com.cn
　　　大厂回族自治县聚鑫印刷有限责任公司印刷
　◆ 开本：787×1092　1/16
　　　印张：14　　　　　　　　　　2023 年 5 月第 4 版
　　　字数：300 千字　　　　　　　2023 年 5 月河北第 1 次印刷

定　价：69.80 元
读者服务热线：（010）81055656　印装质量热线：（010）81055316
反盗版热线：（010）81055315
广告经营许可证：京东市监广登字 20170147 号

"弗布克工作手册系列"序

　　"弗布克工作手册系列"图书旨在提升从业者的岗位技能、细化工作任务、明确工作规范。在这套书中，作者将岗位工作**目标化、制度化、流程化、技能化、方法化、案例化、方案化**，并为相关从业者提供了各种可以借鉴的范例、案例、模板、制度、流程、方法和工具，从而可以帮助读者提升岗位技能、高效执行工作。

　　技能是员工的立业之本。技能人才是支撑中国制造、中国创造的重要力量。在**"技能提升"**和**"技能强企"**行动中，企业中的每个岗位都急需一套可以拿来即用、学了能用的培训教材，以便企业通过提升员工的技能来提高各岗位人员的执行力和工作效能。而只有**落实到位、高效执行、规范执行、依制执行、依标执行**，才能确保企业合规运营，提高企业的运营效能，增强企业的核心竞争力。

　　但是，企业如果没有一套合理的**执行体系、标准体系、规范体系、制度体系**和**流程体系**，不去将每项工作通过具体的方法、方案、方式落地，那么一切管理都会浮于表面、流于形式，沦为**"表面化"**和**"形式化"**管理。

　　本系列图书通过将岗位**职责清晰化、工作流程化、管理制度化、执行方案化**，使**"人事合一""岗适其人，人适其事"**。其中，通过明晰职责，让读者知道自己具体应该干什么事情，需要什么技能，需要哪些工具；通过细化执行，让读者知道自己应该怎么干，思路是什么，方案是什么，应该关注哪些关键环节和关键问题；通过制度、流程、方法、方案设计，让读者知道自己应该遵循哪些标准和程序，应该按照哪些规范去执行工作。

　　本系列图书具有以下三个鲜明的特点。

　　（1）拿来即用。本系列图书按照有思路、有规划、有方案、有方法、有工具的"五有原则"进行编写，读者可根据自己企业的实际情况，对适用的内容"拿来即用"。

（2）拿来即改。本系列图书提供的各种模板，包括但不限于制度、流程、方案、办法、细则、规范、文书、报告，读者可以根据自己企业的实际情况修改后使用。

（3）参照学习。对于不能拿来直接使用或者修改后使用的模板，读者可以将其用作自己工作的参考，学习这种设计的思路，掌握各种管理模板背后的设计思维，运用这种思维去解决工作中的实际问题。

因此，本系列图书不仅适合基层员工使用，也适合管理者使用。

北京弗布克管理咨询有限公司

2022 年 7 月

前　言

　　《质量管理职位工作手册》（第4版）是"弗布克工作手册系列"中的一本。衷心感谢《质量管理职位工作手册》一书上市十几年来广大读者的厚爱和给予的支持！我们在充分研究读者反映的问题和意见的基础上，结合市场调研的结果，对《质量管理职位工作手册》进行了修订和补充，以使其更加符合读者的实际工作需求，更好地实现我们"拿来即用"的承诺。

　　本次修订对《质量管理职位工作手册》进行了以具体事务和具体工作为中心的重新设计，更加全面地介绍了质量管理的三项主要事务、十大类工作。本书针对质量管理团队建设、质量管理体系建立、全过程质量控制、全过程质量检验、质量全面改善、质量管理工具、全方位质量成本管控、服务质量管控、供应链环境下的质量管控、智能制造环境下的质量管控等具体工作，从制度、流程、方案、规范等方面进行了详细、具体的介绍，这些内容可以帮助读者在工作中做到逻辑清晰、事项清晰、执行清晰、问题清晰、结果清晰。

　　本书的具体修订工作主要体现在以下四个方面。

1. 重新梳理了质量管理工作的主要事项

　　通过思维导图的形式，对质量管理工作进行概括梳理，从宏观上对质量管理工作内容进行了梳理、划分。

2. 对具体工作和管理工作进行了区分

　　对具体工作进行了细化，强化了关键点、问题点，提供了执行方案；针对质量管理工作要求，提供了可以参考的制度、流程、规范。这样的区分使本书内容更加符合质量管理工作的特点。

3. 更新、细化了相关内容

删除了一些不必要的表单和知识，强化了工作技能方面的内容；进一步细化了一些制度、规范，使其更加贴近具体工作；增强了相关知识的实用性和针对性，便于读者将其应用于实际工作。

4. 提供附赠资源

本书的大部分章节都提供了二维码，读者扫描二维码，即可查看相关表单、方案和流程模板。

在实际工作中，读者可根据自己企业的实际情况和具体工作要求，参考书中介绍的范例、制度、流程、方案、方法并加以适当的修改，制定出适合本企业的范例、制度、流程、方案、方法，不断提高质量管理工作的效率。

对于书中的不足之处，敬请广大读者指正。

宋宝学

2023 年 3 月

目　录

**第 1 章
质量管理工作概述**

第4章
全过程质量控制

第5章
全过程质量检验

第6章
质量全面改善

第9章
服务质量管控

第10章
供应链环境下的
质量管控

第 11 章
智能制造环境下的
质量管控

第1章
质量管理工作概述

1.1 质量管理的发展阶段

1.1.1 质量检验阶段

20世纪初期，被称为"管理科学之父"的美国学者泰罗提出要按照职能的不同进行合理的分工，并将质量检验作为一种管理职能从生产过程中分离了出来。

在这个阶段，生产主要由家庭和手工作坊完成，产品质量主要依靠生产者的实际操作经验，靠人体感官的主观感知和简单的度量衡器的测量而定。

质量检验以事后检验为主。其缺点是无法在生产过程中起到预防和控制的作用，一经发现不合格品，毫无办法补救。另外，对产品进行全部检验有时在经济上并不合理。

1.1.2 质量管理阶段

质量管理阶段是指从20世纪初一直到20世纪40年代初。该阶段西方工业革命催生的大规模工业化生产取代了家庭、手工作坊式生产，因此产生了生产管理与质量检验的需求。

这一阶段产生了专业的部门执行质量检验工作，所使用的工具有新式检测设备和仪器仪表，以对产品进行严格把关。

质量管理阶段是在事后控制的基础上加入了过程控制，突出了质量的预防性控制。

1. 1. 3 全面质量管理阶段

从 20 世纪 60 年代开始，进入了全面质量管理阶段。全面质量管理概念最早由美国通用电气公司质量经理费根堡姆在 1961 年提出。

全面质量管理阶段强调产品质量是企业全体人员的责任，要使企业全体人员都具有质量意识并承担各自的质量责任。全面质量管理是一种在整个企业内专注于质量并建立企业内的质量文化的管理方法。全面质量管理有四个主要组成部分。

1. 客户焦点

明确内部和外部客户，认识到所有的客户都希望自己的需求得到满足且立刻得到满足。

企业在生产中的每个环节都必须考虑质量，且聚焦点应是预防而不是纠正。

2. 过程控制

过程控制以过程和通过问题解答来改进过程为焦点。改进过程将会降低不一致成本、减少浪费、消除错误。

3. 度量和分析

建立企业的度量体系，使过程和产品质量能得到客观且有效的收集、分析、反馈与应用。

4. 人的因素

要在整个企业内潜移默化地实施发展质量和客户满意的文化，需对全员进行质量培训、客户满意度培训、持续改进培训等。

1. 1. 4 标准质量管理阶段

20 世纪 80 年代后，人们对产品质量的要求更高，为了取得更大的经济利益，各个国家都在编制各自的质量管理标准。

1987 年，国际标准化组织（International Organization for Standardization，ISO）发布了 ISO9000《质量管理和质量保证》系列标准。1994 年，ISO 对 1987 年发布的 ISO9000 系列标准进行了修订，使之成为对制造业特别适用、质量保证能力有所提高的标准。

ISO9000 系列标准主要适用于制造业，但对硬件、软件、流程性材料和服务等行业也适用，其总结补充了组织质量管理中一些好的经验，突出了八项质量管理原则。ISO9000 系列标准一直沿用至今。

1．2　质量管理工作的十大模块

1．2．1　十大模块

企业可将质量管理工作分为十大模块，统一进行管理，合理分工，以提高工作效率。质量管理工作的十大模块导图如图 1-1 所示。

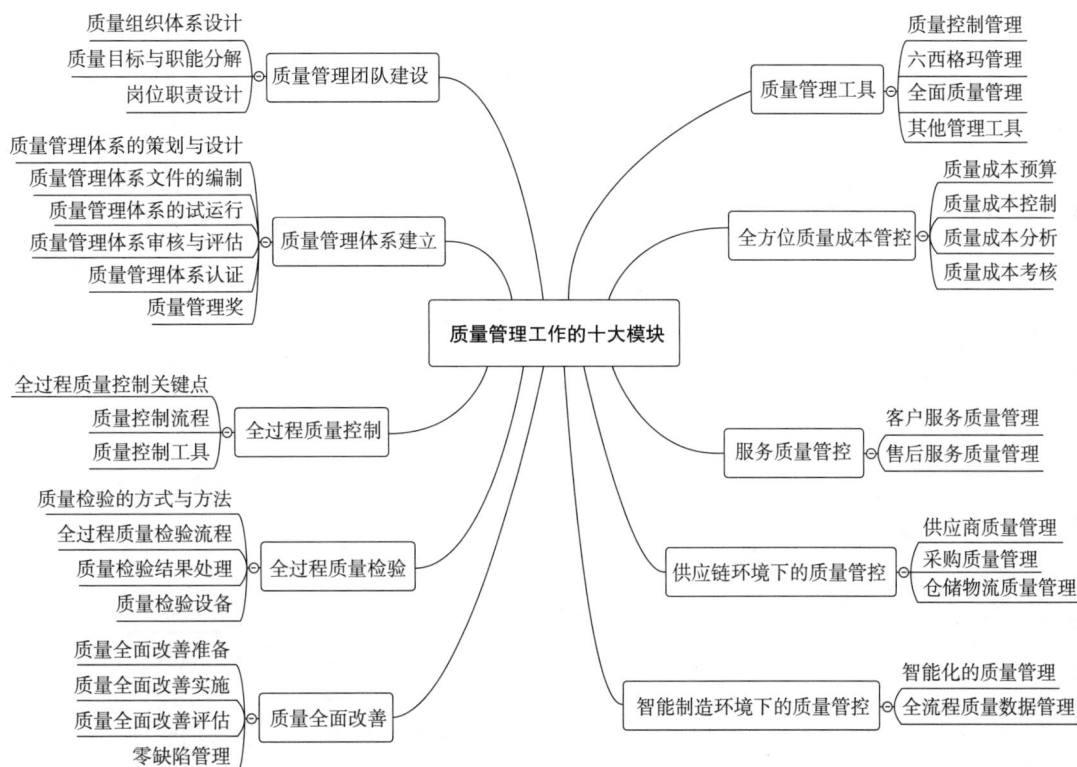

图 1-1　质量管理工作的十大模块导图

1．2．2　十大模块工作任务描述

企业可将质量管理工作的各个模块的工作任务进行细分，对工作任务进行详细描述，以达到提高工作效率、界定职责权限的目的。质量管理十大模块工作任务描述如表 1-1 所示。

表 1-1　质量管理十大模块工作任务描述

序号	模块名称	子模块	工作任务描述
1	质量管理团队建设	组织结构设计	根据质量管理部的职能设计组织结构框架
			对质量管理部所有要开展的工作进行分析，明确各岗位设置的目的、各岗位工作范围、工作关系和工作环境等事项
		岗位职责与分工	根据组织结构，将质量管理部工作职能与目标分解到各项生产活动中

3

（续表）

序号	模块名称	子模块	工作任务描述
2	质量管理体系建立	质量管理体系策划	确定质量管理方针，进行质量管理体系策划，完成质量管理体系方案设计
		质量管理体系文件编制	主要包括质量手册、程序文件和作业指导书的编制
		质量管理体系运行	质量管理体系试运行、质量管理体系监督、质量管理体系评审
		质量管理体系认证	明确质量管理体系的认证标准
3	全过程质量控制	明确质量控制要点	在产品设计、物料供应、生产制程、生产设备、生产包装、出库质量、售后质量等方面进行质量控制
		使用质量控制工具	质量控制工具主要包括 PDPC 法、KJ 法、矩阵数据分析法、系统图法、矩阵图法、箭线图法和关联图法
4	全过程质量检验	掌握质量检验的方法与设备	掌握质量检验的方法、熟练应用质量检验设备
		明确质量检验全流程	明确原材料、制程中的成品和半成品及售后产品的质量检验的流程，并掌握各自的执行关键点
		质量检验结果处理	检验合格产品、检验不合格产品及误差处理
5	质量全面改善	明确质量改善流程	确定质量改善方案、实施与监督质量改善、评估质量改善效果
		零缺陷管理	掌握零缺陷管理流程及操作方案
6	质量管理工具	掌握主要工具	质量控制管理、六西格玛管理和全面质量管理
		掌握其他工具	统计过程控制、测量系统分析、失效模式和效果分析、产品质量先期策划、生产件批准程序
7	全方位质量成本管控	质量成本预算	明确质量成本的构成、掌握质量成本预算方法
		质量成本控制	掌握质量成本的四种控制办法
8	服务质量管控	客户服务质量管控管理	进行客户服务质量满意度调查，制定满意度提升方案
		售后服务质量管控管理	售后服务质量体系建设、售后服务改善流程等
9	供应链环境下的质量管控	供应商质量管理	制定供应商选择质量控制制度、进行供应商产品质量评价等
		采购质量管理	明确样品质量验收管理办法和采购订单质量验收管理办法
		仓储物流质量管理	制定物资出入库质量管理制度、物资储存和配送质量管理制度
10	智能制造环境下的质量管控	智能化的质量管理	建立智能化质量管理系统、实施大数据质量管理等
		全流程质量数据管理	建立质量数据预警系统，进行数据监控与分析，编制质量数据分析报告等

1.3　质量管理中的风险

1.3.1　质量体系建设风险

　　要想加强对质量体系建设的控制，确保建设的质量体系能够正常使用，就必须对质量体系建设中可能存在的风险进行全面了解。企业需关注的质量体系建设主要风险如表1-2所示。

表 1-2　质量体系建设主要风险说明

风险名称	风险说明
质量体系认知培训风险	◆ 培训目的和培训需求不明确，从而使培训缺乏针对性，难以达到预期目的 ◆ 企业开展培训后，未进行培训效果的评估，不了解培训是否存在问题，也不知道从哪些方面去改进，不清楚培训是否达到目标 ◆ 缺乏足够的培训经费或培训经费使用不合理，造成培训内容过于单一或培训资源的浪费
质量体系贯彻落实风险	◆ 缺乏质量观念，只注重结果不注重过程，导致质量体系贯彻落实的失败 ◆ 对日常运行的监管不严，简单应付内部审核，内部管理过于宽松 ◆ 部分质量管理过程失控，导致质量体系不够稳定
质量体系评审优化风险	◆ 管理者只在管理评审报告上签字，未进行实质性的评审和质量体系改进 ◆ 评审的目的不明确、评审的依据不足、评审的对象不清楚、评审的内容匮乏、评审的时间间隔不合理等，造成质量体系评审失败，以至于找不到企业真正存在的问题 ◆ 质量体系评审后虽有改进需求，但没能落实到责任部门，最后不了了之

1.3.2　信息传递风险

　　在进行质量管理过程中，数据与信息的准确性是质量管理顺利进行的决定性因素之一。

　　与产品相关的各种质量信息伴随着产品的整个生命周期，信息量大，传递过程长。因此，在质量管理的全流程中，每个环节都必须保证信息传递及时、真实和准确。信息流复杂的传输过程需要质量管理方法和技术状态控制方法与之相适应，稍有差错就可能带来严重的质量风险。

1.3.3　工作流程风险

　　工作流程本身是业务活动的载体，企业按照一定的流程，可以完成不同阶段的质量管理工作。但是，在实施质量管理过程中，并不是所有业务的工作都有流程图的指导，各个部门需要根据各自的职责分工完成相应的工作。

　　在此过程中，当流程中某项工作的职责分工不明确或工作流程本身存在问题时，就会导致整个流程中断或无法实现为业务增值的目的，从而导致质量风险。

1.3.4 制造过程风险

绝大多数的产品质量问题都与产品制程相关，所以质量控制的重点应该在制造阶段。影响制造过程质量的因素有很多，如工艺文件、人员、设备和工装、方法和环境等。只有各种质量因素得到控制，才能加工出合格的产品。

不同产品在生产制程中的要求不同，若不进行区别对待将会产生更多质量问题，同时生产过程中的任何漏洞都可能导致潜在的质量风险。

1.3.5 质量检验风险

为了顺利开展质量检验管理工作，提高质量检验工作效率，保证企业的产品质量，企业在进行质量检验管理时，需要警惕并排除可能产生的风险，具体风险说明如表1-3所示。

表1-3 质量检验主要风险说明

风险名称	风险说明
质量检验标准设置风险	◆ 企业未制定质量检验标准，或当企业实际情况发生变化时，未对质量检验标准进行修订，影响质量检验工作 ◆ 制定的质量检验标准不合理，会导致后期的质量检验工作不能顺利实施，从而影响产品质量和工作效率 ◆ 质量检验标准不符合质量体系文件的要求
原材料质量检验风险	◆ 在原材料检验之前，企业未制定原材料质量检验方案或未做好相应准备工作，导致工作杂乱无序、工作效率低下 ◆ 未严格按照原材料质量检验标准进行检验，导致企业生产的产品出现不合格品
制程质量检验风险	◆ 质量检验人员未定期对生产现场进行制程质量的检查，导致出现不合格品 ◆ 质量检验人员素质及能力低，发现不了生产过程中存在的质量问题，从而影响产品质量 ◆ 质量检验人员未及时对找出的问题进行分析，导致质量问题的扩大
成品质量检验风险	◆ 质量检验人员未严格按照质量检验标准进行成品质量的检验，导致不合格产品流入客户手中，给企业造成经济损失 ◆ 质量检验人员未进行首件检验就进行大批量生产，导致出现大批量不合格品

1.3.6 产品召回风险

产品销售从来都不是产品链条中的最后一环，企业还需要关注产品售后所产生的问题。若在产品生产、产品检验等过程中对质量控制不严格，产品销售完成后也可能会出现某些批次产品的质量问题，此时可能就需要召回相应批次产品。

产品召回是指从供应链、销售或消费者手中召回不符合我国强制性标准、对消费者或产品使用者的健康和安全存在隐患的缺陷产品的过程。

对于企业来说，缺陷产品召回和客户安全及客户满意度紧密联系。因此，缺陷产品召回对企业来讲不仅是产品质量问题，也是市场问题，更是公共关系问题。缺陷产品召回会使企业承担巨大的风险甚至面临危机。

第2章
质量管理团队建设

2.1 质量组织体系设计

2.1.1 质量组织结构设计

　　质量管理是指根据质量管理体系的要求，对产品的不同制程进行质量检验与改进，确保产品质量和生产作业顺利运行的管理过程。因此，对质量组织结构进行设计时应设置不同的管理层次与不同的职能工作组。质量组织结构设计如图2-1所示。

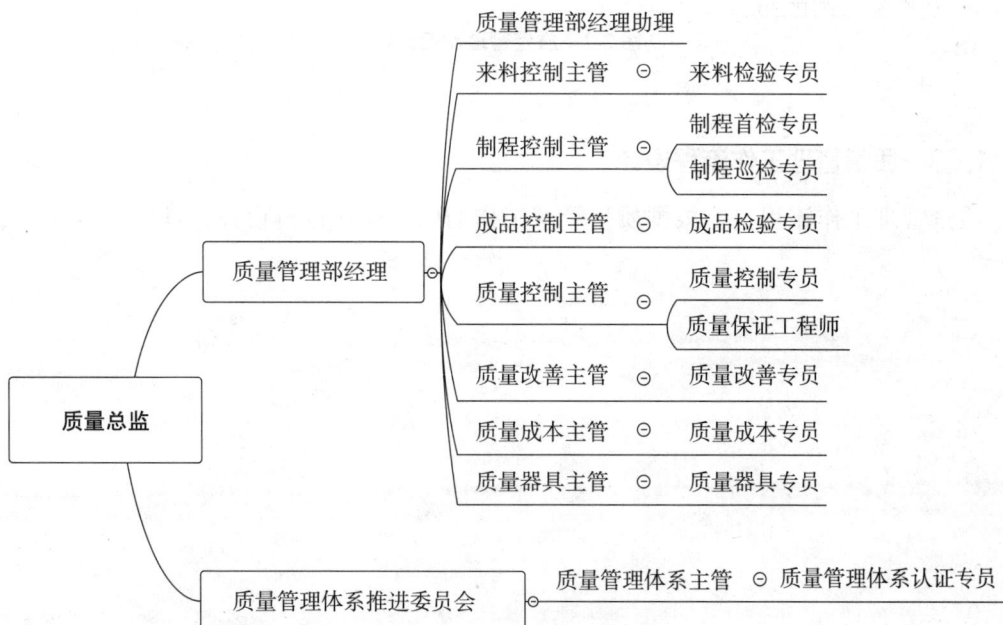

图2-1　质量组织结构设计

2.1.2 质量管理制度设计

完善的质量管理制度是质量管理工作顺利实施的保障。质量管理制度主要根据质量管理工作的以下模块进行设计,具体内容如图2-2所示。

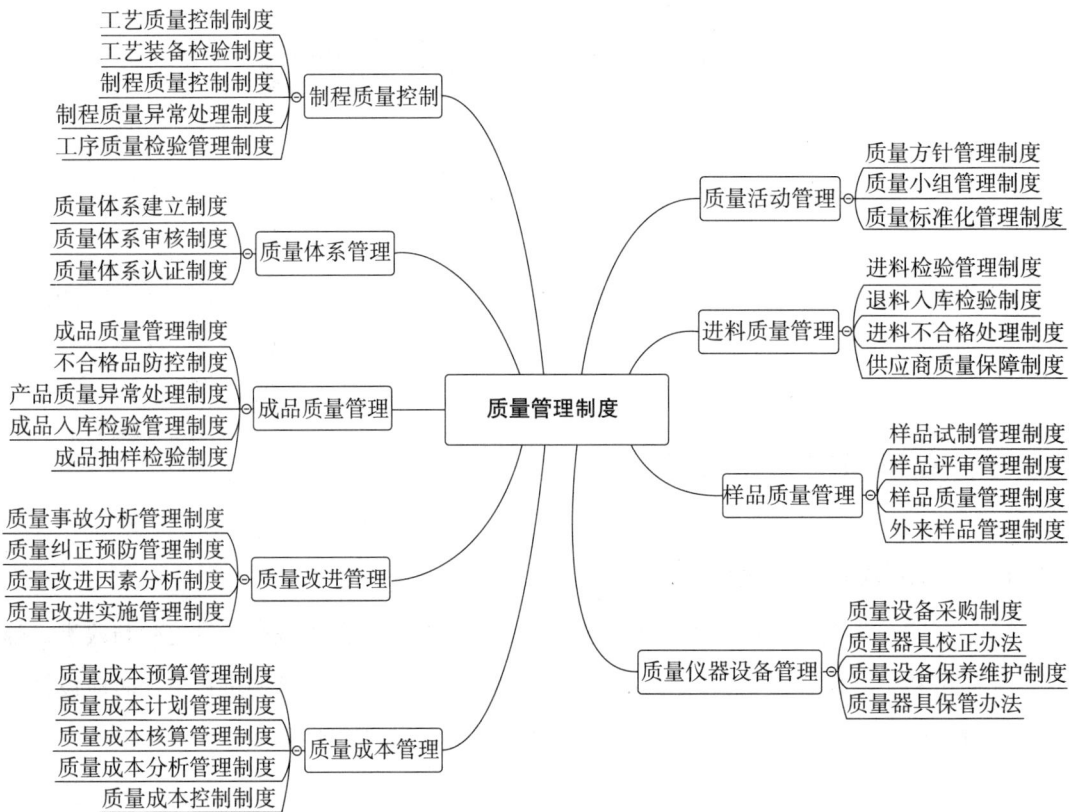

图2-2 质量管理制度设计

2.1.3 质量管理工作流程设计

质量管理工作流程主要根据质量管理工作的以下模块进行设计,具体内容如图2-3所示。

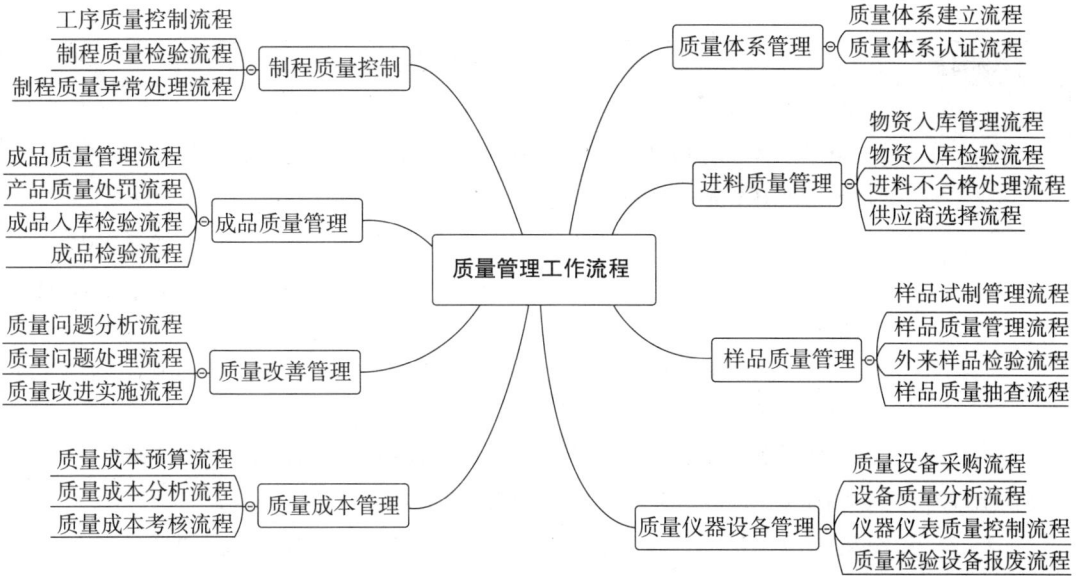

图 2-3　质量管理工作流程设计

2.2　质量目标与职能分解

2.2.1　质量目标分解

组织结构设计完成后，就需要对质量管理部的业务目标进行分解，将总体目标落实到部门内部的各个岗位。质量管理部业务目标分解如表 2-1 所示。

表 2-1　质量管理部业务目标分解

总体目标	目标细化
质量管理制度建设	制定质量方针，确定质量目标，编制质量管理规章制度
	负责监督各项质量管理规章制度的执行工作，质量管理制度有效执行率达到____%
质量检验	进行原材料的品质检验，对供应商的产品质量进行检验，采购合格率达到____%
	组织、指导各车间进行工序检验工作，依据技术文件对完工后的产成品进行检验，保证产成品合格出厂，产成品合格率达到____%
质量控制	组织对各车间进行例行质量检查，对其生产过程中的工艺进行监督，生产废品率低于____%
	结合客户需求、市场需求、产品特性及企业现状等进行科学、合理和有效的质量设计
	对生产过程中出现的质量问题进行妥善处理，质量问题处理及时率达到____%
	控制不合格品，制定不合格品的预防和纠正措施，并予以监督执行

（续表）

总体目标	目标细化
质量改进	满足客户和市场需求，使客户各方面都满意
	制订质量改进计划并监督、指导员工执行，质量改进计划达成率达到____%
	针对薄弱环节进行质量改进和完善，实施六西格玛管理
	不断进行质量改进工作，降低不合格率，力争零缺陷，实现产品优化、管理合理化
	召开重大的质量专题会议，协调各部门开展重大质量改进项目，完成的质量改进项目数达到____个
	提高员工对企业质量目标、质量观念、质量行为规范的认同感，努力实现企业的质量改进目标
质量管理体系	建设健全的质量管理体系，编制质量手册和程序文件，确保文件完整、无缺漏
	协助企业内部相关部门维护质量管理体系的正常运行
	组织开展质量管理体系评审与认证工作，质量管理体系认证一次通过率达到____%
质量问题与处理	组织对产品质量不良进行检测与报告，及时提交不良问题分析报告
	组织开展对质量投诉的管理、调查、处理，投诉处理满意度达到____分
	处理质量异常，协助处理客户投诉与退货的调查、原因分析，质量异常处理及时率达到____%
质量培训	组织质量控制人员和质量检查人员学习专业技术知识，建立一支高素质的质量控制、质量检查队伍，培训计划完成率达到____%
	培训结束后，对参训员工进行考核，部门员工综合考核达到____分以上，通过率达到____%

2.2.2 质量职能分解

质量管理人员在开展质量管理工作时，需要对质量管理部的职能进行分解，并编制职能分解表（见表2-2）。一般情况下，部门职能可分解为三级。一级职能是这个部门所应该承担的主要职能，二级职能是完成一级职能所需要做的具体工作，三级职能是为了完成二级职能所做的一些具体的工作事项。

表2-2 质量职能分解表

一级职能	二级职能	三级职能
质量检验	来料检验	◆ 负责编制来料检验标准作业程序并严格执行 ◆ 妥善处理来料质量异常问题，协助采购部处理不合格来料退货工作 ◆ 负责制订供应商质量保证计划，对供应商审核评估及过程进行控制
	制程检验	◆ 制定制程检验标准，并根据检验标准和要求，对半成品、成品及工序质量进行检测 ◆ 对产品进行跟踪、统计，编制质量分析报告，监督产品生产过程中的工序质量，防止不合格品流入下一道工序

一级职能	二级职能	三级职能
质量检验	成品检验	◆ 负责对成品进行检验，确保合格成品投入市场 ◆ 按照企业出厂产品检验规范和检验标准进行检验 ◆ 对经过检验且符合出厂要求的成品，出具产品质量检验合格报告
	出货检验	◆ 对待发运的产品进行最后一次出库前的检验，认真核对出库单与实际备货的品种、数量及包装情况 ◆ 及时纠正出库单与实际不符问题，确保装运过程中无差错
质量控制	质量控制与数据分析	◆ 健全质量控制系统，制定并完善管理目标负责制，确保质量的稳步提高 ◆ 根据企业整体质量状况，制定并实施质量控制方案，监控产品在生产过程中的质量 ◆ 抽查原材料、半成品、产成品检验的各项记录，对出现的质量问题进行统计分析，形成分析文件，提出处理意见 ◆ 定期对产品的质量状况和稳定性进行研究与分析，对检验方法进行研究、比较和验证，选择合适的检验方法
	来料控制	◆ 审核企业质量控制流程及制度规范，并督促检查质量执行工作 ◆ 负责供应商审核评估及过程控制
	制程控制	◆ 对各车间进行例行质量检查，对其生产过程中的工艺进行监督控制 ◆ 现场监督中，一旦发现工序质量异常波动，就要及时分析原因并采取有效措施 ◆ 对生产过程中的中间品质量进行跟踪控制
	异常管控	◆ 对生产过程中出现的质量问题进行控制，并提出进行技术性检验的建议 ◆ 控制不合格品，制定不合格品的预防和纠正措施，并予以监督执行
质量改进	质量改进规划	◆ 根据企业的发展战略、质量方针和目标及实际情况，负责持续改进的策划与指导工作 ◆ 推进企业内部质量改进活动，对改进效果进行跟踪验证 ◆ 选择、确定质量改进项目，并每月汇报项目的进展情况，按规定提交相关计划与总结分析报告
	质量分析与改进	◆ 跟踪质量情况，收集、统计、分析质量数据 ◆ 对已出现的质量问题或潜在的质量问题提出相应的纠正和预防措施 ◆ 组织、协调和推进相关部门的持续改进活动
	质量改进文化建设	◆ 营造质量改进的文化氛围，提高员工积极参与持续改进活动的热情 ◆ 组建质量改进小组，指导质量改进工作
质量管理体系	质量管理体系建立与完善	◆ 协助企业管理者建立、实施和保持质量管理体系 ◆ 对质量管理体系实施过程进行监督并及时、持续改进 ◆ 组织实施与质量意识、质量管理理论和实践等方面的培训
	质量管理体系文件管理	◆ 制定和优化质量管理体系文件和质量控制流程与规范 ◆ 负责质量管理体系文件的分级、归档、维护、更新等日常管理工作
	质量管理体系认证	◆ 推行全面质量管理，并负责质量管理体系的认证、组织和推行工作 ◆ 负责与质量管理认证机构进行接洽、沟通

2.3 质量管理部岗位职责设计

2.3.1 质量管理部经理岗位职责

质量管理部经理是质量管理部的主管人员，全面负责企业产品的质量管理工作。质量管理部经理岗位职责如表 2-3 所示。

表 2-3 质量管理部经理岗位职责

岗位名称	质量管理部经理	所属部门	质量管理部
上　级	质量管理部总监	下　级	质量主管
职责概述	全面负责企业产品的质量管理工作，如负责产品质量体系的建立健全和监督检查，以及实施质量体系的审核和认证工作		
工作职责	职责细分		
1. 质量管理制度建设	◆ 组织制定企业质量管理的各项规章制度，并上报领导审批 ◆ 组织执行通过审批的各项制度，并根据企业的实际发展情况适时予以修订 ◆ 安排人员将规章制度交企业管理部备案		
2. 质量管理体系建设与推进	◆ 组织编制技术标准、工艺标准、服务标准等文件，建设企业的质量管理体系 ◆ 参与企业质量方针、质量目标的制定工作 ◆ 协调企业内外相关部门，积极组织各项质量体系的运作和实施		
3. 推进质量体系认证工作	◆ 组织编制符合 ISO9000 质量认证体系的质量手册和程序文件，推进认证工作 ◆ 根据企业实际情况和客观条件的变化对各项认证体系进行维护，促进其在企业内顺利实施		
4. 质量检验	◆ 组织进行原材料的质量检验，严格把好质量关 ◆ 组织对外协厂的产品质量进行检验、评价 ◆ 组织、指导各子公司（工厂）进行生产过程中的工序检验，依据技术文件对完工后的产成品进行出厂检验，保证出厂产品的合格率		
5. 质量控制	◆ 按企业规定，组织对各工厂进行生产中的质量例行检查 ◆ 设立专职质检人员对生产过程质量进行检查和控制，组织对生产工艺质量进行监督、检查 ◆ 组织对生产过程制成品的质量进行跟踪控制 ◆ 及时对生产过程中的质量问题进行妥善处理		
6. 质量分析与质量改进	◆ 会同售后服务部门听取用户意见，组织对产品质量问题和用户意见进行分析，并提出改进措施，及时组织改进落后工艺及不规范操作 ◆ 安排人员每月定期编制产品质量报表，并向质量管理部总监、总经理、董事会报送生产质量月报		
7. 其他相关职责	◆ 安排人员对生产过程中的质量记录进行收集、整理、归档管理 ◆ 监督、检查质量检验设备、工具的保管工作 ◆ 进行部门内部人员调配、绩效考核与业务指导等工作		

2.3.2 质量检验主管岗位职责

质量检验主管是在质量管理部经理的指导下，主持全面质量管理工作，并对质量管理的各项工作结果负责。质量检验主管岗位职责如表 2-4 所示。

表 2-4 质量检验主管岗位职责

岗位名称	质量检验主管	所属部门	质量管理部
上 级	质量管理部经理	下 级	质量检验专员
职责概述	在质量管理部经理的领导下，组织质量检验专员建立并维护质量管理体系，开展产品来料、产品制程和成品的质量检验工作，实现企业的质量目标			
工作职责	职责细分			
1. 组织来料检验	◆ 根据国家相关标准、技术文件等，对即将入库的原材料组织检验，出具检验报告 ◆ 制定统一格式的来料检验记录；对于超过原材料保存期的，组织进入仓库进行复检，以判定是否符合入库标准 ◆ 组织对检验中出现的不合格品进行分析，以确定其是否影响产品质量			
2. 组织制程检验	◆ 根据半成品、零部件规格及标准要求，按照生产工艺和检验方法，组织检测半成品、成品的质量 ◆ 组织对生产过程中出现的不合格品和不合格批次进行鉴定，监督不合格品的处理 ◆ 组织对企业所有的自制新模具和改制模具进行检验 ◆ 组织对生产过程质量进行全面控制			
3. 组织成品检验	◆ 组织按照企业出厂产品检验规范和检验标准进行检验 ◆ 组织对成品检验中出现的不合格品和不合格品批次进行鉴定，监督不合格品的处理过程 ◆ 对经过检验且符合成品出厂要求的产品，出具产品质量检验合格报告 ◆ 组织对检验工具进行管理			
4. 其他相关职责	◆ 组织对检验档案、资料进行分类、整理、统计和管理 ◆ 对质检专员进行技术培训 ◆ 完成领导交办的其他相关工作			

2.3.3 质量改善主管岗位职责

质量改善主管是指负责企业产品质量的改善工作并组织人员进行产品质量改善工作的基层管理人员。质量改善主管需要根据企业的经营目标和质量数据进行分析并确定质量改进计划，制定质量改进措施。质量改善主管岗位职责如表 2-5 所示。

表 2-5 质量改善主管岗位职责

岗位名称	质量改善主管	所属部门	质量管理部
上 级	质量管理部经理	下 级	质量改善专员
职责概述	负责起草、修订企业质量改进管理制度、规范和工作流程，制定质量改进计划和方案；组织质量改进和效果确认，并对数据资料进行科学的管理，以提升现场质量水平			

（续表）

工作职责	职责细分
1. 制定质量改进管理制度	◆ 协助经理制定并完善企业的质量改进管理制度、规范和工作流程 ◆ 组织执行，确保各项制度得到准确落实
2. 现场质量管理	◆ 组织监督对过程或工序质量进行控制并检验 ◆ 监控对作业现场的作业人员、设备设施、物料、作业方法和工艺纪律、工作环境和检测设备或器具的管理，提高产品或服务质量的符合性和一致性，增强过程的有效性和效率
3. 制订质量改进计划并组织执行	◆ 针对现场质量管理过程中遇到的问题，设计合理的质量改进方案 ◆ 组织执行质量改进方案，并监控实施进度，随时解决出现的问题
4. 组织编制改进费用预算	◆ 协助制定企业年度质量改进经费预算，并在现场质量改进开展过程中进行严格监控 ◆ 协助开展成本核算分析工作，根据分析结果，制定并执行成本降低方案
5. 对项目进行总结确认	◆ 组织收集在实施改进措施前后的产品或服务的质量变化的数据并进行对比分析 ◆ 协助质量培训部对作业人员进行教育培训，确保质量标准得到准确的传达与执行，提高过程达到规定的结果和减少资源投入的能力 ◆ 编写现场质量改进总结报告并提交质量管理部经理审核，为制订下一步的改进计划提供依据
6. 日常管理	◆ 负责跟进后续质量改进措施的执行情况，并对质量改进工程师进行适当的业务指导，确保质量改进工作持续适宜、有效 ◆ 负责组织与现场质量改进相关文件的建立、修改、评审、发布及归档等管理工作

2.3.4 质量工程师岗位职责

质量工程师负责建立、改进并运行质量管理体系，规划实施质量管理方案，实现对产品的质量控制目标。质量工程师岗位职责如表2-6所示。

表2-6 质量工程师岗位职责

岗位名称	质量工程师	所属部门	质量管理部
上　级	质量主管	下　级	/
职责概述	负责建立企业质量标准，研究开发质量检验技术，开发维护相关质量检验器具，指导供应商相关技术的培训，并做好产品质量服务工作		
工作职责	职责细分		
1. 质量先期策划	◆ 参与产品研发，检验所有必要研发流程是否都有效执行 ◆ 组织新产品先期质量规划，制定各研发阶段项目的质量要求 ◆ 收集整理客户需求，参与产品设计和评审、验证及确认工作 ◆ 负责解决新产品的质量问题 ◆ 使用产品质量先期策划、失效模式和效果分析等工具，编制质量先期控制计划		
2. 质量控制	◆ 抽查原材料、半成品、成品检验的各项记录，发现问题并及时处理 ◆ 根据日常质量检验数据，定期对产品的品质情况和稳定性进行分析与研究 ◆ 对检验方法和检验标准进行比较、分析和验证，对已经过时或存在问题的检验方法及检验标准向质量控制主管提请更换		

（续表）

工作职责	职责细分
3. 推进企业的质量改进工作	◆ 积极处理客户反馈的问题，依据反馈的问题和意见提出改进产品质量的建议与措施 ◆ 编制企业综合的质量改进计划，制定明确的质量改进目标 ◆ 监督并协助各部门的质量改进工作
4. 文件管理与维护	◆ 设计并维护相关质量体系文件，确保其有效运行 ◆ 依据控制计划对现场质量工程师和质量策划专员进行技能培训

2.3.5 质量成本专员岗位职责

质量成本专员需要在质量成本主管的指导下进行成本管理计划的编制、与质量成本相关的信息的收集、成本分析报告的编制等工作。质量成本专员岗位职责如表 2-7 所示。

表 2-7 质量成本专员岗位职责

岗位名称	质量成本专员	所属部门	质量管理部
上　　级	质量成本主管	下　　级	/
职责概述	质量成本专员的主要职责是配合质量成本主管对质量成本进行预估、核算、分析和控制		
工作职责	职责细分		
1. 协助主管完成质量制度的建设工作	◆ 协助主管编制质量成本控制标准、质量成本管理手册等文件 ◆ 向有关单位和有关个人报送质量成本的控制文件，并做必要的解释和说明		
2. 编制质量成本预算	◆ 每期期末负责进行质量成本的预算编制工作 ◆ 收集相关资料，编制新产品的质量成本预算		
3. 进行质量成本的监测和分析	◆ 监督有关单位或有关个人执行质量成本预算，定期向主管汇报 ◆ 对所辖范围内产品的质量成本进行数据分析 ◆ 负责对新产品质量成本的实时跟踪和数据分析		
4. 负责具体的质量成本改进工作	◆ 根据质量成本分析结果，拟订质量成本改进计划 ◆ 监督有关单位或有关个人执行成本改进计划，并及时向主管汇报执行情况		
5. 进行质量成本问题的调查和分析	◆ 负责各部门日常质量成本信息的收集、整理和分析工作 ◆ 负责质量成本问题的调查工作，并提出处理建议		

第 3 章
质量管理体系的建立

3.1 质量管理体系的策划与设计

3.1.1 确定质量方针

质量方针是企业在质量方面总的意图和方向。企业应根据自身经营发展的需要，结合企业内外部环境、条件，制定质量方针并贯彻落实。质量管理人员对质量方针实施过程进行控制、评审，并根据评审结果进行修订和改进，以使之更有效、更具有适应性。质量方针实施控制标准如图 3-1 所示。

3.1.2 进行质量管理体系策划

为了能够顺利进行质量管理体系计划的编制、审批、实施、监督等工作，确保企业生产运营安全稳定，企业需要对质量管理体系进行策划。质量管理体系策划要点如下。

1. 质量管理体系计划编制

进行质量管理体系计划编制时，应满足以下两点要求。

（1）质量管理体系计划应与现行质量文件要求保持一致。企业总体的质量管理体系计划要能反映企业质量方针，并与质量目标相一致，产品或项目的质量计划应满足质量保证标准、质量手册和程序文件的通用要求及特定产品、项目或合同的具体要求。

（2）质量管理体系计划要有足够强的可操作性。所有质量管理体系计划的文字都应简洁通顺、便于理解，各部门的质量管理体系计划内容要完整，应有明确的目标、具体的责任人、清晰的时间限制及严格的行为规范等。

宣传和沟通	◆ 要让员工参与到制定质量方针的工作中来 ◆ 质量方针确定后，不能让其只停留在文件上，还应通过内部刊物、宣传栏、网站等途径对其进行内外部宣传，让所有员工都能了解其内容 ◆ 当遇到重大质量问题时，全员都要重温质量方针
实施和落实	◆ 用质量方针指导、建设质量目标 ◆ 用质量方针指导质量策划，建立质量管理体系 ◆ 用质量方针评审质量管理体系是否适宜和有效
测量和检查	◆ 对于质量方针的实施和落实，应定期进行测量和检查，以供评估时掌握具体情况 ◆ 对质量方针的实施过程进行测量和检查，可采取审核、考试、现场观察等方式
评审	◆ 对质量方针测量和检查的结果进行评审，该评审可纳入管理评审中进行 ◆ 管理评审是定期进行的，一般情况下每年至少评审一次 ◆ 企业在制定质量方针评审程序时，应将质量方针的评审要求、评审程序、评审内容等纳入相应的条文中，从而使质量方针的评审制度化、规范化 ◆ 质量方针的评审内容包括两个方面，即质量方针是否具有持续的适宜性、质量方针是否有效
修正和改进	经过评审，若发现质量方针不能保持持续的适宜性或有效性，企业应按照规定程序对质量方针进行修正和改进 ◆ 质量方针发布前，必须由企业高层管理者批准通过 ◆ 质量方针所做的任何修改都必须再次得到企业高层管理者的批准 ◆ 质量方针必须标明现行的修订状态

图 3-1　质量方针实施控制标准

2．质量管理体系计划执行

（1）质量管理部按质量管理体系计划规定的要求组织实施日常管理，并对各部门的计划执行情况进行检查、监督。

（2）质量管理部对相关部门质量管理体系计划的实施情况进行检查后，填写质量管理体系计划实施情况检查表，及时反馈给相关责任部门。

（3）质量管理部应对其他各部门的质量工作给予改进意见，为其顺利完成计划目标提供尽可能多的帮助。

（4）质量管理部对质量管理体系计划的执行结果进行检查和评价，如果无效或存在重大问题，则要求重新制定纠正措施，直至问题完全解决为止。

3．质量管理体系计划评审和修订

（1）质量管理体系计划评审

质量管理体系计划实施一段时间后，质量管理部应组织评审小组对质量管理体系计划进行评审，评审小组成员主要由各职能部门的代表组成。

在有合同的情况下，该合同负责人应将质量管理体系计划提交给客户进行评审，即可在招标的过程中作为标书的一部分提供，也可在正式合同签订后提交。

当企业发展战略发生转变、市场环境发生重大变化或合同客户提出特殊要求时，企业可根据实际情况对质量管理体系计划进行修订。

（2）质量管理体系计划修订

修订质量管理体系计划时应按照企业相关文件的规定执行，修订后的质量管理体系计划经质量总监和总经理审核批准后予以实施。

3．1．3 质量管理体系设计方案

为了规范质量管理体系的建立、管理工作，提高企业产品和服务的质量，企业需要制定相应的质量管理体系设计方案。下面是一则质量管理体系设计方案，仅供参考。

质量管理体系设计方案

一、目的

为了建立公司质量管理检查机构，强化质量管理，以符合 ISO 质量管理体系设计的相关标准，特制定本方案。

二、质量管理体系内容设计

在设计质量管理体系时，须涵盖以下五点内容。

1．应明确对质量管理体系及产品的质量要求。

2．应明确质量管理体系的管理方法。

3．应对质量管理体系文件的控制做出规定。

4．应明确质量管理体系的关注点。

5．应明确质量方针和质量目标。

三、质量管理体系的培训设计

通过对公司决策层、管理层、执行层进行培训，从而统一意识。相关培训设计如下。

1．决策层培训设计

（1）通过向公司决策层领导介绍质量管理和质量保证的发展及本公司的经验和

教训，使其意识到建立、完善质量管理体系的迫切性和重要性。

（2）通过 ISO 质量管理体系的总体介绍，提高决策层领导对建立质量管理体系的认识。

（3）通过质量管理体系要素讲解，明确决策层领导在质量管理体系建设中的关键地位和主导作用。

2．管理层培训设计

（1）管理层应包括生产技术人员、生产部负责人及与建立质量管理体系有关的工作人员。

（2）应使管理层全面接受与 ISO 标准有关内容的培训，以充分发挥该阶层在公司质量管理中的骨干力量和过度作用，可采取讲解与研讨相结合的培训方法。

3．执行层培训设计

（1）执行层是指基层作业人员。

（2）培训应使这一层次人员了解与本岗位质量活动有关的内容，包括在质量活动中应承担的任务，完成任务应赋予的权限，以及造成质量过失应承担的责任等，提高作业人员的责任心与参与度。

四、质量管理组织的建立

公司应根据实际工作情况设计质量管理组织，组织通常分成以下三级。

1．建设领导小组

以分管副总为组长，质量主管领导为副组长，其主要任务包括以下三个方面。

（1）总体规划质量管理体系的建设。

（2）制定质量方针和目标。

（3）按职能部门进行质量职能的分解。

2．中层领导小组

中层领导小组应由质量部门和计划部门的领导共同组建，组长为各职能部门经理，负责按照体系建设的总体规划开展工作。

3．要素工作小组

要素工作小组负责根据各职能部门的分工对质量管理体系要素进行明确。组织建立并落实责任后，要按不同层次分别制订工作计划。

（1）要明确目标（要完成的任务、要解决的主要问题及要达到的目的）。

（2）要明确 ISO 质量管理体系建设任务的时间表、主要负责人和参与人员，以

（续）

及他们的职责分工和相互协作关系。

（3）要重点把握体系中的薄弱环节。

五、质量方针设计

公司在设计质量方针时应符合以下四点要求。

（1）质量方针应与 ISO 质量管理体系相协调。

（2）质量方针应包含具体的质量目标。

（3）质量方针的内容应结合组织的特点。

（4）质量方针应确保各级人员都能理解和执行。

六、质量目标设计

公司在设计质量目标时应符合以下四点要求。

（1）质量目标必须量化，且必须是可测量的评价和可达到的指标。

（2）质量目标要先进合理，能达到 ISO 的相关要求水平。

（3）质量目标应方便定期评价、调整，以适应内外部环境的变化。

（4）质量目标要层层分解，落实到每个部门及员工。

七、公司现状调查分析设计

为合理地制定质量管理体系设计方案，公司需对质量现状进行调查和分析。调查和分析的内容包括以下六个方面。

（1）体系情况分析，即分析本组织的质量管理体系情况。

（2）产品特点分析，即分析产品的技术密集程度、使用对象、产品安全特性等。

（3）组织结构分析，即分析组织的管理机构设置是否适应质量管理体系的需要。

（4）分析生产设备和检测设备能否适应质量管理体系的有关要求。

（5）分析技术、管理和操作人员的组成、结构及水平状况。

（6）分析基础管理工作情况，包括标准化、计量、质量责任制、质量教育和质量信息等工作。

八、组织机构调整设计

（1）在完成落实质量管理体系要素并开展质量活动以后，公司必须将活动中相应的工作职责和权限分配到各职能部门。

（2）在活动开展的过程中，公司必须对涉及的相应硬件、软件和人员配备，根据需要进行适当的调配和充实。

3．2　质量管理体系文件的编制

3．2．1　质量手册编制规范

质量手册是对质量管理体系做概括表述并指导质量管理体系实践的主要文件，是企业质量管理和质量保证活动长期遵循的纲领性文件。下面是一则质量手册编制规范，仅供参考。

质量手册编制规范
第1章　总则
第1条　目的
为了规范企业质量手册的编制工作，更准确地传达企业的质量方针，达成企业质量目标，提高质量管理水平，特制定本规范。
第2条　适用范围
本规范适用于质量管理体系质量手册的编制工作。
第3条　职责
1．总经理负责质量手册的决策与审批。
2．质量管理体系推进委员会负责指导质量手册的编写及审核工作。
3．质量管理部全面负责质量手册的编制、下发、实施、监督及改进。
第2章　质量手册编制要求
第4条　编制目的
1．传达企业的质量方针、程序和要求，描述和实施有效的质量管理体系。
2．提供质量改进的控制方案，促进质量保证活动。
3．提供审核质量管理体系的文件依据。
4．当情况改变时，保证质量管理体系及其要求的连续性。
5．根据质量管理体系要求及其实施方法培训相关人员。
6．对外展示质量管理体系，如证明符合选定的质量保证标准的要求。
第5条　编制质量手册的基本要求
1．质量手册的标题、范围应明确地规定所适用的质量管理体系要素。
2．质量手册的目次应列出手册中各章节的标题及查询方法。各章、各节、页码、图表、示意、图解及表格等的编号和分类应清楚、合理。
3．质量手册中应给出企业和手册的基本信息。
4．质量手册中应清楚阐述企业的质量方针和目标，明确企业对质量的承诺。
5．质量手册中应明确描述质量工作如何为所有员工熟悉和理解，如何在所有层次上得到贯彻和保持。
6．质量手册中必须明确质量管理部的组织结构、各岗位职责和权限，以及企业内部的机构设置，并阐述其他相关职能部门的职责、权限及其隶属关系。
第6条　质量手册的内容
1．标题、范围和适用领域。
2．目次。
3．企业及手册本身的介绍。
4．企业的质量方针和目标。
5．组织结构、职责和权限的说明。

（续）

6. 质量管理体系要素和引用的形成文件的质量管理体系程序的描述。

7. 相关定义。

8. 质量手册使用指南及支持性资料的附录。

9. 现行版本或有效标识、发布日期或有效期及修改内容的标识。

10. 质量手册如何修订和保持的简单说明，如质量手册内容的评审者、评审周期、被授权更改及批准的人员等。

11. 标识质量手册和控制期分发的文件是否含有保密信息，是仅供企业内部使用还是也可以对外。

12. 负责质量手册内容的人员的批准证据。

第 3 章　质量手册编制管理程序

第 7 条　建立编制小组

质量管理部负责组建质量手册编制小组，小组成员数量应为 3 ~ 5 人，分专职和兼职两种，由质量管理部经理负责领导小组工作。

第 8 条　提出编制计划

质量手册编制小组应根据本企业选定的质量管理体系标准，提出相应的质量手册编制计划并确定适用的质量管理体系要素。

第 9 条　收集相关资料

质量手册编制小组可采用调查或面谈的方法，收集现行质量体系的相关资料，并且从各相关部门收集质量管理的相关原始文件、参考资料。

第 10 条　编制质量手册草案

1. 质量手册编制小组应先设计待编手册的结构和格式。

2. 根据预期的结构和格式将现有文件进行整理和分类。

3. 通过分析整理，对现有质量文件加以完善，并编制质量手册草案。

第 11 条　正式确定质量手册

质量手册草案编制完成后，质量手册编制小组应将其上报给质量管理部经理审核签字，最终由总经理签字审批后正式定稿。

第 4 章　附则

第 12 条　编制单位

本规范由质量管理部负责制定与修改。

第 13 条　生效时间

本规范自 ×××× 年 ×× 月 ×× 日起生效。

3.2.2　程序文件编制规范

程序文件是质量管理体系中质量手册的下一级文件，其中规定了某项工作的开展过程，或为完成某项活动所规定的方法。下面是一则程序文件编制规范，仅供参考。

程序文件编制规范
第 1 章　总则
第 1 条　目的
为了明确质量管理体系程序文件的编制要求及操作程序，特制定本规范。
第 2 条　适用范围
本规范适用于企业质量管理体系程序文件的全面控制管理工作。

（续）

第3条　职责划分

1．质量管理部在质量管理体系推进委员会的领导下，负责按质量管理体系规划程序文件内容，并全面负责程序文件的编制及审核工作。

2．各相关部门负责本部门程序文件的编制、修改与完善，并负责程序文件的日常管理。

3．企业总经理负责程序文件的审批。

第4条　术语说明

程序文件是质量手册的支持性文件，也是质量管理体系的重要组成部分，描述为实现质量管理体系目标所涉及的某项系统性的活动。

第2章　程序文件编制原则

第5条　针对性原则

质量管理体系的程序文件应针对企业生产活动或产品的特点而制定，具有逻辑上相对独立的内容。

第6条　可操作性原则

程序文件应详细规定程序实施的目的、范围、各部门职权，以及实施的步骤、方法和要求，使生产活动和产品的质量标准具有可操作性。

第7条　可比性与可检查性原则

程序文件中应体现对生产活动和产品质量管理的控制标准，实现质量管理体系持续改进。

第3章　程序文件编制管理

第8条　配备编写人员

质量管理部负责组织各相关部门人员参与程序文件的编写工作，编写人员应具备以下条件。

1．编写人员应是本部门中能胜任的代表。

2．编写人员应熟悉所编写程序的质量活动内容和要求。

3．编写人员应具备一定的文字功底。

第9条　确定内容要求及格式

程序文件的内容应包括目的、适用范围、定义、职责、流程图、作业程序、相关文件和记录表单。

第10条　确定程序文件目录

质量管理部组织各相关部门人员开展讨论，并按照ISO9000标准与企业质量管理体系要求确定程序文件目录。

第11条　进行程序文件编写

质量管理部应协调各部门的程序文件编写进度，并在编写过程中进行监督，保证程序内容符合质量管理体系要求。

第12条　审查初稿

各相关部门应按照时间安排完成程序文件的编写，并交质量管理部进行初稿审查，审查重点包括以下四方面的内容。

1．文件化管理三级（手册、程序、作业指导书）展开是否充分地在程序文件中体现。

2．对涉及各个部门的质量活动，是否规定好各部门之间的接口。

3．程序文件是否规定了所应实施的质量活动。

4．程序文件是否规定了实施质量活动过程的顺序、内容和方法。

第13条　试运行

经过质量管理部审查后，各相关部门应组织部门人员按照程序文件规定的内容进行试运行，验证文件的质量控制效果，并对出现的问题及时进行修正。

第14条　定稿

程序文件经试运行验证后，质量管理部统一将各部门程序文件按编号整理，交总经理审批，审批通过后执行。

（续）

第 4 章　程序文件标准要求
第 15 条　有效控制能力要求
1．程序文件应对质量管理体系要素要求的所有影响质量的活动进行恰当而连续的控制，应能具备一旦发现异常即可做出反应和加以纠正的能力。
2．文件应便于使用者熟悉每项要求的固定方法，增强满足标准要求的系统性。
第 16 条　内容、形式要求
1．程序应简练、明了、有效，并规定所采用的方法和合格的判定准则。要按相同的结构、格式编排每个程序。
2．程序文件应阐明影响质量的管理人员、执行人员、验证和评审人员的职责、权限及相互关系，说明实施各种不同质量活动的方式、将采用的文件和将采用的控制方式。
3．程序文件用词要规范、表达要严谨、概念要明确。
4．程序文件一般不涉及纯技术性的细节。
第 5 章　附则
第 17 条　编制单位
本规范由质量管理部制定，报总经理审批确认。
第 18 条　生效时间
本规范自××××年××月××日起生效。

3．2．3　作业指导书编制规范

作业指导书也叫作业文件，是为了完成某一项或同一类型工作而专门编写的指导性文件。它是根据设计图纸、制造厂说明书、相关的验评标准、编写人员现场所积累的施工经验及成熟实用的施工工艺所编写的。下面是一则作业指导书编制规范，仅供参考。

作业指导书编制规范
第 1 章　总则
第 1 条　目的
为了规范生产作业操作标准，提高生产效率，配合质量管理体系的建立与改进，特制定本规范。
第 2 条　适用范围
本规范适用质量管理体系作业指导书的编制工作。
第 3 条　定义
本规范所称的作业指导书是质量管理体系中程序文件的支持性文件，是指导、保证过程质量的最基础的文件，为开展纯技术性质量活动提供指导。
第 4 条　职责
1．各职能部门负责本部门作业指导书的设计、编制及执行。
2．各部门经理负责本部门作业指导书的审批与保管，并监督下属按照作业指导书实施操作。
3．质量管理部负责作业指导书的审核与监督执行。
第 2 章　作业指导书的设计
第 5 条　作业指导书的编制目的
1．为管理层提供必要的质量信息。
2．为作业人员提供规范的作业质量标准。

3．用于员工质量培训活动。

第6条　作业指导书的设计原则

1．"质量最高"原则。

作业指导书所规范的作业标准应保障生产或产品的质量为最高水平。

2．"最科学、最有效"原则。

作业指导书中规定的应是最科学、最有效的工作方式。

3．"5W1H"原则。

作业指导书的设计应满足"5W1H"原则，即在作业指导书中明确回答下列问题。

（1）Where，即在哪里使用此作业指导书。

（2）When，即作业指导书在什么时间内有效。

（3）Who，即什么样的人使用该作业指导书。

（4）What，即此项作业的名称及内容是什么。

（5）Why，即此项作业的目的是什么。

（6）How，即如何按步骤完成作业。

第7条　作业指导书数量规划

1．不一定每一个工位、每一项工作都需要成文的作业指导书。

2．作业指导书的具体数量由各部门员工根据部门工作需求确定。

3．培训充分有效时，作业指导书可适量减少。

第8条　作业指导书格式设计标准

1．作业指导书的形式应以满足培训要求为目的，不拘一格。

2．简单、明了、可获唯一理解。

3．美观、实用。

第3章　作业指导书的编写

第9条　作业指导书的主要内容

1．作业目的，明确完成此项工作应达成的目标或结果，以及完成此项作业要达到的技术指标等。

2．作业前准备和确认事项，包括设备的状态确认，作业图纸和工作指令的确认，各种基准的确认和作业前应准备的工具、作业台等。

3．作业流程，描述完成该项作业标准化的作业顺序及步骤，并规定每一步骤的具体操作要求和操作内容等。

4．作业注意事项，指出完成作业步骤应注意的问题，以及由于不按规定操作而可能引起的不良现象。

5．其他注意事项及特殊事项。

6．作业工作图。

第10条　作业指导书编写步骤

1．质量管理部应先明确作业指导书的编写目的，并收集相关资料，进行作业指导书编写的准备工作。

2．质量管理部组织各部门召开会议，根据质量管理体系要求，结合实际工作情况确定作业指导书的目录。

3．各部门根据作业指导书目录制订具体编写计划，确定编写人员名单。

4．各部门编写人员实施编写工作，确保作业指导书有效、实用。

5．编写人员完成作业指导书的编写后，交部门经理审批。

6．各部门经理将审批后的作业指导书交质量管理部备份保存。

第11条　作业指导书编写注意事项

1．作业指导书应按规定的程序批准后执行，并由部门经理负责保管与执行。

2．未经批准的作业指导书不能生效。

（续）

> 3．作业指导书是受控文件，经批准后只能在规定的场合使用。
> 4．严禁执行作废的作业指导书。
> 5．作业指导书的更改和更新都应按规定进行审批后生效。
> 第 4 章　附则
>
> 第 12 条　编制单位
> 本规范由质量管理部负责制定与修改。
> 第 13 条　生效时间
> 本规范自 ×××× 年 ×× 月 ×× 日起生效。

质量管理体系文件规范，扫描下方二维码即可查看。

3．3　质量管理体系的试运行

3．3．1　质量管理体系试运行流程

为了测试质量管理体系的有效性，企业应进行质量管理体系的试运行，并收集试运行期间的信息，为质量管理体系正式运行做充足的准备。

（1）质量管理体系试运行流程如图 3-2 所示。

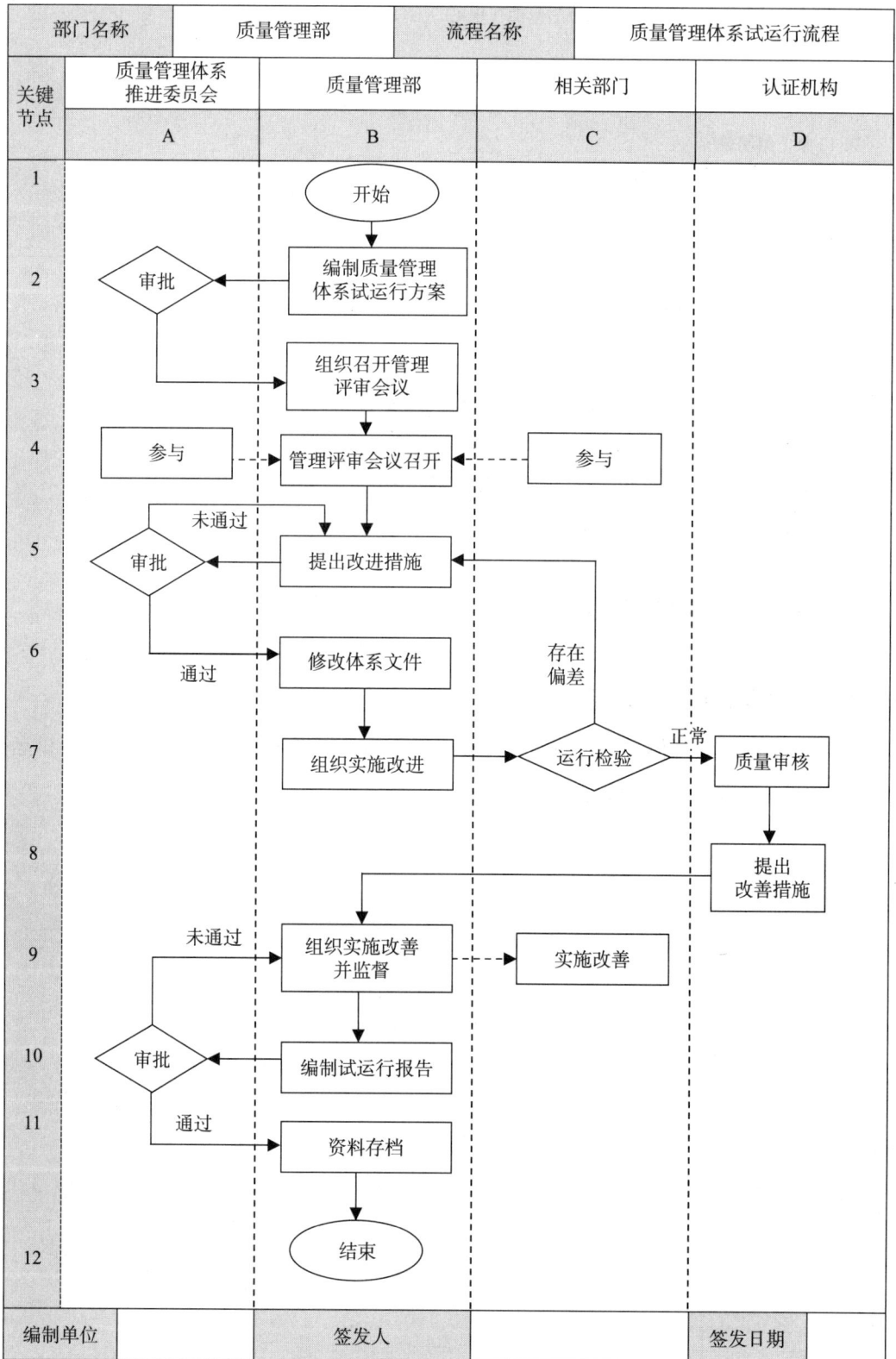

部门名称	质量管理部		流程名称	质量管理体系试运行流程
关键 节点	质量管理体系 推进委员会 A	质量管理部 B	相关部门 C	认证机构 D
1		开始		
2	审批	编制质量管理 体系试运行方案		
3		组织召开管理 评审会议		
4	参与	管理评审会议召开	参与	
5	未通过 审批	提出改进措施		
6	通过	修改体系文件	存在 偏差	
7		组织实施改进	运行检验 正常	质量审核
8				提出 改善措施
9	未通过	组织实施改善 并监督	实施改善	
10	审批	编制试运行报告		
11	通过	资料存档		
12		结束		
编制单位		签发人		签发日期

图 3-2　质量管理体系试运行流程

（2）根据图 3-2，质量管理体系试运行流程关键节点细化执行内容如表 3-1 所示。

表 3-1　质量管理体系试运行流程关键节点细化执行内容

关键节点	细化执行内容
B2	质量管理部人员对质量管理体系设计完成后，需要编制质量管理体系试运行方案，方案应包括试运行时间、管理人员、监督人员、问题处理措施等内容
B4	质量管理体系运行经质量管理体系推进委员会审批通过后，需要召开管理评审会议，会议参与人员不仅包括质量管理部人员、质量管理体系推进委员会成员，还需要相关部门人员参与，对方案提出建议与意见
C7	方案经会议讨论、审核后，相关部门人员需要对质量管理体系进行试运行检验，各部门员工及生产车间、班组作业人员需按照质量管理体系文件的要求进行作业，检验质量管理体系文件是否符合实际
C7	若质量管理体系试运行存在偏差，就需要重新改进；若质量管理体系试运行正常，则交认证机构审核
B9	认证审核通过后，企业还要定期接受外部审核机构的监督审核和复审，使企业建立的质量管理体系不断得到改进和提高
B9	质量控制人员根据工序标准化检验数据的结果对工序进行分析，并对关键设备状况、生产工作环境等进行检查

3.3.2　质量管理体系试运行监督

为了保证质量管理体系持续有效运行，强化员工的质量意识，促进企业的管理水平再上新台阶，企业需要对质量管理体系试运行状况进行监督。

（1）各部门质量管理者对下级机构及员工开展质量管理体系试运行的督促和辅导，对所发现的问题加以妥善解决或及时反馈给质量管理部。

（2）各部门质量管理者应对质量管理体系试运行过程中的经验进行总结，以便对实施过程中出现的不符合现象采取纠正和预防措施，并进行跟踪。

（3）企业监督部门通过审核方式检查质量管理体系试运行情况，验证各层次、各环节活动是否符合质量管理体系文件的要求，并将发现的问题通报分公司，责成有关单位整改。

（4）质量管理部建立自下而上、层层实施的质量管理体系试运行考评方法，对各部门运行情况进行考评。

（5）企业各部门应激励全体员工在运行质量管理体系过程中的积极性，保证质量管理体系运行的有效性。

3.4 质量管理体系审核与评估

3.4.1 质量管理体系审核步骤

为了准确而规范地验证质量管理体系是否符合标准要求，有效地实施、保持和改进质量管理体系，企业应定期对质量管理体系进行审核，审核步骤如图 3-3 所示。

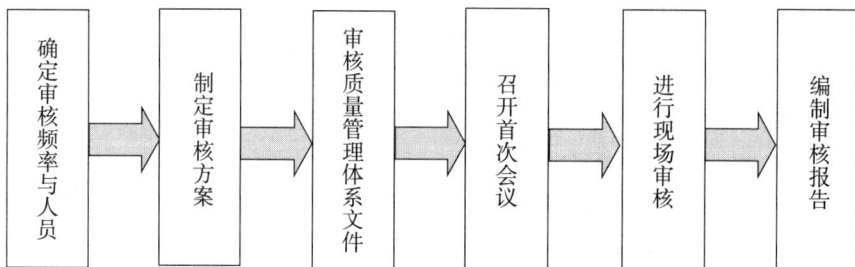

图 3-3　质量管理体系审核步骤

1. 确定审核频率与人员

一般情况下，企业每年进行一次质量管理体系审核，要求覆盖企业质量管理体系的所有标准，并在审核前组建审核小组，确定审核组长和审核员人选。

2. 制定审核方案

审核小组应在规定时间完成审核方案的拟定，并交质量管理部批准实施。审核方案应包括审核目的、审核对象、审核范围、审核依据、审核实施方法、审核日程安排、审核组成员等内容。

3. 审核质量管理体系文件

审核小组应先检验质量管理体系文件与认证准则的符合性和充分性，若质量管理体系文件不符合或不充分，应在审核实施前完成修改工作。重点要审核的文件包括质量手册、程序文件等。

4. 召开首次会议

质量管理部负责组织召开审核首次会议，目的是在审核小组和审核对象之间建立正式的联系，重申审核的范围和目的，简要介绍实施审核所采取的方法和程序，确认审核活动所需要的资源和设备已齐全及后续活动和会议的日期与时间，澄清审核计划中不明确的内容等。

5. 进行现场审核

审核小组人员通过观察、提问、查阅和验证等方式，按照审核检查表，收集所审核内容的证据，观察现状并予以记录。审核证据应具有客观性。

6. 编制审核报告

现场审核后，审核组长先召开审核组会议，综合分析检查结果，然后依据标准、体系文件及有关法律法规要求，编制审核报告。

质量管理体系审核报告如表 3-2 所示。

表 3-2　质量管理体系审核报告

审核员姓名		级别	□ 审核员　□ 高级审核员
受审核组织名称			
受审核组织地址			
管理体系依据标准			
参与文件审核日期			
（参与全部或部分文件审核活动详述）			
审核组长确认 / 日期		聘用机构（盖章）	
备注			

注：审核员应对参与文件审核的情况进行详细描述，包括审核章节、条款，正面及负面评价，提出具体文件审核意见等。

3. 4. 2　质量管理体系评估报告

质量管理体系建立并试运行后，企业可能会发现不完善或不适宜环境变化的情况，这时就需要对质量管理体系的适用性、有效性、充分性进行系统的评估。下面是一则质量管理体系评估报告，仅供参考。

质量管理体系评估报告

公司自××年××月至××年××月 A 质量管理体系运行以来，全员参与质量管理体系的推行，管理层积极参与推动，高层积极组织各部门对质量手册、程序文件进行反复宣传贯彻、执行，使质量管理体系得到全面实施。

一、内部审核结果

1. 产品审核：××年开展了产品审核，产品审核品质指数为 100%，未发现不符合产品。

2. 过程审核：公司审核小组按年度审核计划实施了过程审核活动，审核了 B 产

（续）

品生产过程中的所有加工工序，发现了两项一般不符合项。

3. **体系审核**：××年××月××日至××年××月××日，公司对A质量管理体系进行了内部审核，内审员在审核过程中通过交谈、查阅文件、记录、现场观测等方法进行了全方位、全要素的审核，发现了一项一般不符合项，没有发现严重不符合项。

针对本次发现的不符合项，各部门主管进行了原因分析，采取了纠正预防措施。

二、产品检验情况

1. **来料品质检验**：实际来料平均不良率为0.35%，总体目标在可控制范围内。

2. **过程检验**：过程检验合格率为99.5%，总体目标在可控制范围内。

3. **成品检验**：根据质量管理体系要求，对成品检验情况进行了统计，产品检验合格率为99.65%，基本满足了年度指标。

三、客户投诉情况

自××年××月至××年××月共收到三次客户投诉。接到客户投诉的第一时间，售后人员分析投诉原因并回复客户，及时解决投诉问题。

四、生产计划完成情况和返工情况

生产部在制订生产计划时，原则上以市场部销售计划及在制品数、库存品数和生产周期作为依据，但实际运作是按上述要求做输入，并考虑了生产过程中的突发情况及材料的特殊性情况，从而加大了生产计划数量。

从××年××月至××年××月生产计划和完成情况的统计来看，这几个月内生产计划总数为××，实际完成总数为××，实际完成率为100%，满足目标值的要求。

五、薄弱环节分析

本次审核发现的××项一般不符合项，均属于实施性不符合项，没有发现文件性不符合项，说明目前的品质管理体系文件的规定已经符合标准的要求，但在具体执行过程中，有关单位和人员对文件的理解还不够深入，导致无法按文件要求落实执行。

另外，本次发现的几个不符合项，与不合格品管理有关的项目有两项，希望生产部（生产、品管）对此要重点加强管理，并以此确保提供给客户的产品的品质。

六、综合评价

自质量管理体系运行以来，各级员工的质量意识不断增强，产品开发、产品质量持续得到改进，效果明显；组织机构健全，质量职责明确，质量管理体系基本符

（续）

> 合标准要求，且运行有效；制定的质量方针、质量目标适宜，实施情况较好。
>
> ××（报告人/部门）
>
> 20××年××月××日

3.5　质量管理体系认证

3.5.1　质量管理体系认证标准

ISO9000 族国际标准文件是国际标准化组织质量管理和质量保证技术委员会（ISO/TC 176）制定的所有国际标准。

该标准能够帮助企业实施并有效运行质量管理体系，是质量管理体系的通用要求或指南。它不受具体的行业或经济部门的限制，可广泛适用于各种类型和规模的组织。

目前，被企业广泛使用的 ISO9000 族核心标准文件构成如表 3-3 所示。

表 3-3　ISO9000 族核心标准文件构成

标准名称	内容说明或使用范围
ISO9000：2005《质量管理体系——基础和术语》	◆ 该标准描述了 ISO9000 族标准中质量管理体系的基础知识，并确定了相关术语的含义 ◆ 该标准明确了帮助组织获得持续成功的质量管理八项原则，表述了建立和运行质量管理体系应遵循的 12 个方面的质量管理体系基础知识，给出了有关质量的术语（共 80 个词条，分成 10 个部分）
ISO9001：2008《质量管理体系——要求》	◆ 该标准提供了质量管理体系的要求，供组织证实其是否具有稳定提供符合客户要求和适应法律法规要求产品的能力。组织可统管体系的有效应用，包括持续改进体系的过程及保证符合客户与适用的法律法规要求，增进客户满意度 ◆ 该标准是用于审核和开展第三方认证的唯一标准
ISO9004《质量管理体系——业绩改进指南》	◆ 该标准以质量管理八项原则为基础，帮助组织用有效甚至高效的方式识别并满足客户和其他相关方的需求及期望，实现、保持和改进组织的整体业绩及能力，从而帮助组织获得成功 ◆ 该标准不用于认证或合同，也不是 ISO9001 的实施指南。该标准强调一个组织的质量管理体系的设计和实施受各种需求、具体目标、所提供的产品、所采用的过程及组织的规模和结构的影响
ISO19011《质量和（或）环境管理体系审核指南》	◆ 该标准遵循"不同管理体系可以有共同管理和审核要求"的原则，为质量和（或）环境管理体系审核的基本原则、审核方案的管理、质量和（或）环境管理体系的实施及对质量和（或）环境管理体系审核员的资格要求提供了指南 ◆ 该标准适用于运行质量管理和（或）环境管理体系的组织，指导其开展内审和外审管理工作

3.5.2 质量管理体系认证步骤

企业质量管理人员进行质量体系认证时，需要按照图 3-4 所示的步骤实施。

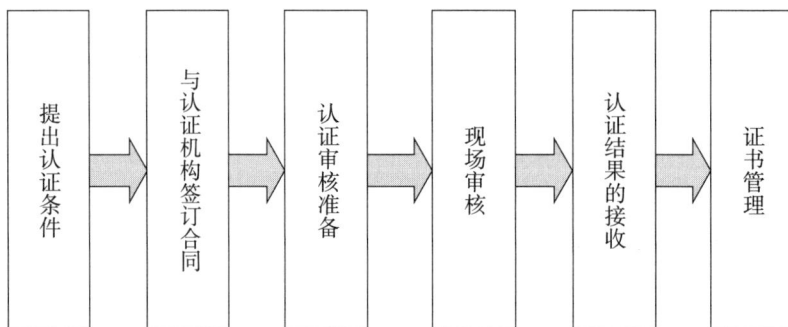

图 3-4 质量管理体系认证步骤

1．提出认证条件

（1）质量管理部在企业质量管理体系文件运行至少三个月之后，方可提出认证需求。

（2）质量管理部提出认证前，应至少组织一次完整的内审和外审，且均获得通过意见。

（3）质量管理部应选择具备质量管理认证资格的认证机构，并按照认证机构的要求提交申请文件，包括企业管理手册、程序文件等。

2．与认证机构签订合同

企业质量管理体系申请通过后，由质量管理部负责与认证机构签订合同，并通知相关部门做好认证工作安排。

3．认证审核准备

（1）质量管理部应在文件审查一个月内向认证机构索要文件审查报告，并组织相关部门按照文件审查报告的要求进行文件更改，以确保企业质量管理体系文件的符合性。

（2）质量管理部应协同相关部门做好认证机构初访的接待工作，使认证机构对企业的规模、布局、生产、管理等概况有初步的了解。

（3）质量管理部可在认证机构正式审核前进行预备审核，并索要审核计划，以确认企业做好审核的准备。

4．现场审核

（1）审核期间，受审部门负责人及工作人员务必在场，直至审核结束。

（2）各级员工应认真、如实回答认证机构审核人员提出的问题。

（3）受审部门及人员有责任向认证机构提供质量管理活动实施的证明材料。

5．认证结果的接收

质量管理体系认证会议应由企业管理层以上的人员统一参加，对质量管理体系认证结果进行确认。

（1）若企业通过认证，则由质量管理部负责接收认证机构颁发的认证证书，并进一步做好企业质量管理体系的运作与监督工作。

（2）若企业未通过认证，则应了解关于不合格项的内容，由质量管理部组织相关部门采取纠正措施，以准备复审工作。

6．证书管理

（1）质量管理部负责做好认证机构在证书的有效期内对企业的定期监督与审核处理工作，以确保企业质量管理体系运行情况稳定、有效。

（2）在证书有效期内，若有质量管理体系标准变更或认证范围变更，企业可申请换发证书。

（3）在证书有效期内，若有质量管理体系规则或标准发生变更，如企业不愿持有资格认证证书，则可提出资格认证证书注销。

质量管理体系认证实施方案，扫描下方二维码即可查看。

3.6　质量管理奖

3.6.1　主要的质量管理奖项

目前国际上认证的质量管理奖主要包括日本戴明质量奖、欧洲质量奖、美国质量奖和中国国家质量奖，具体介绍如下。

1．日本戴明质量奖

日本戴明质量奖始创于 1951 年，为纪念已故的威廉·爱德华·戴明博士而设立，是世界范围内影响较大的质量奖，也是世界三大质量奖项中创立最早的一个。

（1）日本戴明质量奖的分类

日本戴明质量奖分为三类，具体内容如表 3-4 所示。

表 3-4　日本戴明质量奖分类说明

奖项名称	获奖对象	获奖条件
戴明奖	个人或组织	◆ 在全面质量管理的研究中取得杰出成绩 ◆ 在全面质量管理统计方法的研究中取得杰出成绩 ◆ 对传播全面质量管理思想做出杰出贡献
戴明应用奖	颁发给组织或领导一个独立运作机构的个人	在规定的年限内通过运用全面质量管理使组织获得了与众不同的改进
戴明控制奖	颁发给组织中的一个部门	获奖部门通过使用全面质量管理中的质量控制和质量管理方法，在规定的年限内获得了与众不同的改进效果

（2）日本戴明质量奖的评奖模型

日本戴明质量奖的评奖模型如图 3-5 所示。

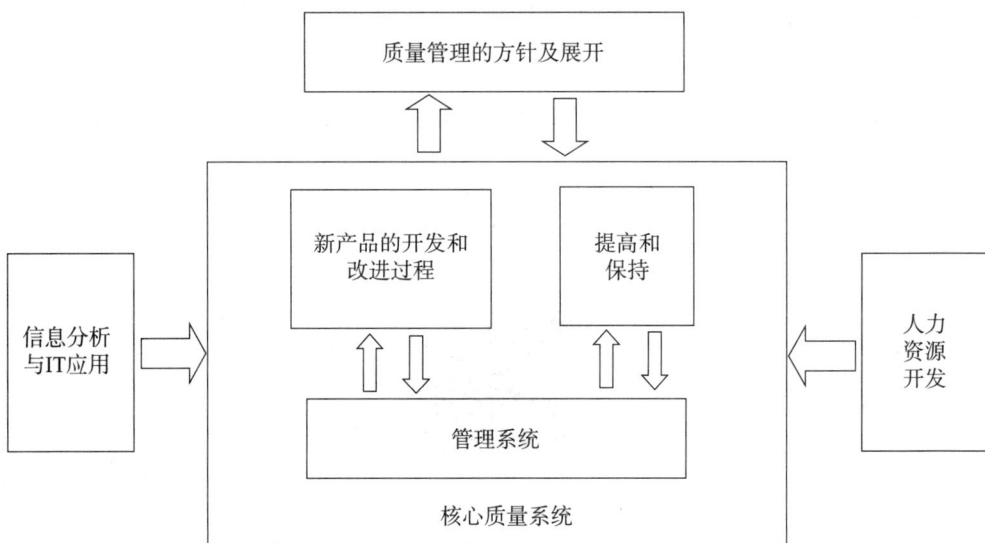

图 3-5　日本戴明质量奖的评奖模型

2．欧洲质量奖

欧洲质量奖由欧洲委员会副主席马丁·本格曼先生倡议，由欧洲委员会（EC）、欧洲质量组织（EOQ）和欧洲质量基金组织（EFQM）共同发起。

（1）欧洲质量奖的分类

欧洲质量奖分为四类，具体如图 3-6 所示。

（2）欧洲质量奖的评审模型

欧洲质量奖的评审模型为组织提供了一个用于自我评价和改进的框架。

与绩效、客户、员工和社会有关的有利结果是通过领导者驱动方针和战略、员工、合作伙伴、资源和过程等得以实现的，具体如图 3-7 所示。

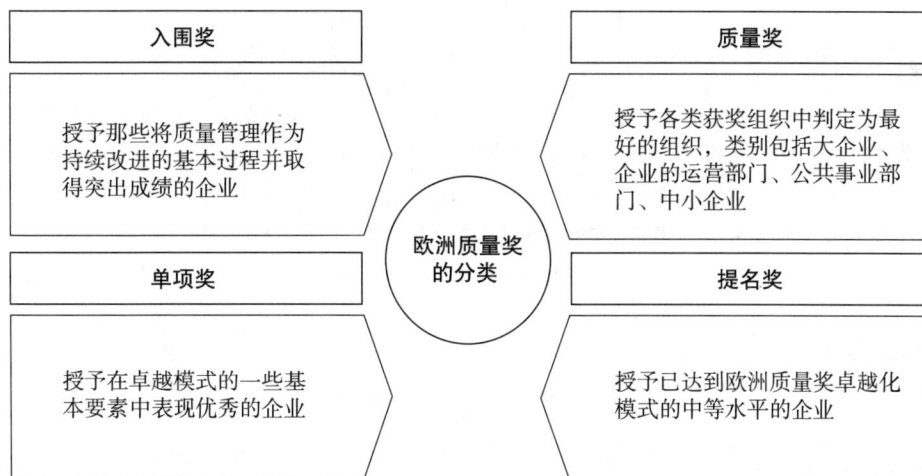

图 3-6 欧洲质量奖的分类

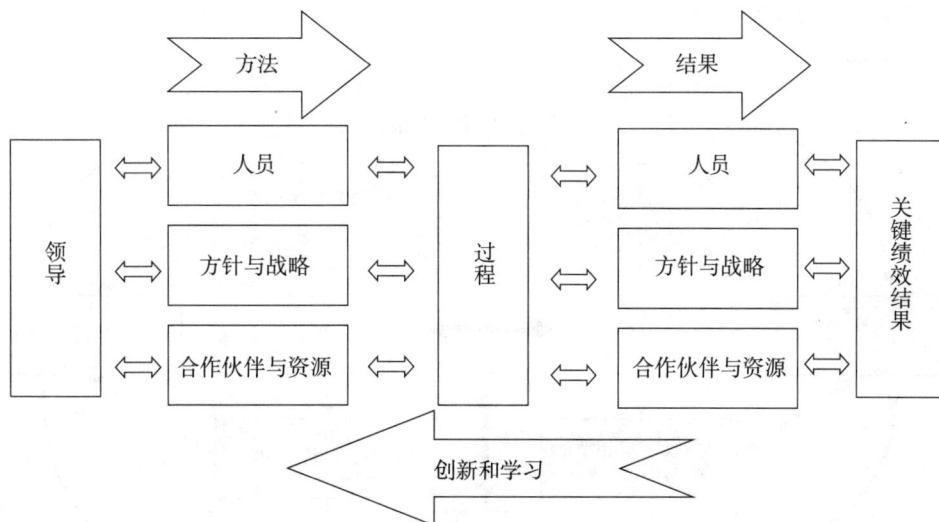

图 3-7 欧洲质量奖的评审模型

3. 美国质量奖

美国质量奖又称美国波多里奇国家质量奖。在 20 世纪 80 年代，日本产品涌进美国，对美国本土工业造成了强烈的冲击，美国前商业部长马尔科姆·波多里奇（Malcolm Baldrige）先生召集了几十位经济专家、管理学家和企业家进行研究，向美国国会提出了设立"美国国家质量奖"的建议。

（1）美国质量奖的评奖机构

美国质量奖的评奖机构包括四个，具体内容如表 3-5 所示。

表 3-5 美国质量奖的评奖机构

评奖机构	具体说明
波多里奇国家质量奖基金会	创立波多里奇国家质量奖基金会的目的是为评奖工作提供持久的基金资助。基金由美国各机构的重要领导人做担保，通过美国各州各行业机构为基金提供财政资助
波多里奇国家质量奖的评奖执行机构	◆ 美国商业部负责波多里奇国家质量奖的评奖工作和奖励 ◆ 美国国家标准和技术研究院负责奖项的管理工作 ◆ 美国质量协会通过与美国国家标准和技术研究院签订合同的方式协助进行奖项的日常行政管理
波多里奇国家质量奖的评奖监督管理部门	经美国商业部长提名，由来自美国各经济领域、各行业的著名领导人组成监督机构，负责对商业部的国家奖评奖工作进行监督
波多里奇国家质量奖的评审部门	评审人员由美国著名的企业、健康卫生和教育机构的专家组成

（2）美国质量奖的评奖模型

美国质量奖的评奖模型如图 3-8 所示。

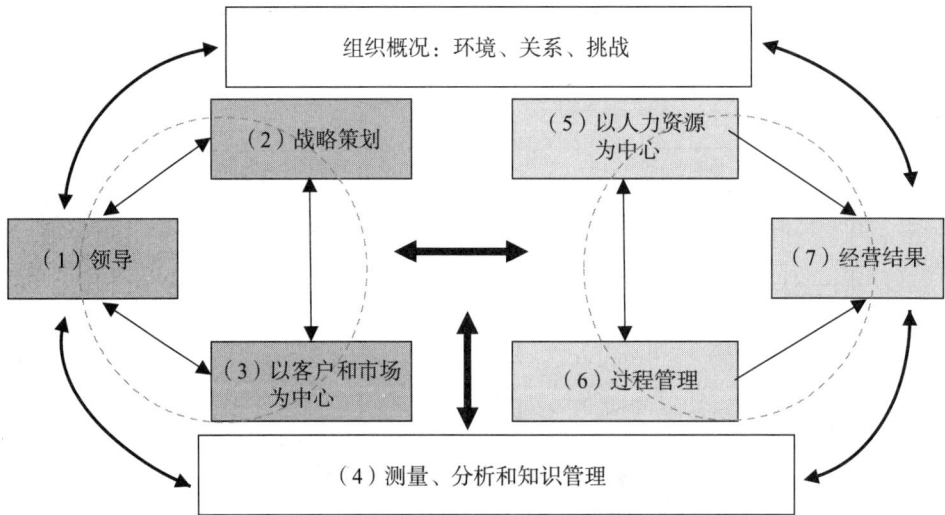

图 3-8　美国质量奖的评奖模型

4．中国国家质量奖

中国质量协会在中华人民共和国国家质量监督检验检疫总局的指导下，根据《中华人民共和国产品质量法》的有关规定，于 2001 年启动了全国质量管理奖评审工作，并对实施卓越质量经营，在质量、效益和社会责任等方面都取得显著成绩的企业或组织授予"全国质量管理奖"。

自 2006 年起，"全国质量管理奖"更名为"全国质量奖"。

（1）全国质量奖的评审机构

全国质量奖的评审机构如图 3-9 所示。

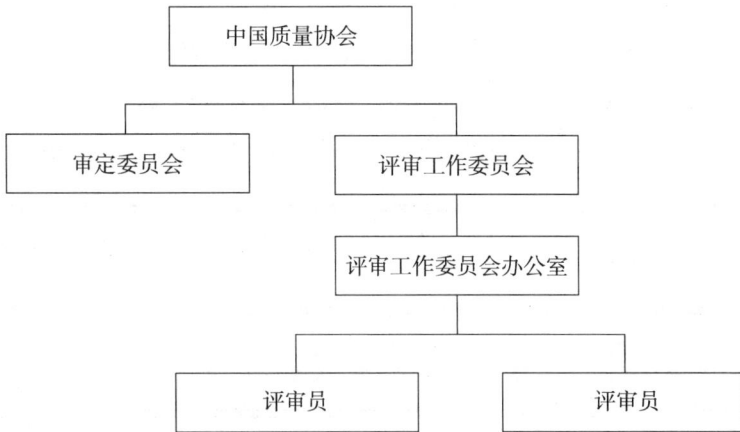

图 3-9　全国质量奖的评审机构

（2）全国质量奖的评审程序

① 申报。申报组织将企业填制的全国质量奖申报表、自评报告、组织简介及相关证实性材料交予全国质量奖工作委员会办公室。

② 资格审查。质量奖工作委员会办公室对申报企业的基本条件、评价意见和材料的完整性进行审查。

③ 资料评审。质量奖工作委员会办公室组织评审专家对资格审查合格的企业进行资料评审。质量奖工作委员会根据资料评审结果，按照优中选优的原则确定现场评审企业名单。

④ 评审反馈。对于未能进入现场评审的企业，评审组将针对它们的优势和不足，提供资料评审反馈报告。

⑤ 现场评审。质量奖工作委员会办公室组织评审组对资料评审后确定的企业进行质量管理现场评审。评审组给出现场评审意见并提出存在的问题，形成现场评审报告。

⑥ 综合评价。质量奖工作委员会对申报企业的全国质量奖申报表、现场评审报告等进行综合分析，择优推荐，提出获奖企业推荐名单。

⑦ 审定。审定委员会听取评审工作报告，审定获奖企业。

3.6.2　质量管理奖申报与评审标准

1. 质量管理奖申报条件

质量管理奖申报组织必须是中华人民共和国境内合法注册与生产经营的组织，并具备五项基本条件，具体内容如图 3-10 所示。

1	认真贯彻实施ISO 14000族标准，建立、实施并保持环境管理体系；组织三废治理达标
2	组织连续三年无重大质量、设备、伤亡、火灾和爆炸事故（按行业规定）及重大用户投诉
3	近三年，有获得客户满意的产品，并获全国实施卓越绩效模式先进企业（全国质量效益型先进企业）称号
4	认真贯彻实施ISO9000族标准，建立、实施并保持质量管理体系，已获认证注册；对有强制性要求的产品已获认证注册；提供的产品或服务符合相关标准要求
5	由所属行业或所在地区质量协会对申报组织进行推荐，提出对申报组织的质量管理评价意见。评审将优先考虑行业和地区双推荐组织，外资或独资企业可以不经推荐，直接申报

图 3-10　组织申报条件

2. 质量管理奖评审标准

根据《全国质量奖管理办法》，质量管理奖评审标准采用 GB/T19580-2004《卓越绩效评价准则》国家标准，该标准由 7 大类目、22 个评分项、33 个重点领域组成，具体内容如图 3-11 所示。

领导	战略	客户与市场	测量、分析与改进
1. 组织的领导 （1）高层领导的作用 （2）组织的治理 （3）组织绩效的评审 2. 社会责任 （1）公共责任 （2）道德行为 （3）公益支持	1. 战略制定 2. 战略部署 （1）战略规划的制定与部署 （2）绩效预测	1. 客户和市场的了解 2. 客户关系与客户满意度 （1）客户关系的建立 （2）客户满意度的测量	1. 测量与分析 （1）绩效测量 （2）绩效分析 2. 信息和知识的管理 （1）数据和信息获取 （2）组织的知识管理 3. 改进 （1）改进的管理 （2）改进方法的应用

资源	过程管理	经营结果
1. 人力资源 （1）工作系统 （2）员工的学习和发展 （3）员工的权益与满意程度 （4）员工的能力 2. 财务资源 3. 基础设施 4. 信息 5. 技术 6. 相关方关系	1. 价值创造过程 （1）价值创造过程的识别 （2）价值创造过程要求的确定 （3）价值创造过程的设计 （4）价值创造过程的实施 （5）价值创造过程的改进 2. 支持过程 （1）支持过程的识别与要求 （2）支持过程的设计 （3）支持过程的实施与改进	1. 客户与市场结果 （1）以客户为中心的结果 （2）产品和服务结果 （3）市场结果 2. 财务结果 3. 资源结果 （1）人力资源结果 （2）其他资源结果 4. 过程有效性结果 5. 组织的治理和社会责任结果

图 3-11　全国质量奖评审标准

第4章
全过程质量控制

4.1 全过程质量控制关键点

4.1.1 产品设计质量控制关键点

产品设计质量不仅会影响产品本身，也会影响产品的生产过程，并直接关系到产品的市场竞争力。好的产品设计是实现产品更新换代、提高产品质量的前提，低劣的产品设计可能导致产品难以生产。产品设计质量控制关键点主要体现在以下六个方面。

1. 设计阶段控制

产品设计工作应按照确定的设计阶段进行，设计阶段一般包括概念开发阶段、制定方案阶段、研制阶段、设计定型阶段、生产定型阶段，原则上前一阶段工作未结束，就不能进入下一阶段工作。基于此，企业应明确规定各阶段的结束标志，并检查考核该标志的实现情况。

2. 设计方案评价

制定产品设计方案要经过拟制、评价、工艺与质量会签、标准化检查、批准五个环节，每个环节的人员都有明确的职责和权限，只有各环节的人员都认真履行了职责，才能确保方案质量。为了控制产品设计质量，方案阶段最重要的环节当属"评价"。评价内容有以下四点。

（1）评价方案的先进性、合理性。

（2）评价设计文件的齐套性、编制的正确性。

（3）评价设计文件各项数据的正确性。

（4）评价设计文件贯彻各级技术标准与规范的情况。

3．设计输入控制

产品设计输入文件是设计工作开展的依据，一般为设计合同、技术协议等。企业制定产品设计输入要求时，应与设计人员进行充分沟通，以使设计要求得到真正的落实。当某些设计输入要求不合理时，设计人员可提出不同意见，通过沟通达到统一。

4．设计更改控制

设计文件完成后应及时归档。在产品设计过程中，设计人员应准确如实地记录、报告技术状态，若技术状态要发生改动，必须办理更改审批手续交由档案管理人员，由档案管理人员将更改后的图纸与原图纸妥善保存。

5．设计输出控制

设计人员应编制输出文件提交上级审核，保证设计输出满足输入的要求，并根据输出文件确定后续产品结构、重要试验项目、关键技术的解决方案、选用材料的要求等。

6．设计评审

在产品设计的关键阶段或关键节点，由专家对产品的设计进行正式、全面的评审，并将检查结果形成文件。通过评审，可尽早发现设计中存在的问题与不足，提出纠正措施与解决建议，避免反复出现问题，保证设计任务的顺利完成。

4．1．2 物料供应质量控制关键点

物料供应包括对企业生产经营活动所需的各种物料进行采购、验收、提供、保管、发放等多个环节，因此要做好物料供应工作必须从各个环节入手。物料供应质量控制关键点主要体现在以下四个方面。

1．供应商选择

为了确保物料供应质量，企业在选择供应商时应注意以下六个方面的事项。

（1）能力：包括办公设备供应商的生产能力、创新能力、财务能力、配送能力、技术水平等。

（2）质量：包括办公设备供应商提供物料质量的控制、产品质量的稳定性、产品的质量认证等。

（3）价格：包括采购价格的稳定性、采购的相对价格、付款条件等。

（4）时间：包括办公设备供应商的交货周期、交货时间等。

（5）服务：包括办公设备供应商所提供的售前、售后服务，订单跟踪服务等。

（6）其他：包括办公设备供应商的抗风险能力、人员的稳定性、安全方面的措施等。

2．物料验收

为了确保物料供应质量，企业在验收物料时应注意以下七个方面的事项。

（1）核对送货凭证。物料验收人员必须将入库验收通知单、采购合同与供应商提供的所有凭证一一核对，只有相符后方可执行实物验收。

（2）确认供应商。物料来自何处，有无错误或混乱，特别是向两家以上供应商采购的物料，应分别验收。

（3）确定送到日期与验收日期。前者用以确定供应商是否如期交料，以作为迟延罚款的依据；后者用以督促验收时效，避免借故推脱，可作为确定付款期限的依据。

（4）确定物料的名称与品质。核查物料是否与采购合同的要求相符，以免偷工减料、鱼目混珠。

（5）清点数量。清点数量即清点实际交料数量是否与运送凭单或订单所载相符。

（6）外观检验。外观检验即检验物料损伤（撞击、变形、破碎等）程度，检验物料被污染（雨、雪、油、其他）和潮湿、霉腐、生虫的程度，检验物料外形或装饰的缺陷等。

（7）质量检验。质量检验即针对物料应具备的品质要求，选择合适的检验工具对其进行检验。

3．物料保管

为了确保物料供应质量，企业在保管物料时应注意以下三个方面的事项。

（1）物料保管检查

物料保管人员应及时查看在库物料，排查霉变、破损、虫蛀、潮湿等状况，检查物料有无短缺、变质等状况，保证在库物料的质量安全。排查时除了用感官检查物料质量外，还可以用仪器测定物料的具体状况。以下四类物料应当加强检查。

① 性能不稳定的物料。

② 利用旧包装或包装有异常的物料。

③ 重新入库、从外仓转来的物料。

④ 异常天气情况下入库的物料。

（2）物料保管环境管理

物料保管人员应加强对物料仓库环境的管理，具体应做好以下三项工作。

① 根据生产物料特性，合理调节仓库内的温度、湿度，以防止生产物料变质。

② 定期打扫仓库卫生，保证仓库环境干净、整洁。

③ 做好仓库内的防潮、防腐、防虫工作，确保物料安全。

（3）物料安全管理

物料保管人员应加强对物料的安全管理，具体应做好以下八项工作。

① 加强对生产物料的轮班检查，禁止无关人员擅自靠近生产物料。

② 根据实际情况，申请加强安全防卫，如装置监控设备等。

③ 下班前务必锁好门窗，严禁擅自将仓库钥匙交予他人。

④ 定期或不定期地检查盘点生产物料，若发现物料丢失，应立即上报生产物料主管，进行调查处理。

⑤ 按照国家有关消防规定，设置消防栓、消防泵、水池等消防设施。

⑥ 严禁在生产物料保管仓库内吸烟或开展明火作业，要设置明显的防火标志。

⑦ 生产物料仓库内严禁存放易燃杂物，物料存放地与照明设施的距离不得小于0.5米。

⑧ 炎热天气应做好降温工作，防止易燃易爆生产物料的自燃、自爆。

4．物料放行审核

为了保证物料供应质量，防止不合格物料投入生产，质量管理部应加强物料放行审核，主要审核内容有以下三点。

（1）供应商报告单。供应商报告单内容应符合企业要求，物料质量符合企业质量要求，收料单与订货合同一致。

（2）物料外观。物料按保管条件进行保管，包装完整，标签清晰、准确。

（3）物料检验记录。物料按批准的检验程序检验，检验原始记录完整、准确无误，检验报告单有复核人复核，结果符合规定，检验无异常，或出现异常后进行了调查处理。

4.1.3　生产制程质量控制关键点

制程是指产品从原材料到成品的一切作业活动。每一个作业活动中的人、机、料等都会影响生产制程质量。企业应对生产制程进行质量控制，降低不良率及生产成本，保证生产过程的规范性。生产制程质量控制关键点主要体现在以下四个方面。

1．生产准备状态检查

在产品正式生产前，质量管理部应对生产准备状态进行检查，避免或减少产品在生产过程中产生质量、进度、费用等方面的风险。检查的内容具体体现在以下四个方面。

（1）设计文件是否齐全、正确。设计文件一般包括总明细表、设计图纸、验收文件、试验文件、使用文件等。在生产前，设计文件应完整齐全、准确无误，能够满足生产的需要。

（2）生产策划是否落实。产品在生产前应进行生产策划，制订详细的生产计划与质量计划，确保生产的相关环节受控。

（3）生产设备是否配备齐全。生产部应根据产品需要配备合适的生产设备，使之能满足生产的数量与质量要求。

（4）人员配备是否合理。根据生产需要，合理配备相关人员，确保负责生产的相关人员在数量和技术水平上符合加工要求。

（5）工艺准备是否充分。工艺是保证产品质量的重要因素。质量管理人员对工艺的检查主要包括以下三点内容。

① 首件鉴定工作已完成，鉴定结果为合格。

② 工艺状态稳定，工艺文件齐全。

③ 关键工序已被识别，控制方法已得到确认，并纳入工艺规程。

2．制程中检验

（1）首件样品检验。质量管理部按照首件检验的工序，对首件产品的生产原材料、生产设备、生产工艺装备等进行检验，保证首件产品的质量。

（2）首三件样品检验。质量管理部组织对首三件样品的质量进行检验，加强工艺管理和技术改进，完善生产工艺文件、生产操作规程文件等。

（3）末件样品检验。质量管理部组织对产品生产后的末件样品与首件样品进行对比分析，判断质量改进措施和改进标准是否得当、工艺装备是否完好等。

（4）自检。生产现场人员要按照质量标准对加工对象进行质量检验。

（5）互检。处于生产下道工序的车间及班组要对上道工序的产品质量进行检验确认，经检验合格后，上道工序的产品方可流入下道工序。

（6）总检。质量管理部要组织生产部、技术部等生产相关部门对制程产品质量进行总体把关检验，以保证产品的总体质量。

3．不合格品控制

不合格品控制的目的主要是防止其非预期使用或交付。生产部人员应按照以下要求进行不合格品管理，防止不合格品频繁发生。

（1）及时发现不合格品，评定不合格品的严重程度，做好标记并隔离存放。

（2）确定不合格品的机号、时间和生产批次等。

（3）按规定进行不合格品的鉴别、记录、标识、隔离、控制、审查与处理时，必须由质量管理部经理授权并加以记录。

（4）处理不合格品必须坚持分级处理及原因未找出不放过、责任未查清不放过、纠正措施未落实不放过的"三不放过"的原则。

（5）不合格品的处理结论一次性有效，不能作为以后不合格品处理和验收的依据。

（6）属于检验员错检、漏检通过的不合格品，由操作者与检验员共同在责任栏内签字，各负其责。

（7）对于尚未设计定型产品的不合格品，以设计部门为主负责处理。

4．质量控制记录

由于质量控制记录是证明质量满足要求的程度的证据及保证质量控制体系有效运行的重要文件，也是实现产品可追溯性、持续改进及制定质量预防与纠正措施的基础，因此生产部人员在生产过程中，必须做好质量控制记录。

4．1．4 生产设备质量控制关键点

生产设备是企业完成生产的重要物质、技术基础，是构成生产力的要素之一。企业对生产设备质量进行有效控制，可以提高设备水平及利用率，降低设备维修费用，是实现企业的生产经营目标及提高经济效益的重要手段。生产设备质量控制关键点主要体现在以下六个方面。

1．生产设备采购与验收

在生产设备采购前，设备管理部应先进行设备可行性方面的技术咨询，并明确设备采购质量要求，由采购部选择合适的供应商进行购买。设备管理部对生产设备进行验收时，要严格按照图纸进行验收，对验收不合格的生产工艺设备，禁止其入库或安装、进入生产现场。

2．生产设备安装

新进生产设备须经专业人员验收后方可进行安装，并对工艺设备的安装质量负责。新进生产设备的安装经相关人员验收合格后，方可投入生产。

3．生产设备使用

设备操作人员在使用生产设备前，要接受设备管理部人员对生产设备使用方面的相关培训，学习生产设备的日常保养知识和安全操作知识，熟悉设备的主要性能，经培训合格后方可上岗操作。设备操作人员在操作设备时应遵守以下四点要求。

（1）生产设备在使用之前或在停用时，设备操作人员要通知生产现场所有人员。

（2）设备操作人员要严格按照生产设备操作规程进行操作，避免因误操作造成设备损坏。

（3）生产设备在使用中发生各类故障时，设备操作人员要及时通知生产现场相关负责人或设备管理部人员，以便及时处理。

（4）未经上级批准，任何人不得对生产设备进行拆卸或配用其他设备的零件和工具。

4．生产设备巡检

设备管理部人员要定期对生产设备进行巡检，记录生产设备的各项信息，及时排除设备隐患，使设备管理部和生产部及时掌握各生产设备的运行状况、生产能力。

对于巡检中发现的设备问题，设备管理人员要及时协调相关人员进行处理，并将相关信息传递给设备操作人员；对于不能处理的问题，要及时上报相关领导予以解决，防止生产事故的发生。

5．生产设备维修与保养

设备管理部要定期对各生产设备进行维修与保养。当设备发生故障时，设备操作人员要及时填写设备维修单，由设备管理部及时处理，安排维修。设备操作人员应根据生产设备的使用情况定期对其进行保养，并做好设备保养相关记录。

6．生产设备改造与报废

在生产过程中，生产现场人员要不断改进生产技术工艺，提高生产工艺设备的使用效率，延长设备的使用寿命。

对于通过改造可以继续使用的生产工艺设备，设备管理部要组织相关技术人员商讨设备改进方案，经审批后执行。

对于已经没有生产能力的生产设备，先由生产部申请报废处理，然后由设备管理部对生产设备的使用年限、损坏情况、维修次数、影响工作情况及净现值情况进行鉴定与评估，并做出是否进行改造或报废处理的决定。

4．1．5　产品包装质量控制关键点

包装是产品不可分割的一部分，体现了企业的产品形象。包装质量不佳不仅会给产品运输带来不便，还有可能影响客户的使用，严重时更有可能导致产品损坏甚至报废，给供需双方造成损失，给客户留下不好的印象。产品包装质量控制关键点主要体现在以下三个方面。

1．包装设计

包装设计直接关系到后续加工等各工序的质量，所以在包装设计之前应制定工艺分析制度，明确工艺要求，做好工序编排，为设计提供有益的参考，排除弊端。为了保证产品包装质量，企业须按照以下两方面的要求进行包装设计。

（1）服务要求：包装应方便购买，适合人性化需求，并有符合国家要求的文字注解和说明。

（2）物流要求：包装须适合产品运输，确保在运输过程中因运输造成的产品损失最小

化，并且须符合仓库储存工作要求。

2．包装材料选择

材料的选择直接影响包装的质量，如果选材不当，会给企业带来不必要的损失。企业要以科学性、经济性、环保性为基本原则，根据产品自身的特性确定选择何种包装材料。包装材料选择要求有以下三点。

（1）在选择包装材料时，应充分考虑产品的特点，如产品的形态（固体、液体等）。

（2）包装材料应具有一定的强度、韧性和弹性等，以有效保护商品，适应压力、冲击、震动等外界因素的影响。

（3）包装材料应尽量选择来源广泛、取材方便、成本低廉、可回收利用、可降解、加工无污染的材料，以免造成公害。

3．包装实施

包装人员应按照以下六点要求包装产品。

（1）包装前产品上的灰尘及其他脏物必须清除干净，整个包装过程必须注意清洁，以保证包装质量。

（2）相似产品必须分时间包装，并分区域摆放，个别产品可用专用标示卡区分。

（3）包装过程中要确保每包装一款产品，填写一次标示，并对剩余的标示进行及时报废处理，防止错贴错用。

（4）已称重并填好标示卡的产品包装后禁止任何人拆开或取出产品，如需拆开取出产品需重新称重并填写标示卡。

（5）未包装的产品应贮存于防雨、通风、干燥的地方，并将产品垫好，以防止受潮、损坏。

（6）装入箱内的产品必须固定，不应窜动。固定方式根据产品的结构选定。

4．1．6 产品出库质量控制关键点

产品出库是从仓库中根据提货单提取成品的操作，是产品在仓库经历的入库、储存、保养等环节后，面临的最后一个环节。企业对产品出库质量进行控制，可以保证产品快速、准确出库，及时投入使用或进入市场。产品出库质量控制关键点主要体现在以下五个方面。

1．出库凭证核对

产品出库必须有正式的出库凭证，该凭证均应由生产部主管、仓储部经理签章。出库凭证核对的内容与要求如下。

（1）提货单。认真核对产品的编号、规格、品名、数量有无差错和涂改，有关部门的签章是否齐全。

（2）经仓储部经理签章的产品出库单。根据提货单对产品品名、规格、数量与仓库账目再次做全面核对。

（3）产品检验合格报告书、合格证等是否合规、齐全。

2．备货

出库人员按复核无误的出库凭证上所列的项目内容和批注，与编号货位进行对货，核实后核销产品明细卡上的存量，按规定的批次备货。出库人员应按以下五个标准化步骤进行备货。

（1）销卡，在产品出库时，应先销卡、后付货。

（2）理单，根据产品的货位，按提货单的编号顺序排列，以便迅速找对货位，及时出库。

（3）核对，按照货位找到相应的产品后，出库人员要"以表对卡，以卡对货"，进行单、卡、货核对。

（4）点数，出库人员要仔细清点产品出库的数量，防止出现差错。

（5）签单，应付产品付讫后，出库人员应逐笔在出库凭证上签名。

3．标识

为了方便收货方的收转，产品出库时，应按以下四点要求进行标识。

（1）理货人员必须在应发产品的外包装上标识收货方的简称。

（2）标识应在产品外包装的两侧，字迹应清楚，不错不漏。

（3）复用旧包装时，必须刷除原有的标识。

（4）若粘贴标签，必须粘贴牢固，便于配送员收转。

4．复核查对

出库复核人员按照出库凭证，对出库产品的品名、规格、数量、包装等进行再次核对，以保证产品出库的准确性。复核查对的具体内容有以下四点。

（1）怕震怕潮的产品，复核查对衬垫是否稳妥，密封是否严密。

（2）每件包装是否有装箱单，装箱单上所列各项目是否和实物、凭证等相符。

（3）客户名称、箱号、危险品或防震防潮等标志是否正确、明显。

（4）是否便于装卸搬运作业，能否保证产品在运输装卸中不致破损。

5．交接清点

出库产品复核无误后，出库人员即可把产品交给配送人员清点，办清交接手续。车辆到库装载待运产品时，出库人员、配送人员要在现场监督，实际装车件数必须共同点交清楚。

经点交清楚的产品发运后，该产品出库工作即告结束，这时出库人员应做好清理工作，及时核销产品明细卡，调整货位上的吊牌，以保持产品的账、卡、物一致，及时准确地反映产品进出、存取的动态。

4.1.7 产品售后质量控制关键点

售后质量的好坏直接关系到企业的形象与经济效益。优质的售后服务是提升客户满意度的有效举措，也是客户权益的有力保障。产品售后质量控制关键点主要体现在以下四个方面。

1.售后服务标准制定

企业客户服务部针对售后服务的各项具体内容制定售后服务的质量标准。制定售后服务质量标准时一般要考虑以下五个因素，具体如表4-1所示。

表4-1　制定售后服务质量标准应考虑的因素

主要因素	具体标准
可靠性	◆ 可靠性是指专业服务人员一贯的可靠程度 ◆ 具有可靠、准确地完成已经承诺的服务的能力，这是最重要的评价标准
服务有形性	◆ 服务有形性是指服务企业能通过自己的有形环境、设施、工具、人员、信息展示等向客户提示服务质量 ◆ 有形性是客户感知服务质量的一个重要标准 ◆ 有形性或有形提示能加深客户对服务企业服务质量的感知
服务保证性	◆ 服务保证性是指服务企业具有能胜任服务的能力和信用 ◆ 该标准对一些客户认为风险或不确定性较大的服务行业尤其重要，这些服务行业有银行、保险机构、中介机构、医疗机构和律师事务所等
移情性	◆ 移情性是指企业和服务人员能设身处地为客户着想，努力满足客户的要求 ◆ 该标准要求服务人员有一种投入的精神，想客户之所想，急客户之所需，了解客户的实际需求和特殊需求，千方百计地予以满足，给予客户充分的关心，使服务过程充满人情味 ◆ 移情性有以下特点：接近客户的能力、敏感性和有效理解客户需求
响应性	◆ 响应性是指客户服务部帮助客户及提供便捷服务的自发性 ◆ 其表现为积极主动地帮助客户，能够提供及时的服务 ◆ 该标准需考虑解决客户的利益、需要，它涉及服务提供者适应客户的特殊需要或不断改变的条件的灵活性

2.客户投诉处理

客户服务部负责受理客户投诉，保证对客户投诉的及时反馈与处理，具体操作包括以下五点内容。

（1）企业应建立客户投诉处理系统，接收客户投诉。客户服务人员将投诉跟踪单发至相关部门，由其填写投诉处理意见。

（2）相关部门接到投诉跟踪单后，2 小时内反馈处理意见。

（3）客户服务人员以口头或书面形式通知客户，征询意见直至客户认可。

（4）客户投诉处理结束，由投诉处理部门填写投诉处理结果说明（包括改进措施及客户投诉责任人处理意见），通过系统发送闭环申请。

（5）客户服务部负责向客户验证投诉处理结果，对不能令客户满意的投诉重新发送投诉跟踪单，直至客户满意方可关闭投诉。

3．售后服务质量调查

客户服务部应定期收集、汇总售后服务质量问题及客户信息，并进行调查分析研究，同时对企业的售后服务质量进行不定期的监督抽查。

4．售后服务质量考核

客户服务部应制定完善的售后服务质量考核体系，每月对售后服务质量进行考核，以提高售后服务质量。售后服务考核人员应严格执行售后服务质量标准与考核工作规范，养成科学、严谨的工作习惯。

全面质量控制制度和质量日常检查制度，扫描下方二维码即可查看。

全面质量控制制度　　　　　　　　质量日常检查制度

4.2　质量控制流程

4.2.1　工序质量控制流程

工序质量是影响产品质量的重要因素，因此在产品生产过程中必须进行严格的质量控制，保证各道工序能稳定地生产出合格产品。工序质量控制流程如图 4-1 所示。

部门名称	质量控制部		流程名称	工序质量控制流程	
关键节点	质量管理部经理	质量控制主管	质量控制专员	生产作业人员	
	A	B	C	D	

关键节点	A	B	C	D
1			开始	
2			明确工序质量控制目标	
3			选择分析对象	
4	审批（未通过/通过）	审批（未通过/通过）	制定工序质量控制规划	
5			收集并分析数据	
6		确定工序质量控制点		
7	审批（未通过/通过）	制定工序质量控制标准		
8				执行标准
9			工序能力分析	掌握工序能力
10		异常原因追查（否）	工序是否合理	设法降低成本（是）
11			制定改进措施	维持控制工序
12			改进效果确认	改进实施
13			编制工序质量控制总结报告	
14			结束	

编制单位		签发人		签发日期	

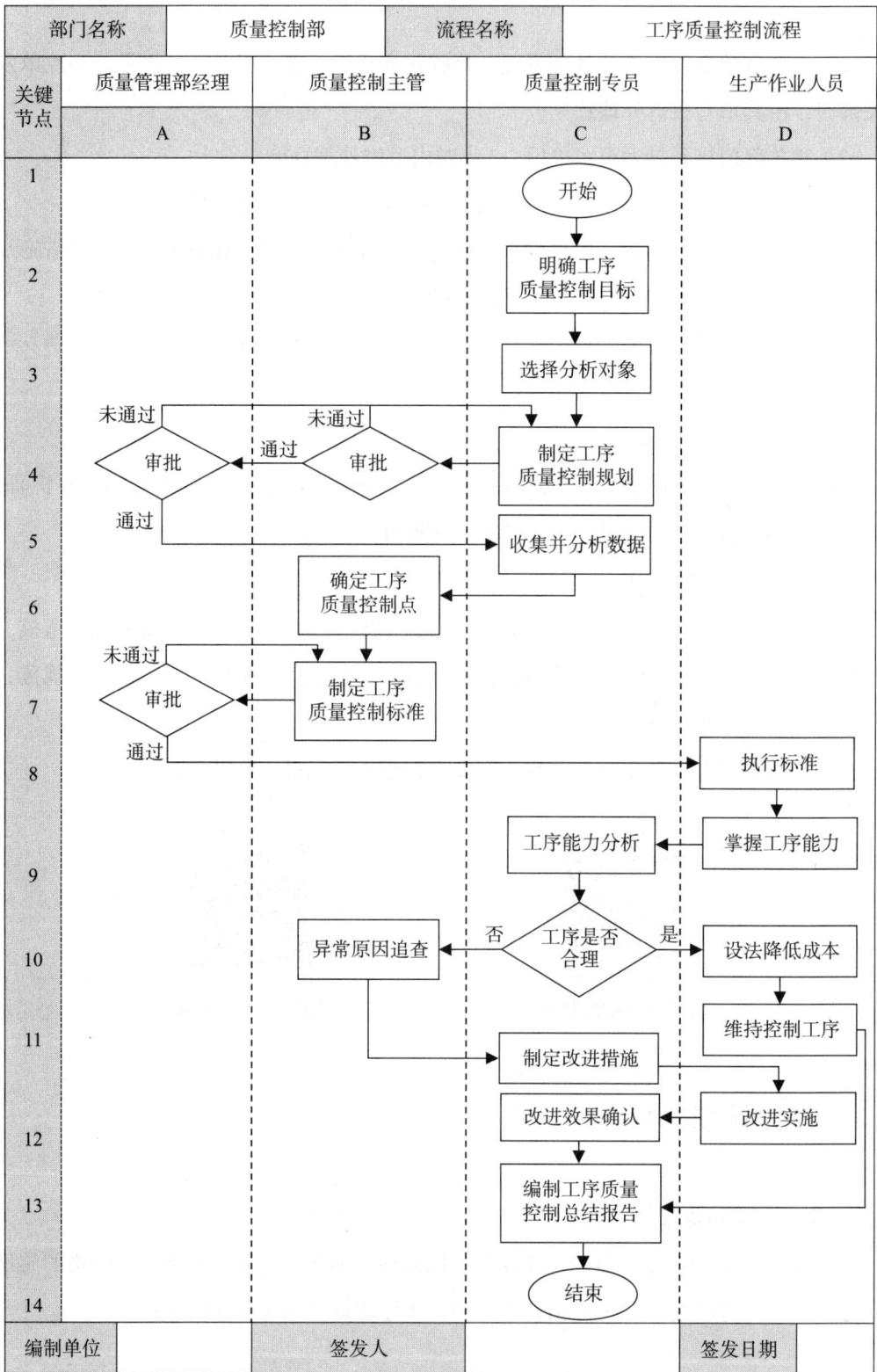

图 4-1 工序质量控制流程

根据图 4-1，工序质量控制流程关键节点细化执行内容如表 4-2 所示。

表 4-2　工序质量控制流程关键节点细化执行内容

关键节点	细化执行内容
C4	工序质量控制规划应包含产品技术经济指标、质量岗位责任制、质量统计方法、质量控制考核的内容等，并体现"质量第一"的思想
B6	确定工序质量控制点时应考虑员工行为、物料状态、材料质量和性能、关键操作、生产顺序、技术参数和生产环境等
B6	技术部设计并绘制相关工艺图纸，在装配系统图、工艺流程图上标出关键质量控制点的位置
B6	质量控制主管根据产品质量特性、工艺流程规范和潜在质量问题确定工序质量控制点，并编制相关文件
B7	质量控制主管收集生产需要的工序信息，具体包括关键设备状况、生产工作环境、操作人员素质等
B7	质量控制主管应根据工序特点和本企业质量标准制定工序标准
C9	质量控制专员根据工序标准化检验数据的结果对工序进行分析，并对关键设备状况、生产工作环境等进行检查
C9	质量控制专员应综合分析工序操作员、设备、原材料、加工方法、检测手段、环境等对工序的影响
C9	质量控制专员通过对工序能力指数等数值的计算和分析，判断工序能力是否合理
C10	若工序能力不合理，质量控制专员应追查原因，并制定改进措施
C10	若工序能力合理，各生产车间以原有工序标准为依据进行生产，并设法降低成本

4.2.2　产品质量抽查流程

产品质量抽查是指质量控制部随机抽取产品进行质量检验，根据检验结果判断产品总体情况的活动。企业可通过产品质量抽查加强对产品质量的监督，保证产品质量，避免管理漏洞。

（1）产品质量抽查流程如图 4-2 所示。

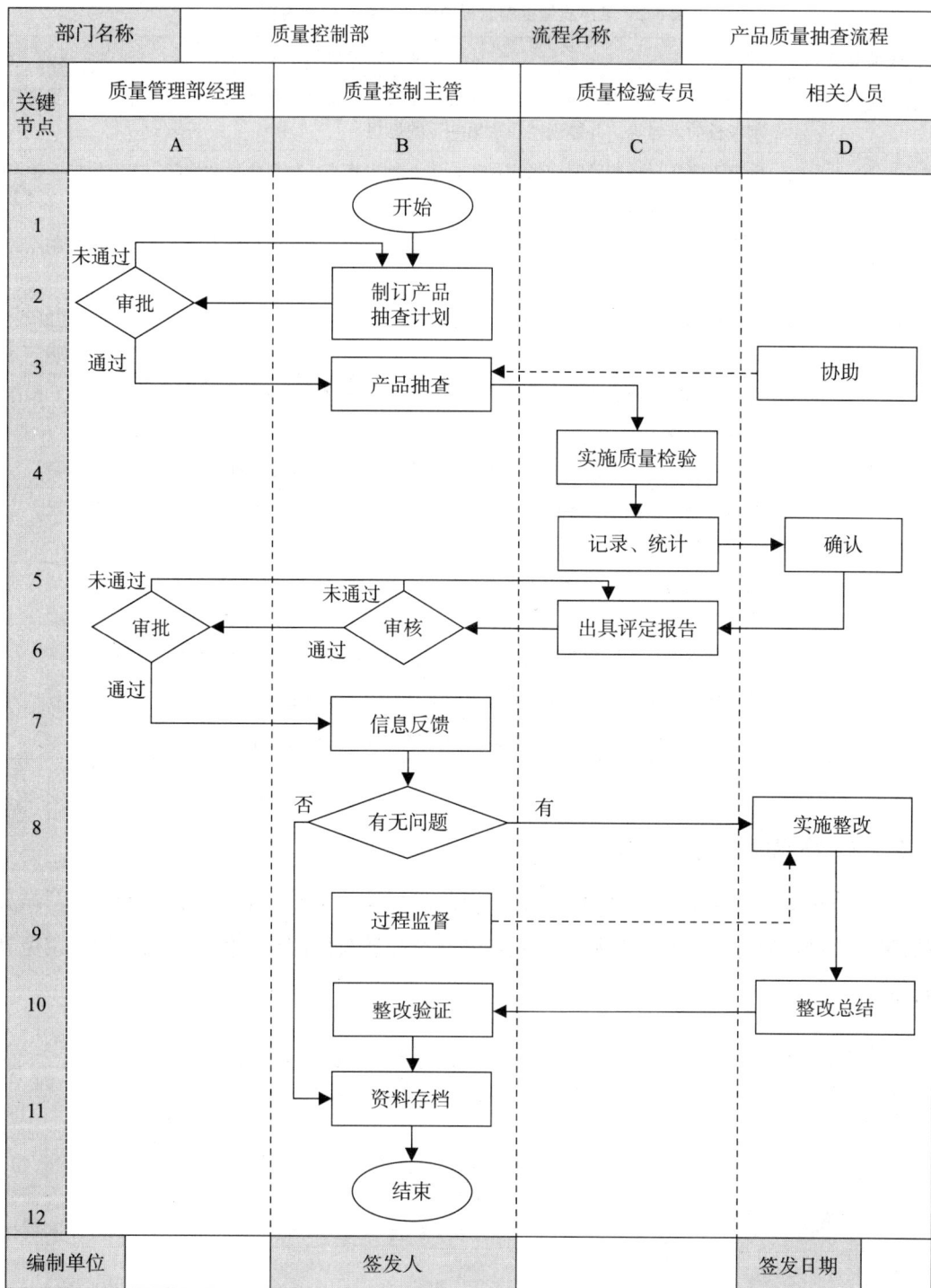

部门名称	质量控制部		流程名称	产品质量抽查流程
关键节点	质量管理部经理	质量控制主管	质量检验专员	相关人员
	A	B	C	D

开始

制订产品抽查计划

审批
未通过
通过

产品抽查

协助

实施质量检验

记录、统计

确认

出具评定报告

审核
未通过
通过

审批
未通过
通过

信息反馈

有无问题
否
有

实施整改

过程监督

整改验证

整改总结

资料存档

结束

编制单位		签发人		签发日期

图 4-2 产品质量抽查流程

（2）根据图 4-2，产品质量抽查流程关键节点细化执行内容如表 4-3 所示。

表 4-3　产品质量抽查流程关键节点细化执行内容

关键节点	细化执行内容
B2	产品抽查计划主要内容包括抽查时间、执行人员、抽查产品的基本信息、质量标准、抽查数量、检验方法等
	质量管理部经理若对产品抽查计划有异议，可提出修改意见，直至审批通过
C4	依据相应的质量标准、程序要求对产品进行检验，检验项目包括产品的运行指标、外观指标、卫生指标等
C5	在质量检验过程中及时进行记录与统计，形成质量评定报告，包括产品名称、产品规格、制造批号、抽查数量、检验项目、合格品数、不良品数等
D8	若存在产品质量问题，质量控制主管与相关人员共同分析问题原因，并由相关人员进行整改，如产品设计问题、生产设备问题等
	质量控制主管应对整改过程进行监督，保证整改效果

4.2.3　设备质量分析流程

企业在生产过程中应定期分析设备质量，以保证生产经营的顺利进行。设备质量分析流程如图 4-3 所示。

部门名称	质量控制部		流程名称	设备质量分析流程

关键节点	质量管理部经理	质量控制主管	设备管理专员	生产作业人员
	A	B	C	D

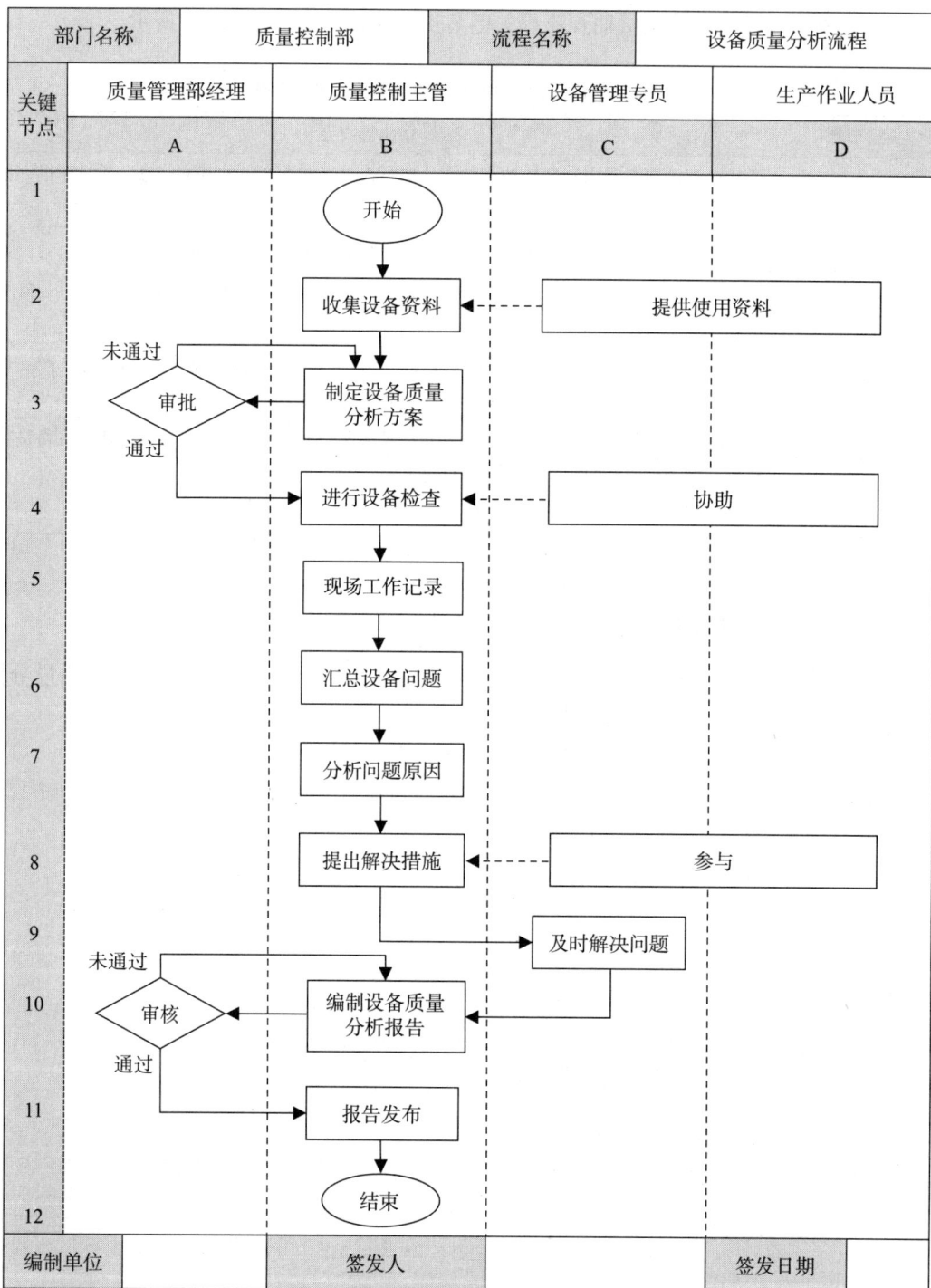

图 4-3　设备质量分析流程

根据图 4-3，设备质量分析流程关键节点细化执行内容如表 4-4 所示。

表 4-4　设备质量分析流程关键节点细化执行内容

关键节点	细化执行内容
B2	开展设备质量分析活动前应先收集设备相关资料，主要包括设备操作规程及检修规程，设备精度校验及检验记录，设备大修、中修记录，设备缺陷记录及事故报告，设备改造更新的相关技术资料等
B4	设备检查的主要内容包括设备技术状况、使用情况、质量、磨损程度等 ◆ 设备技术状况检查内容包括设备满足生产工艺情况、生产精度和废品率，以及各种消耗和污染情况等 ◆ 设备使用情况检查内容包括了解设备是处在在用状态还是闲置状态，使用中的设备的运行参数、故障率、零配件保证率、设备闲置的原因和维护情况等 ◆ 设备质量检查内容包括了解设备的制造质量，设备所处环境、条件对设备质量的影响，设备现时的完整性和外观、内部结构等 ◆ 设备磨损程度检查内容包括了解设备的有形损耗及无形损耗等
B8	根据设备问题提出解决处理措施，但要注意将实施成本控制在预算范围内，并充分利用企业的现有资源
B9	质量控制部限定问题解决日期，组织实施处理措施，并对过程进行监督
	设备管理部按照处理措施的要求对生产设备进行调整，并填制调整记录

4.2.4　仪器仪表质量控制流程

仪器仪表是企业的技术保障与技术基础，对其质量进行控制可以实现保证产品质量、降低企业风险目的。仪器仪表质量控制流程如图 4-4 所示。

部门名称	质量控制部		流程名称	仪器仪表质量控制流程
关键节点	质量管理部人员		设备管理专员	生产作业人员
	A		B	C

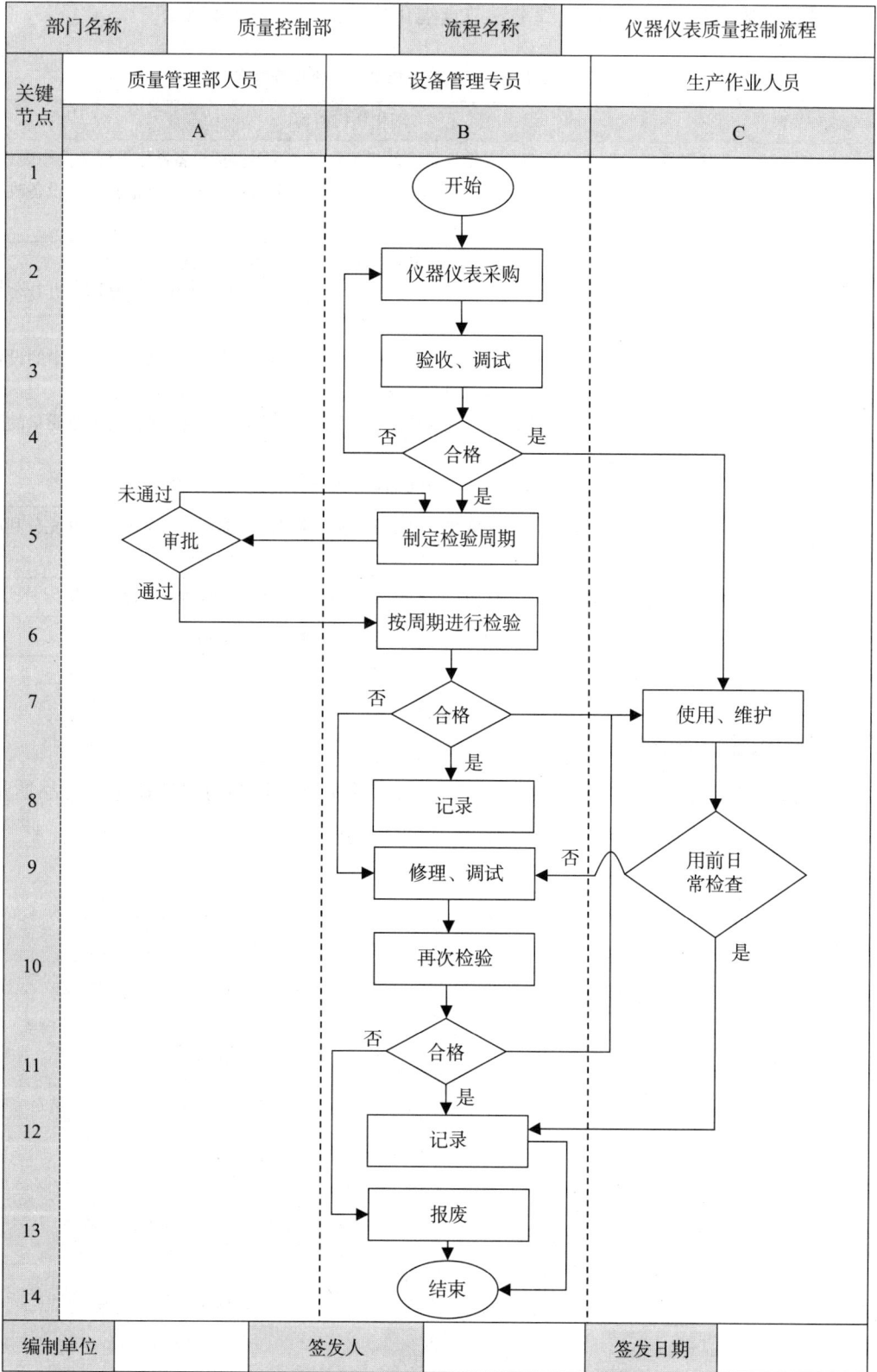

图 4-4　仪器仪表质量控制流程

编制单位		签发人		签发日期	

58

根据图 4-4，仪器仪表质量控制流程关键节点细化执行内容如表 4-5 所示。

表 4-5　仪器仪表质量控制流程关键节点细化执行内容

关键节点	细化执行内容
B3	对于新购入的仪器仪表由质量管理部组织专业人员进行验收，并出示验收合格鉴定书
	◆ 对于验收合格的仪器仪表，下发至生产部进行使用与维护 ◆ 对于验收不合格的仪器仪表，质量管理部应与供应商协商处理
B6	质量管理部人员应对所有仪器仪表进行周期性检验，并在仪器仪表台账中进行登记
	◆ 对于自检的仪器仪表，由质量管理部具有鉴定资质的专业人员按企业规定进行检验，并填写仪器仪表自检记录 ◆ 对于需要外检的仪器仪表，由质量管理部报送有资质的检验机构进行检验，并出具鉴定结果报告书，由质量管理部保管
C7	生产作业人员应严格按照使用说明书使用、维护仪器仪表，确保其能力与企业要求一致
C9	在仪器仪表使用前，生产作业人员应检查其状态是否正常
	◆ 若仪器仪表不能正常工作，则由专业人员进行修理、调试，正常后交由生产部使用 ◆ 若仪器仪表经调试、修理后仍不能正常工作，质量管理部可提出报废申请

4.2.5　质量数据分析流程

质量数据是反映各项工作质量的数据，通过对质量数据进行分析，可以确定企业质量管理体系的运行情况，帮助企业有效提升体系运作的有效性和客户满意度。

（1）质量数据分析流程如图 4-5 所示。

部门名称	质量控制部		流程名称	质量数据分析流程

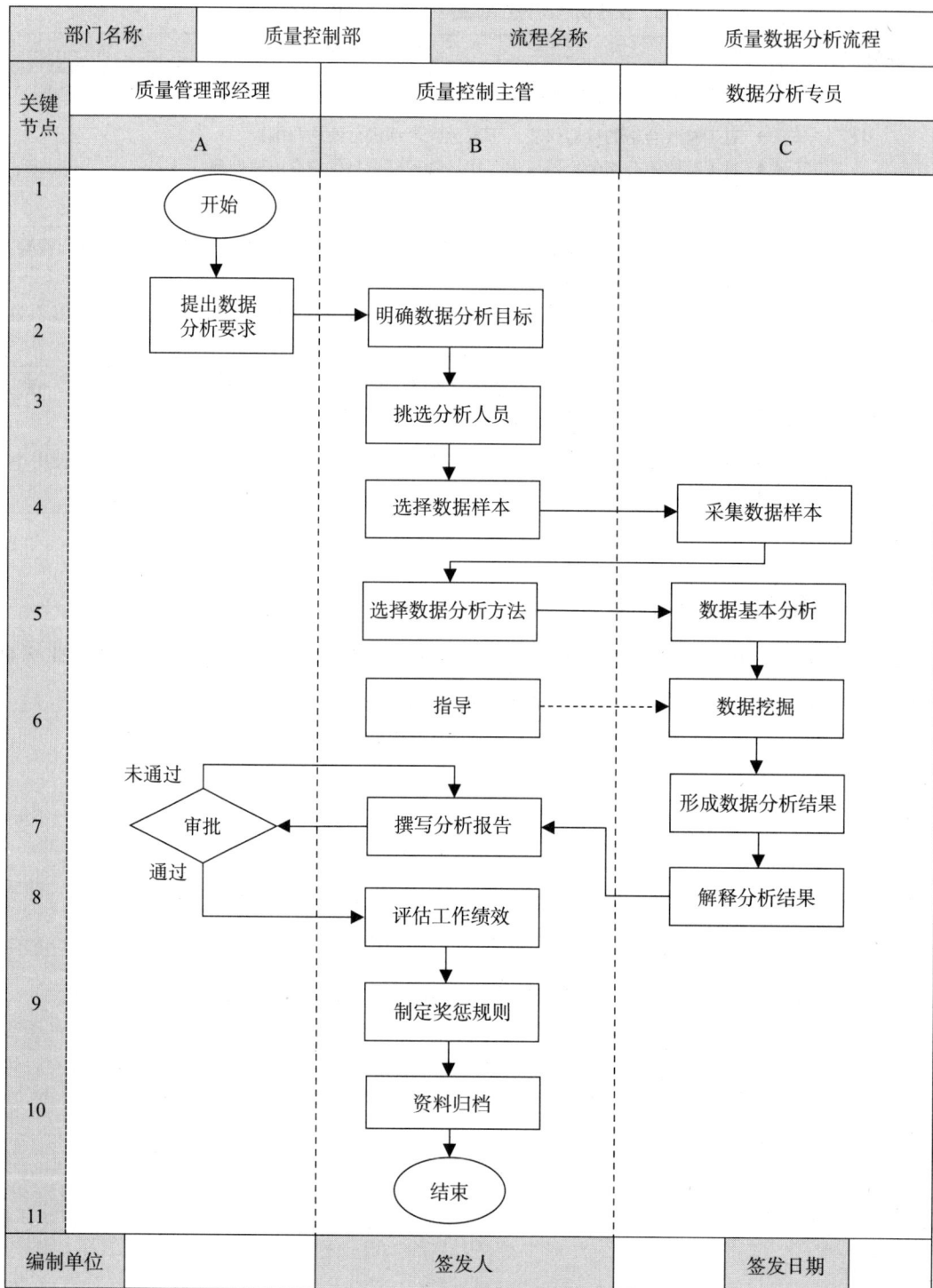

图 4-5 质量数据分析流程

（2）根据图 4-5，质量数据分析流程关键节点细化执行内容如表 4-6 所示。

表 4-6 质量数据分析流程关键节点细化执行内容

关键节点	细化执行内容
B3	质量控制主管应挑选合适的人员开展数据分析工作，向其详细说明分析工作的内容、目标及要求
	进行数据分析的人员应具备的素质包括一定的专业知识、较强的逻辑思维、踏实稳健的性格等
B4	质量数据量大，类型繁杂，数据分析人员在进行分析时很难涵盖所有的数据，所以质量控制主管应选择合适的数据样本作为分析对象
	质量控制主管在选择数据样本时，应注意结合数据分析的目标，避免因样本选择不当而导致分析结果的偏差
B5	质量控制主管应根据分析对象的不同特点及分析工作所需达成的目标，合理选择数据分析的方法
	常见的数据分析方法有回归分析法、方差分析法、一般线性模型、因子分析法等
C5	数据基本分析包括平均数分析、众数分析、方差分析、偏度和峰度分析等
C6	通过质量数据的基本分析，只能找出生产工作中比较表面的问题，而数据挖掘则通过对大量数据的深入研究，揭示出数据中很多隐含的信息
	质量数据挖掘的工作包括关联分析、聚类分析、特异群组分析和演变分析等
B8	质量控制主管应对数据分析专员在数据分析工作中的表现进行评估，根据评估结果分析专员相应的工作绩效
	质量控制主管要与表现不好的质量数据分析专员做及时的沟通，帮助其找到改进分析工作的方法
C8	通过整理和分析质量数据，数据分析专员可从中发现一些问题，对这些问题产生的原因进行及时分析，并加以改进

4.2.6 外协质量控制流程

当企业出现生产人员不足、设备不足，生产负荷已达饱和状态，或特殊零件无法买到现货，同时也无法自制等情况时，企业可通过外协的方式保证生产活动的顺利进行。

（1）外协质量控制流程如图 4-6 所示。

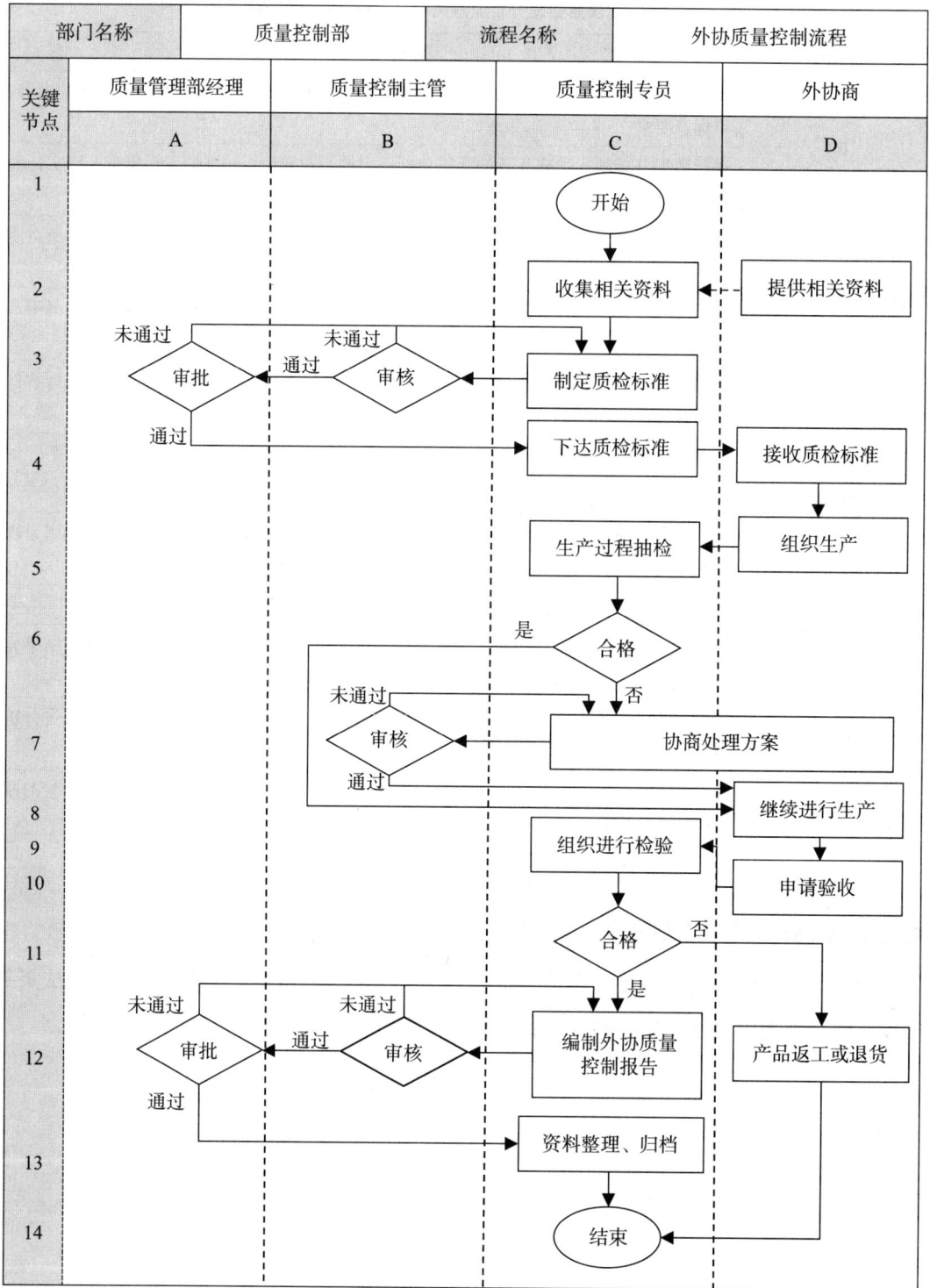

部门名称		质量控制部		流程名称		外协质量控制流程	
关键节点	质量管理部经理		质量控制主管		质量控制专员		外协商
	A		B		C		D

图 4-6　外协质量控制流程

（2）根据图 4-6，外协质量控制流程关键节点细化执行内容如表 4-7 所示。

表 4-7　外协质量控制流程关键节点细化执行内容

关键节点	细化执行内容
C2	质量控制专员收集相关资料，如企业产品质量要求、技术指标、性能参数、外协商特点、客户需求与期望等，为制定质检标准提供依据
C3	质检标准包括工序、产品规格、结构、性能等内容
C4	质量控制专员将质检标准下达给外协商，并就质检标准的相关条款与外协商沟通，进一步明确质量要求
C5	质量控制专员应定期或不定期地到外协商的生产现场进行制程检验，当发现不合格现象时要填写外协商生产异常记录表，并及时通知质量管理部负责人与外协商
C7	质量控制专员与外协商对制程存在的问题进行协商处理，共同制定处理方案
C9	产品生产结束后，质量控制专员按照质检标准进行验收，并填写外协产品验收单
C9	质量控制专员应如实记录验收情况，严把质量关，不符合允收水平的坚决不收
D12	若外协产品检验不合格，应将问题产品交还外协商，责令其返工，若有重大问题不能返工的则进行退货处理

4.2.7　产品质量处罚流程

企业进行产品质量处罚是为了提高员工的质量意识与产品质量，降低和减少人为责任造成的质量损失和质量偏差。产品质量处罚流程如图 4-7 所示。

部门名称	质量控制部	流程名称		产品质量处罚流程	

关键节点	质量管理部经理	质量控制主管	质量检验专员	生产作业人员
	A	B	C	D

图中流程：

D列： 开始 → 产成品送检

C列： 进行质检 → 发现质量问题

B列： 调查取证 → 明确质量责任

D列： 确认

C列： 编制质量检验报告

B列： 审核（未通过 / 通过）→ 会同相关人员商讨处理方案 → 提出质量处罚意见

A列： 审批（未通过 / 通过）

B列： 开具质量处罚通知单

D列： 接受处罚

B列： 资料整理、归档 → 结束

编制单位		签发人		签发日期	

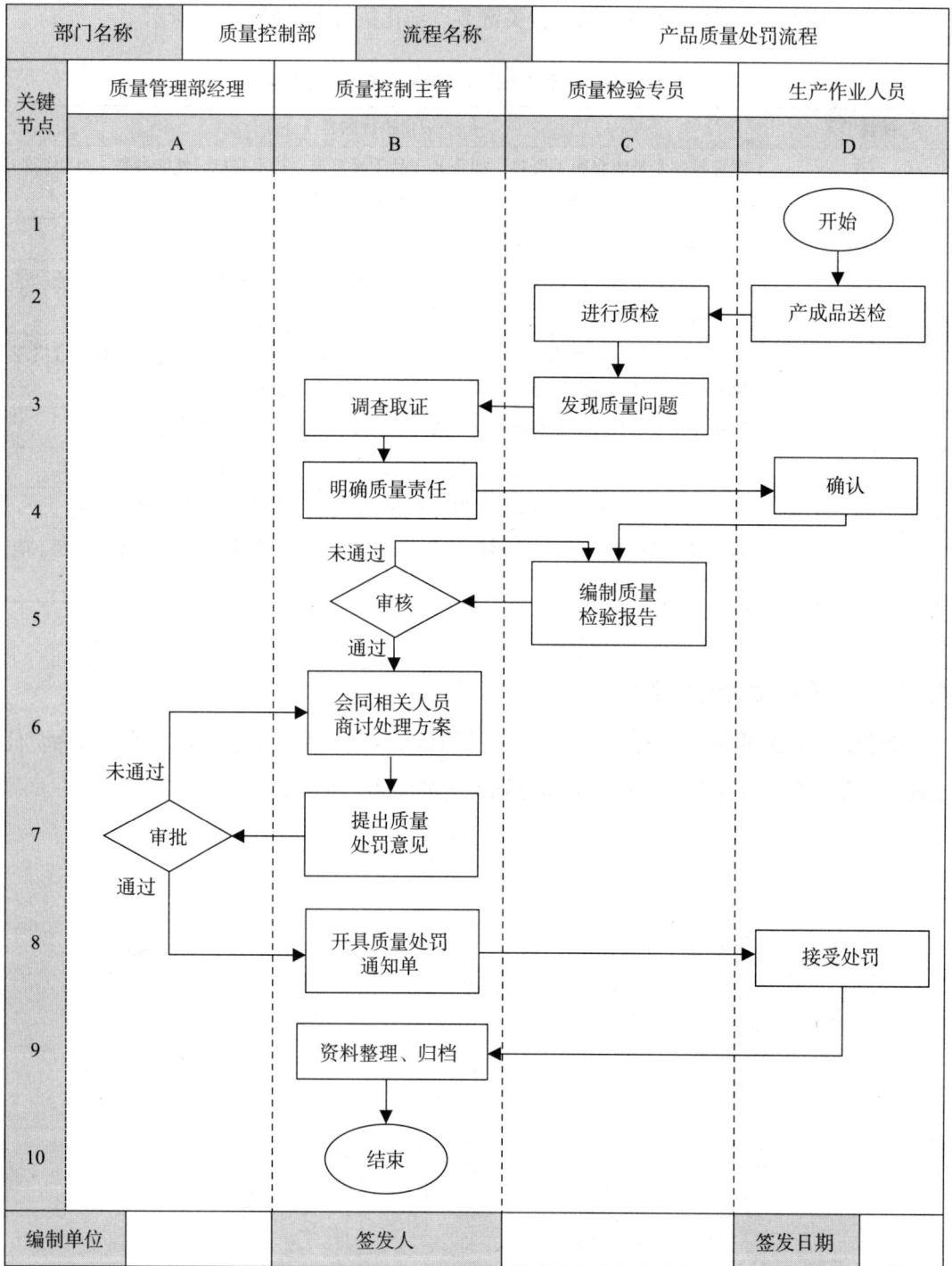

图 4-7　产品质量处罚流程

根据图 4-7，产品质量处罚流程关键节点细化执行内容如表 4-8 所示。

表 4-8　产品质量处罚流程关键节点细化执行内容

关键节点	细化执行内容
B3	质量控制主管收到反馈的质量问题后，到相关部门、车间进行调查取证
B4	根据调查取证所得有关材料进行原因分析，裁定质量事故或质量违纪责任
C5	质量检验报告内容包括产品基本信息、产品质量问题、责任认定、整改建议等
B6	质量控制主管组织相关人员（设计部人员、生产部人员等）商讨质量处罚方案，若为企业内部原因，一般情况下的处罚措施有处分、罚款等；若为外部原因，可返工或退货
B8	质量控制主管根据审核通过的处罚意见，开具质量处罚通知单下发给生产部门，相关责任人接受处罚

4.2.8　质量攻关管理流程

质量攻关是产品研发生产中的重要环节。企业进行质量攻关的目的是采取有效的技术措施，解决产品生产中出现的质量难题。凡属存在质量缺陷、质量难以保证、技术难度大的研发或制造环节，均可列为质量攻关项目。

（1）质量攻关管理流程如图 4-8 所示。

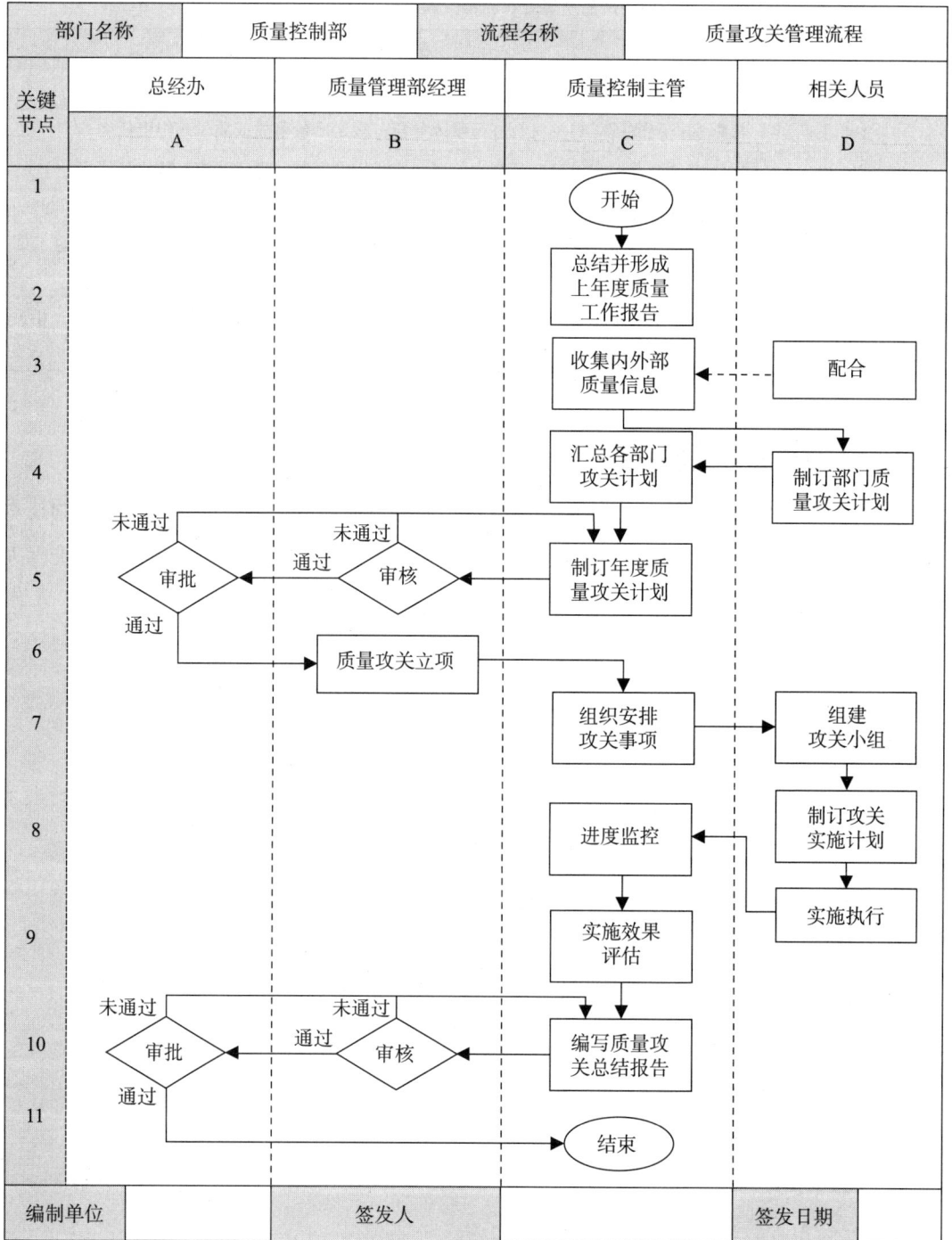

图 4-8　质量攻关管理流程

（2）根据图 4-8，质量攻关管理流程关键节点细化执行内容如表 4-9 所示。

表 4-9　质量攻关管理流程关键节点细化执行内容

关键节点	细化执行内容
C2	根据上年度相关部门的工作情况进行总结，形成年度质量工作报告，包括上年度相关部门的工作完成情况、问题、改进方向等内容
C3	内部质量信息包括质量管理体系内审结果、质量目标及其完成情况、质量管理方案、产品与客户要求的符合性、客户满意度等
C3	外部质量信息包括质量检验机构、认证机构的监督检查结果及反馈数据、技术标准类数据等
C5	根据上年度质量工作报告中所列的问题与改进的方向，以及收集到的质量信息，结合本年度的质量目标，制订本年度质量攻关计划，并填写攻关立项申请书
C5	质量管理部经理组织相关人员对攻关计划的可行性进行评审，可行性评审通过后，总经办进行审批，做出最后决定
C7	确认质量攻关立项后，质量控制主管组织安排相关事项，如安排人员协助质量攻关，相关部门提供攻关信息等
C8	质量控制主管负责收集质量攻关效果的信息资料，监督质量攻关工作的开展情况与进度情况，审核质量攻关工作的月度总结
C10	根据质量攻关计划中的攻关目标对实施效果进行验收，如是否达到计划中的技术指标，能否稳定地生产出符合质量要求的产品等
C10	质量控制人员在质量攻关项目结束后，对项目过程中的攻关信息进行汇总，形成质量攻关总结报告

工序质量控制设置标准，扫描下方二维码即可查看。

4.3　质量控制工具

4.3.1　过程决策程序图法

过程决策程序图（Process Decision Program Chart，PDPC）法，是为了完成某项任务或达到某个目标，在制订计划或设计方案时，以图形方式显示每一件可能发生的事情及其变化情形，对可能出现的障碍和结果进行预测，并制定相应的应变措施，以保持计划的灵活性。

1．用途

（1）新产品的开发研制计划及管理。

（2）产品质量改善计划及其管理。

（3）提出选择处理质量纠纷的方案。

（4）方针管理中计划目标的拟定。

（5）制定生产过程中防止发生质量问题的措施。

2．类型

（1）顺向思维式。顺向思维式 PDPC 法如图 4-9 所示。

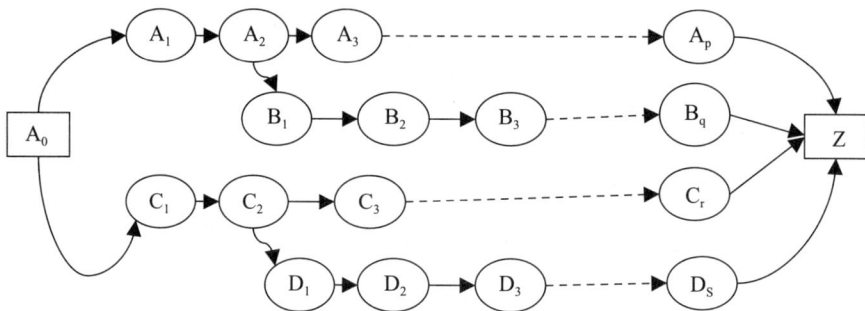

注：A_0为现状，Z为预期目标，由A_0到Z有几种途径，设以A_1，A_2，A_3，……，A_p到Z为最佳，但由于A_3难度大，可能不易解决，故改为经由A_2至B_1，再经B_2到B_q，最后到Z。同时，由于时间紧迫，难度很大，要求两路并进，即从A_0开始，一条经A_1，A_2，……，另一条经C_1，C_2，……，分别向Z前进。

图 4-9 顺向思维式 PDPC 法

（2）逆向思维式。根据图 4-9，当 Z 为预期目标时，从 Z 出发，逆向而上，从大量的观点中展开构思，详细研究其过程做出决策，考虑实现这个目标的前提是什么，为了满足这个前提该具备什么条件，使其和初始状态 A_0 连接起来。

3．应用案例

××企业计划设计一款压制成型品，为了提高该产品的耐用程度，需要在该产品中加入一种新型原材料 A。同时为了掌握设计中可能出现的问题，该企业使用 PDPC 法进行预测并制定决策方案。

（1）成立设计小组。企业根据需要组织有经验的设计工程师成立新产品设计小组，使用 PDPC 法对设计过程进行预测和决策。

（2）讨论绘制 PDPC 图。经过新产品设计小组的集体讨论，该企业绘制完成了 PDPC 图，具体如图 4-10 所示。

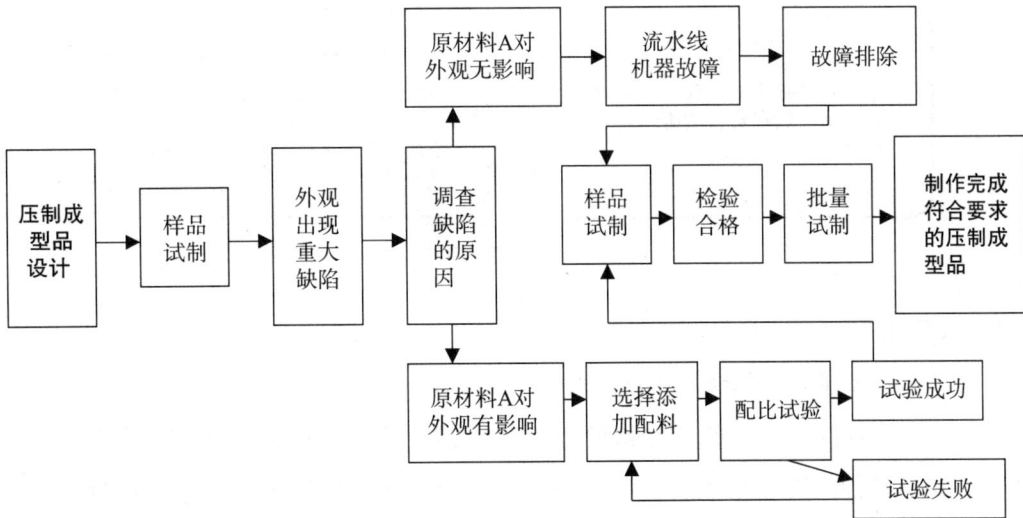

图 4-10　压制成型品设计的 PDPC 图

该企业通过使用 PDPC 法完成 PDPC 图的绘制。新产品设计小组决定依据 PDPC 图可能出现的问题开始设计工作，并在设计过程中对 PDPC 图进行动态修订，以保证设计过程顺利进行。

（3）案例结果。设计小组根据完成的 PDPC 图进行压制成型品的设计，发现原材料 A 对产品的成型有重大影响。设计小组根据 PDPC 图的解决方案，添加其他配料，并试制了原材料 A 与其他配料添加的不同配比，终于获得成功并通过了产品检验部门的质量检验，设计出了符合企业要求的含有原材料 A 的压制成型品。

4.3.2　KJ 法

KJ 法又称亲和图法，它是由日本的川喜田二郎（Kawakita Jiro）提出的创造性思考方法。KJ 法的指导思想是通过将一大堆杂乱无章的材料按其内在联系加以整理，从而理出思路，抓住质量问题的关键，找到解决质量问题的方法。

1. 用途

（1）制定推行全面质量管理的方针和目标。

（2）用于产品市场调查和客户意见收集。

（3）促进质量管理小组活动的开展。

（4）协调各部门意见，共同推进全面质量管理。

（5）调查协作厂的质量保证活动状况。

2. 类型

KJ 法通常是按照使用者的数量进行分类的，其可以分为图 4-11 所示的两类。

图 4-11 KJ 法的类型

3. 应用案例

某生产企业质量管理部经理在日常工作中直接或间接地收到质量问题的反馈，但因问题范围较广，牵扯的部门较多，该经理决定利用 KJ 法分析问题原因，找寻解决方案。

（1）材料准备：质量管理部经理（以下称为主持人）召集与会者 5 人，且召集所有人员之前准备好黑板、粉笔、卡片、大张白纸、签字笔等。

（2）确定质量问题：主持人请与会者提出对质量问题原因的设想，并将设想依次写到黑板上；此环节可采用头脑风暴法。

（3）制作卡片：主持人同与会者商量，将提出的每条设想概括为一个短句并写到一张卡片上，这些卡片称为"基础卡片"。

（4）卡片分组：让与会者按自己的思路对卡片进行分组，将内容在某点上相同的卡片归在一起，并加一个适当的标题，用绿色笔写在一张卡片上，称为"小组标题卡"，不能归类的卡片，每张自成一组。

（5）并成中组：将每个人所写的小组标题卡和自成一组的卡片放在一起，经与会者共同讨论，再将内容相似的小组卡片归在一起，加一个适当的标题，用黄色笔写在一张卡片上，称为"中组标题卡"，不能归类的自成一组。

（6）归成大组：经讨论再将内容相似的中组标题卡和自成一组的卡片归为大组，加一个适当的标题，用红色笔写在一张卡片，称为"大组标题卡"。

（7）编排卡片：将所有分门别类的卡片，以其隶属关系，按适当的空间位置贴到事先准备好的大纸上，并用线条将彼此有联系的联结起来；如编排后发现不存在联系，可以重新分组和排列，直到建立联系为止。

（8）确定方案：将卡片分类后，就能分别暗示解决问题的方案或显示最佳设想，经会上讨论或会后专家评判确定最终方案。

4.3.3 矩阵数据分析法

矩阵数据分析法又称主要成分分析法，是指在矩阵图的基础上，将各个因素放在行和列中，在行列交叉点中用数据定量描述这些因素之间的对比关系，并对这些数据进行计算和分析，从而整理、分析出重要因素的一种定量分析问题的方法。

1．用途

（1）复杂的品质评价。

（2）曲线对应数据的解析。

（3）感官特性的体系化、结构化。

（4）复杂要因相互交织间的工程解析。

（5）进行市场调查，把握客户对品质的要求。

（6）对多变量的数据进行分析，并对不良原因进行解析。

2．应用要点

使用矩阵数据分析法时，要注意以下两点。

（1）矩阵中的数据既可以运用主观感觉进行赋值，也可以运用测量获得的数据。

（2）矩阵数据分析法可以结合 KJ 法使用，先用 KJ 法将因素分成几个主要方面，然后利用矩阵数据分析法对各个主要方面进行成对对比，经过汇总统计，排列其重要性。

3．应用案例

某电子科技企业利用 KJ 法，确定某款手机需要对运行流畅、优质像素、网络性能良好、信息安全、智能操作五个方面进行分析，为了确定这几方面的相对重要程度，企业利用矩阵数据分析法组成数据矩阵，将这些因素分别输入表格的行和列中，如表 4-10 所示。

表 4-10　某手机矩阵数据分析

	分析内容	A 运行流畅	B 优质像素	C 网络性能良好	D 信息安全	E 智能操作	总分	权重（%）
1	运行流畅	0	5	1	0.33	2	8.33	22.83
2	优质像素	0.2	0	0.25	0.17	0.2	0.82	2.25
3	网络性能良好	1	4	0	0.5	1	6.5	17.82
4	信息安全	3	6	2	0	0.33	11.33	31.06
5	智能操作	0.5	5	1	3	0	9.5	26.04
总分		36.48						

通过矩阵数据分析，以"行"为基础，逐个和"列"对比，确定对比分数。同一内容对比时打 0 分。"行"比"列"重要，给正分，分数范围从 1 分到 9 分。打 1 分表示两个重要性相当。如果"行"没有"列"重要，给重要分数的倒数。

根据总分计算出各项分析内容所占的权重，权重分数越大，说明这个方面越重要。根据表 4-10 可知,某手机信息安全项所占权重最大为 31.06%,其次是智能操作为 26.04%。

通过上述主要成分分析,该企业找到了某款手机设计生产时的重点,将注意力集中到手机的信息安全与智能操作上。

4.3.4 系统图法

系统图法是把要实现的目的、需要采取的措施或手段,系统地展开分析,并绘制成图,以明确问题的重点,并寻找最佳手段或措施的一种方法。因这类图形主要由方块和箭头组成,形状似树枝,所以又名树型图、树枝系统图、家谱图、组织图等。

1.用途

(1)在开发新产品时,将满足用户要求的设计质量系统展开。

(2)在质量目标管理中,将目标层层分解,使之落实到各个部门。

(3)在建立质量保证体系时,可将各部门的质量职能展开,进一步开展质量保证活动。

(4)在处理量、本、利之间的关系及制定相应措施时,可用系统图法分析并确定重点措施。

(5)在减少不良品方面,有利于找出主要原因,采取有效措施。

2.分类

系统图需按照一定的方法展开绘制,一般情况下,系统图可分为以下三种主要类型。

(1)结构因素展开型系统图。结构因素展开型系统图将某主题或整体层层展开,具体如图 4-12 所示。

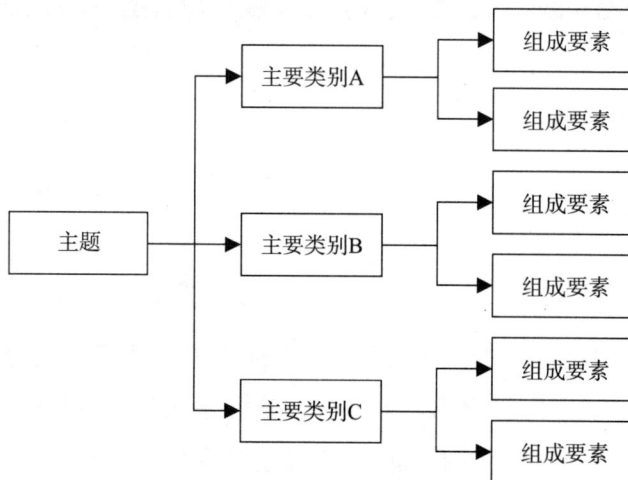

图 4-12 结构因素展开型系统图

（2）措施展开型系统图。措施展开型系统图按照"目的 – 手段"的方式展开绘制，用于寻找解决问题的方案或者对策，具体如图 4-13 所示。

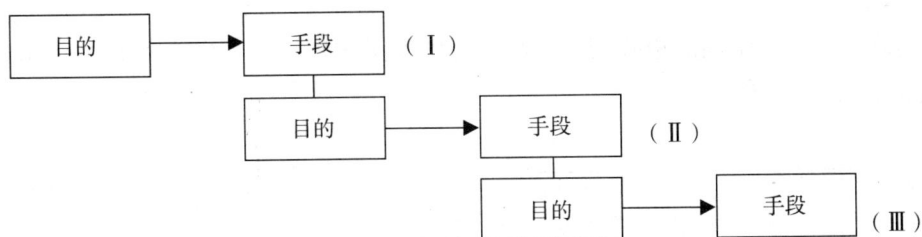

图 4-13　措施展开型系统图

（3）探究原因型系统图。探究原因型系统图按照"结果 – 原因"的方式展开绘制，可以配合鱼刺图使用，具体如图 4-14 所示。

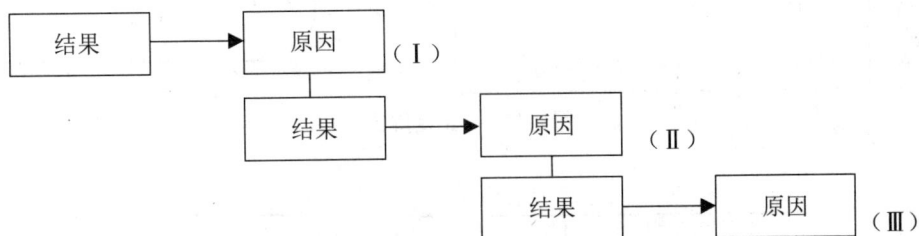

图 4-14　探究原因型系统图

3．应用案例

××企业近来不合格品率较高，对此，相关人员运用结构因素展开型系统图分析不合格品产生的原因，制定了相关处理措施，从而降低了产品的不合格率。

4．3．5　矩阵图法

矩阵图是用矩阵的形式分析各项工作、技能或品质特性间的相互关系的一种图表工具。矩阵图法是指通过在多维问题的事件中找出成对分析的对象，分别排成行和列，找出行与列的关系，并用◎、○或△等不同的符号表示各因素之间关系的强弱，从中确定关键点的一种分析方法。

1．用途

（1）分析产品质量特性和原材料之间的关系。

（2）分析产品质量特性和制程条件之间的关系。

（3）分析制程不良与各工序之间的关系。

（4）分析产品质量特性与检验项目、检验仪器之间的关系。

（5）分析产品质量特性和与其相关的管理部门之间的关系。

（6）在进行多变量分析时，研究从何处入手及用什么方式收集相关数据。

2．类型

在实际工作中，常用的矩阵图有五种，分别如图 4-15、图 4-16、图 4-17、图 4-18 和图 4-19 所示。

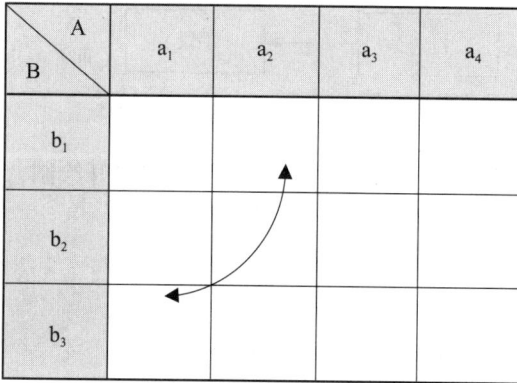

L 型矩阵图是将一对因素群以矩阵的行和列形式进行排列的二元表形式的一种矩阵图，主要适用于目标与手段、原因与结果的关系分析。

图 4-15　L 型矩阵图

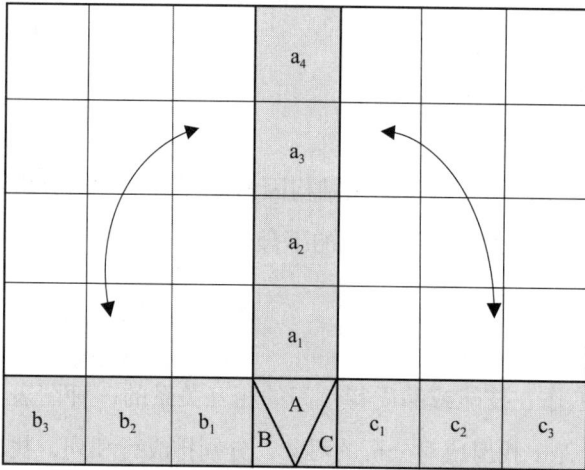

T 型矩阵图是 A、B 两因素群的 L 型矩阵和 A、C 两因素群的 L 型矩阵相组合的矩阵图。

在质量控制工作中，T 型矩阵图可用于分析质量问题如"不良现象—原因—工序"三者之间的关系，也可以用于分析探索材料新用途如"材料成分—特性—用途"之间的关系等。

图 4-16　T 型矩阵图

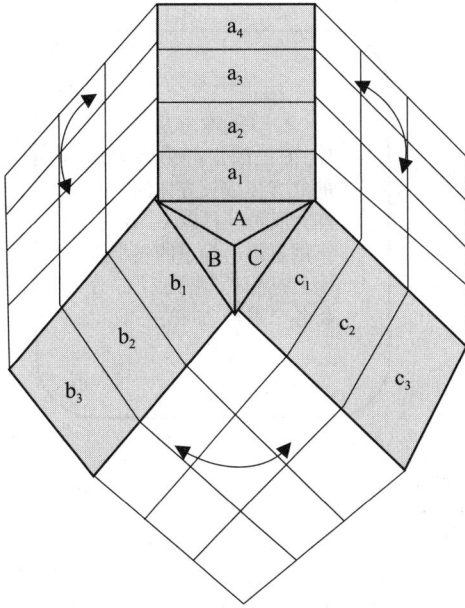

图 4-17　Y 型矩阵图

Y 型矩阵图是把 A 因素群与 B 因素群、B 因素群与 C 因素群、C 因素群与 A 因素群三个 L 型矩阵图组合在一起而形成的矩阵图。

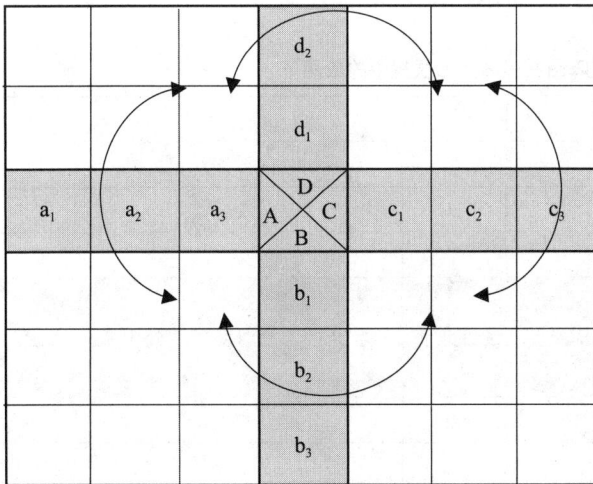

图 4-18　X 型矩阵图

X 型矩阵图是把 A 因素群与 B 因素群、B 因素群与 C 因素群、C 因素群与 D 因素群、D 因素群与 A 因素群四个 L 型矩阵图组合在一起而形成的矩阵图。

X 型矩阵图用于分析 A 和 B、D，B 和 A、C，C 和 B、D，D 和 A、C 四对因素群间的相互关系，如在项目质量管理工作中对"管理机能、管理项目、输入信息、输出信息"四个因素群的关系分析。

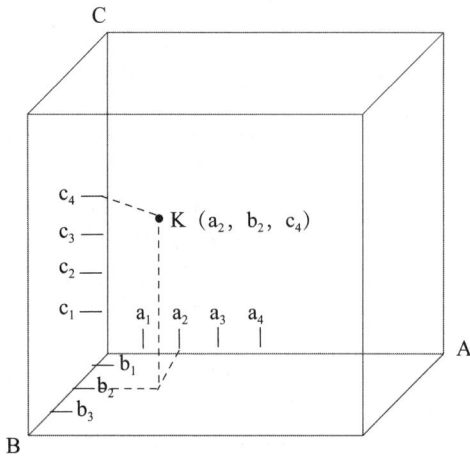

C型矩阵图是以A、B、C三因素群为边构建的立方体或长方体的矩阵图，其特征是以A、B、C三因素群所确定的三维空间上的点为"着眼点"，分析各个因素之间的关系。

图 4-19　C型矩阵图

3．应用案例

××企业为提高某固体胶质量，通过T型矩阵图，对影响产品质量特性的原料与工序进行筛选，找出了不同原料与工序对产品质量的相关程度，进而采取了有效的质量控制措施，提高了产品质量，具体内容如表4-11所示。

表 4-11　T型矩阵图在提高产品质量中的应用

原料		黏度	挥发度	灰份	水份	澄清度	外观	黑点
原料	苯色泽深						○	
	催化剂含量高	○						
	甘油含量低					△		
	脂肪酸盐酸值大	○						△
原料＼工序	质量特性	黏度	挥发度	灰份	水份	澄清度	外观	黑点
生产工序	硫化			○				○
	加成	○						○
	中和	○						
	酯交换	◎		○		○		
后处理方式	过滤	○	○			◎	△	○
	结晶	○	◎		○			
	离心	◎	○	△	△		△	◎
	洗涤	○			△	◎		◎
	烘烤	◎			◎			
	注塑						△	
	包装						○	

注：◎表示强相关，○表示弱相关，△表示可能相关或不相关。

4.3.6　箭线图法

箭线图法又称矢线图法、双代号网络图法、计划评审术，是为要执行的计划用带有箭头的图形，依据其相关的必要性，连接成图形，并以这种图形作为管理的手段。

1．用途

（1）交货期管理。

（2）新产品开发日程计划的制订和完善。

（3）产品的改善计划及进度管理。

（4）各种生产计划和质量控制活动的协调。

（5）为缩短工时的工程解析。

2．基本要素

箭线图最基本的要素是节点和箭线，具体的图示记号和说明如表 4-12 所示。

表 4-12　箭线图图示记号和说明

图示记号	说明
○	节点（event，node），表示计划的起点、重点和作业的结合点
—→	作业（job，activity），表示具有一定内容的作业
----→	虚拟作业（dummy），表示作业间的相互关系不涉及使用时间
①、②	①、②：节点中的作业顺序（event number）
① A→② B→③	A 是 B 的紧前作业，B 是 A 的紧后作业
① A→②　③ B→④	A 与 B 为平行作业
①----→②—→④　↓　③	①与②之间存在逻辑关系，使用----→来表示

3．应用案例

假设某企业生产某个产品的工序和加工时间如表 4-13 所示。

表 4-13　某产品加工工序

工序名称	工序代码	紧前工序	加工时间（分钟）
丝印边框	A	/	25
喷衬垫料	B	/	30
对位压合	C	B	15
固化	D	AC	25

根据表 4-13，可以画出这个产品的加工箭线图，具体如图 4-20 所示。

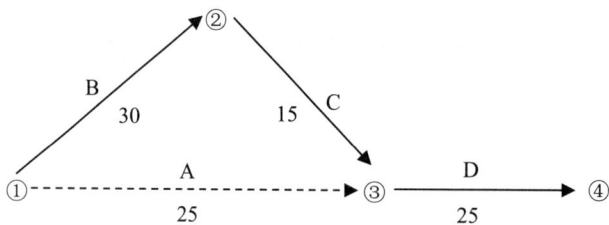

图 4-20　某产品加工箭线图

从图 4-20 中可以看出，完成整个加工过程，一共有两条线路，关键线路是
①→②→③→④，完成这个产品最快需要 70 分钟。如果要降本增效，提高产能，就要从
关键线路着手，寻找改进机会，从而改善及时交付率、产品合格率等企业关键运营指标。

4.3.7　关联图法

关联图又称关系图、管理指标间的关联分析，是一种用箭头连接来表示事物之间"原
因与结果""目的与手段"等复杂逻辑关系，并从此逻辑关系中寻找主要因素和解决问题
方法的图表。

1．用途

（1）制订全面质量管理活动计划。

（2）制订质量控制小组活动计划。

（3）制定质量管理方针。

（4）制定生产过程的质量保证措施。

（5）制定全过程质量保证措施。

2．类型

常见的关联图主要有四种，如图 4-21、图 4-22、图 4-23 和图 4-24 所示。

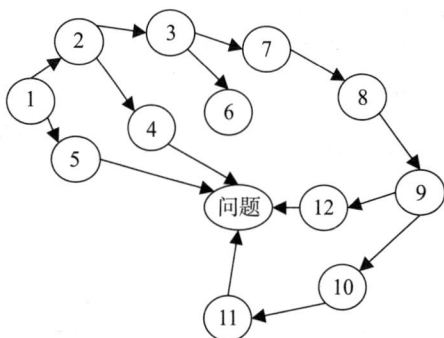

图 4-21　中央集中型关联图

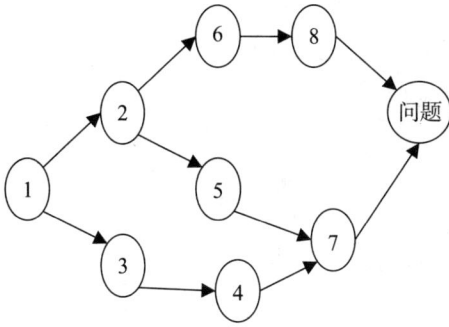

图 4-22　单向汇集型关联图

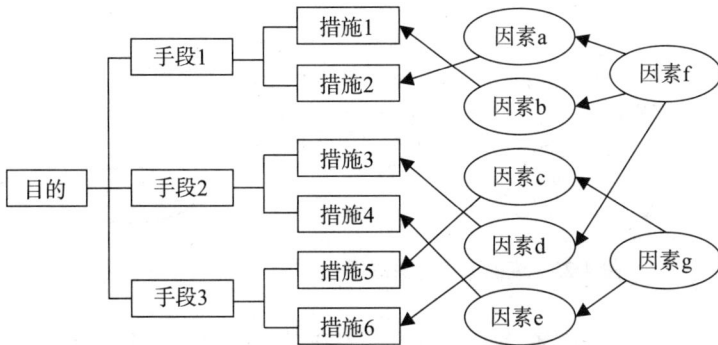

图 4-23　应用型关联图

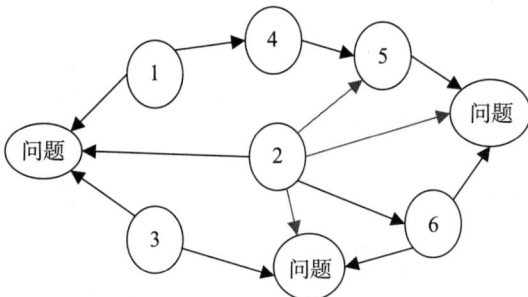

图 4-24　多目的型关联图

3．应用案例

某工厂生产的一种产品存在废品率高的问题，为了解决这一问题，质量管理部经理决定用关联图法分析根本原因。经过质量管理部人员讨论，做出图 4-25 所示的关联图。

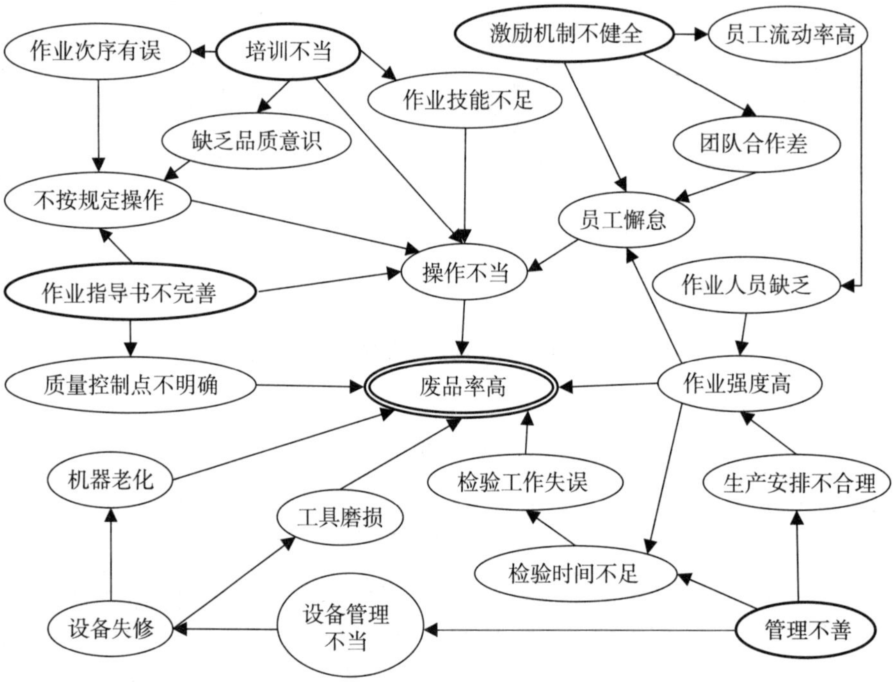

图 4-25　废品率高的关联图

　　经过分析，管理不善、作业指导书不完善、培训不当和激励机制不健全是造成废品率高的主要原因。

第 5 章
全过程质量检验

5．1 质量检验的方式与方法

5．1．1 质量检验方式

质量检验是质量管理中非常重要且常见的控制手段，是针对失效模式进行探测从而防止不合格品流入下一环节的方法。根据所检验产品的特征，企业可按不同标准对检验方式进行分类，常见的质量检验方式如表 5-1 所示。

表 5-1 常见的质量检验方式

分类依据	方式类别	方式说明	优缺点分析
按检验数量划分	全数检验	此方式是对待检产品进行全部检验	◆ 该检验方式比较可靠，能够提供较全面的质量信息 ◆ 该检验方式工作量大、检验周期长、成本高、漏检率及错检率较高，对检验人员及设备要求高
按检验数量划分	抽样检验	此方式是从待检产品中随机抽取部分样品进行检验	◆ 该方式可减小检验工作量、节约检验费用、缩短检验周期 ◆ 因抽样本身的缺陷致使这种检验方式有一定的检验风险
按质量特性值划分	计数检验	计数检验是只记录不合格产品数，不记录检测后数值的检验方式	◆ 这种检验方式工作量较小、检验周期短、成本较低 ◆ 这种方式很少用数值的方式来记录检验结果，只能区分"合格品"和"不合格品"
按质量特性值划分	计量检验	计量检验就是测量和记录质量特性的数值，并将数值与检验标准对比，判断其是否合格	◆ 这种方式应用较为广泛，正确率较高 ◆ 这种检验方式工作量较大，对检验人员及设备要求较高

（续表）

分类依据	方式类别	方式说明	优缺点分析
按检验性质划分	理化检验	此方式是借助测量工具或仪器设备，如千分尺、显微镜等进行最终检验	◆ 这种方式的人为误差较小 ◆ 这种方式需要较高的检验条件
	官能检验	此方式是通过人的感觉器官对产品进行最终检验	◆ 这种检验方式操作较为简单 ◆ 这种方式出具的检验结果往往具有较强的主观意愿，且与检验人员的个人经验有直接关系
按检验的地点划分	固定检验	此方式要求在固定的检测地点对产品进行最终检验	◆ 此方式适用于检验某些不便搬动或精密的仪器，有利于使用和管理检验工具或设备 ◆ 此方式容易使检验人员与生产工人产生对立情绪，影响生产效率
	流动检验	此方式要求检验人员到工作检验地区进行最终检验	◆ 此方式有利于检验人员与生产工人建立良好的关系，从而提高生产效率，节约生产成本 ◆ 此方式对检验人员的要求较高

5.1.2 质量检验方法

具体的产品质量检验方法有感官检验法、物理检验法、化学检验法、微生物检验法、产品试验法、MSA 法和 AUDIT 法等。下面以 AUDIT 法为例，进行具体应用介绍。

1. 定义

AUDIT 法是指制造企业按照用户要求对经过检验合格的产品进行质量检查和评价，将检查出的质量缺陷落实责任，分析缺陷产生的原因，并采取整改措施消除缺陷，逐步提高产品的质量。通常，AUDIT 法对检查出来的缺陷用扣分的形式来表示，根据缺陷的等级程度确定扣分的多少，扣分越多则说明用户的满意度越低。

2. 用途

只要是存在着客户关系的各个环节，并且客户在安全、可靠、价格、舒适、方便、美观、环保等方面有要求的产品和服务，均可采用 AUDIT 法来评审其质量。

3. 举例

××化工厂采用 AUDIT 法对产品甲的生产工序等编制了作业指导书，同时将其运用到质量检验中。

（1）实施检查。对抽取的甲合格品按照作业指导书进行检查，其缺陷检查结果如表 5-2、表 5-3、表 5-4、表 5-5、表 5-6 所示。

表 5-2　主要成分含量缺陷

主要成分含量缺陷描述	产品缺陷数	实际扣分值	责任部门	部门相关人员签字
含量过高（含量＞98.50%）	2B	10	生产部	
不同批次含量波动超过 0.50%	5B	25		
含量偏低（97.50%＜含量＜98.00%）	2B	10		

表 5-3　外观缺陷

外观缺陷描述	产品缺陷数	实际扣分值	责任部门	部门相关人员签字
不同批次颜色的差异太明显	2B	10	生产部	
有少许沉淀物	2B	10		
有明显沉淀物	1A	10		
有轻微浑浊	3B	15		
有明显浑浊	1A	10		

表 5-4　气味缺陷

气味缺陷描述	产品缺陷数	实际扣分值	责任部门	部门相关人员签字
有明显刺激性气味	5B	25	生产部	
有轻微刺激性气味	5C	5		

表 5-5　包装缺陷

包装缺陷描述	产品缺陷数	实际扣分值	责任部门	部门相关人员签字
包装桶有破损、漏液	1A	10	采购部	
包装桶变形	3B	15		
包装桶不干净	5C	5	生产部	
标签批号不清楚	2B	10	仓管部	
标签有腐蚀破损	1B	5	仓管部	
标签没粘好	1C	1	仓管部	

表 5-6　重量缺陷

重量缺陷描述	产品缺陷数	实际扣分值	责任部门	部门相关人员签字
24.8kg＜重量＜25.0kg	6B	30	生产部	

（2）评定质量等级，发表 AUDIT 公报。检查结束后，利用计算机进行数据处理，得到产品甲的实际扣分分值和产品质量等级。同时，根据发现的缺陷及其得分情况制定 AUDIT 公报，如表 5-7 所示。

表 5-7　AUDIT 公报

缺陷项目	总扣分值	分值比例（%）	责任部门	部门负责人签字
主要成分含量	45	21.845	生产部	
外观	55	26.699		
气味	30	14.563		
包装	46	22.330	采购部 生产部 仓储部	
重量	30	14.563	生产部	
总计	206	100	——	

AUDIT 工作组召开发布会，由 AUDIT 工作组人员宣读公报内容，评讲质量情况，各部门领导观看抽取的样品，并对检查结果做出评价。

（3）后继工作。将 AUDIT 各种资料编号、归档保存，并针对检查过程中发现的缺陷制定改进措施，具体如下。

① 调整主要成分含量指标，主要成分含量指标为 98.00% ~ 98.20%。

② 增加产品气味的控制指标，产品有轻微、刺激性的气味。

③ 调整生产工艺，增加脱色和过滤两道工序。

④ 加强采购管理，采购部可寻找多个包装桶供应商，并增加对包装桶的承压要求；采购部可要求质检部对采购的包装桶采取加严检验。

⑤ 规范库存管理，要求包装桶干净整洁，标签批号、文字、数字清楚、整齐、完好。

⑥ 调整重量要求，将产品甲的重量调整为 25.0kg ± 0.1kg。

（4）结论。该化工厂采用 AUDIT 法，站在用户的立场上对产品甲进行分析，及时发现了缺陷，并制定了改进措施，产品的稳定性得到提升，用户的满意度也得到了显著的提高。

5．2　全过程质量检验流程

5.2.1　原材料检验流程

原材料质量检验是指对采购的原材料、部件或产品进行质量确认和查核，并最终做出该批产品是允收还是判退的决定。

（1）原材料检验流程如图 5-1 所示。

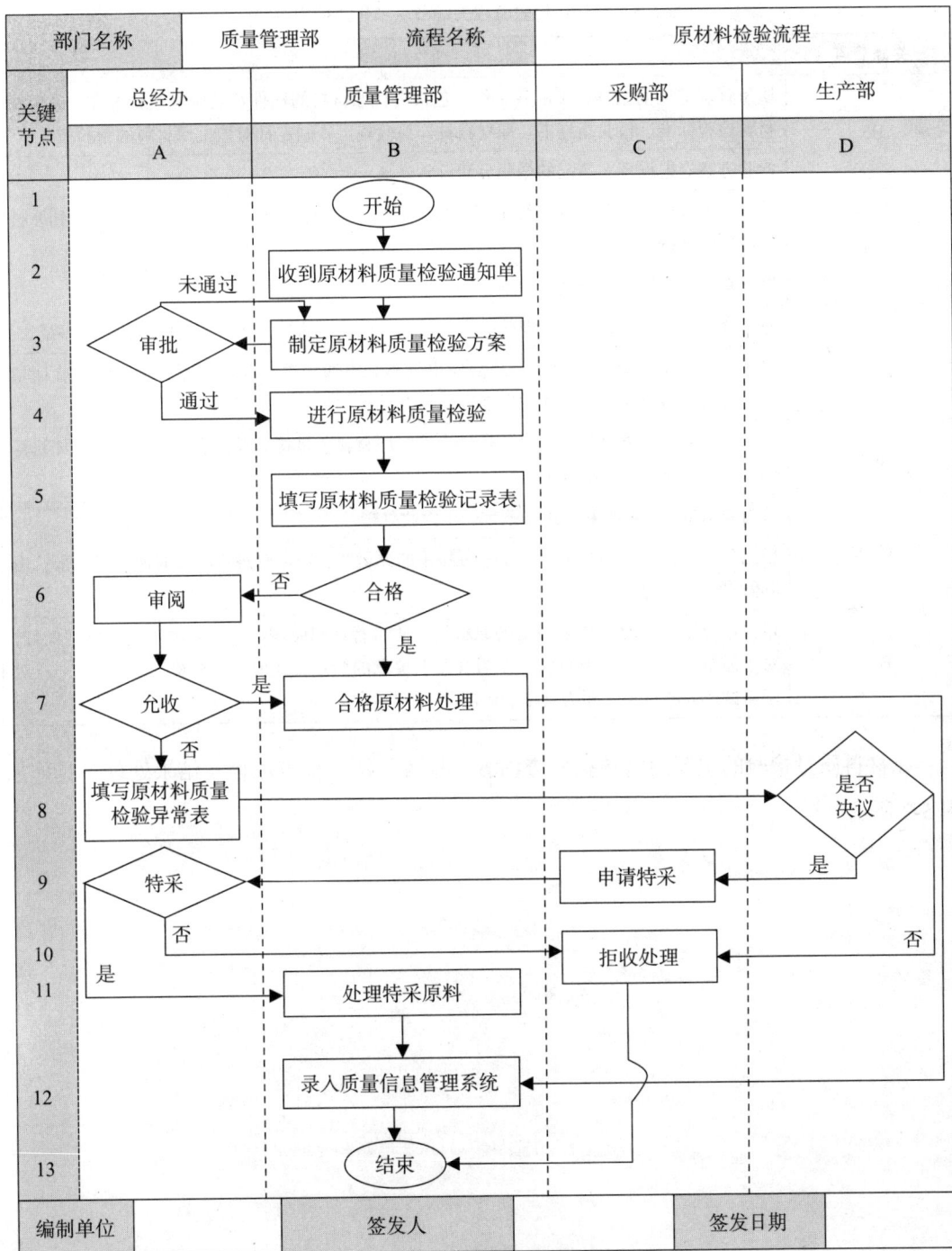

部门名称	质量管理部	流程名称	原材料检验流程

关键节点	总经办	质量管理部	采购部	生产部
	A	B	C	D

图 5-1 内容：

- 1　开始
- 2　收到原材料质量检验通知单
- 3　审批（未通过 / 通过）　制定原材料质量检验方案
- 4　进行原材料质量检验
- 5　填写原材料质量检验记录表
- 6　审阅（否）　合格（是）
- 7　允收（是）　合格原材料处理
- 8　填写原材料质量检验异常表　是否决议
- 9　特采（否）　申请特采（是）
- 10　拒收处理（否）
- 11　是　处理特采原料
- 12　录入质量信息管理系统
- 13　结束

编制单位		签发人		签发日期

图 5-1　原材料检验流程

（2）根据图 5-1，原材料检验流程关键节点细化执行内容如表 5-8 所示。

表 5-8　原材料检验流程关键节点细化执行内容

关键节点	细化执行内容
B3	质量管理部提前做好相关准备工作，包括查找原材料的样件及其质量检验报告，确定原材料检验标准、检验指导书、原材料抽样检验规定，制定针对该批原材料的检验方案
	检验方案应根据现实情况的变化灵活调整
B4	质量管理部质检专员根据上级主管安排，依据原材料抽样检验规定和检验方案，到原材料待检区进行检验
	原材料检验安排应符合生产计划和生产需求
B7	对于合格的原材料，质量管理部应为其贴上"允收"标签，并录入质量信息管理系统
	对于不合格的原材料，质量管理部应出具不合格通知单，并填写原材料质量检验记录表，将其交给总经办审阅并做出是否允收决定
A8	对于不可允收的原材料，质量管理部应填写原材料质量检验异常表，并会同生产部召开生产需求决议会议，确定是否特采
C10	若为非紧急需求原材料，由采购部做出拒收处理
	根据特采申请的审定结果，对于不可特采的原材料，质量管理部应及时通知采购部，由其做出拒收处理
B11	根据审定结果，对于特采使用的原材料，质量管理部应按特采方式的不同，分别处理；对于需全检、加工的原材料，要为其贴上黄色的标签，注明是"全检"或"加工"；对于需试产的原材料，要为其贴上蓝色"试产"标签

原材料质量检验的主要内容包括检查内容、检查方法、检查流程及结果处理，具体如图 5-2 所示。

检查内容	◎ 查验文件单据与原材料数量是否一致：来料单、发票、物料清单 ◎ 原材料外观检查：颜色、破损、氧化、脏污、变形、光泽度、毛边、缩水、丝印、划痕 ◎ 性能检查：是否按照参考技术指标进行 ◎ 组装试验：测量尺寸、试装一般做5个（组）样品公差与配合的状态 ◎ 专项检查：安全性、指定的特殊项目
检查方法	◎ 常规检验：利用抽样或其他方法对采购的原材料实施检验 ◎ 全数检验：对贵重物品或规定全检的产品实施全部检查 ◎ 免检试用：对于难以检查的物品，首先验证供应商提供的检查报告，然后实施试用验证
检查流程	◎ 收料：供应商将原材料和相关凭证交收料人员，收料人员需检查原材料名称、料号、数量是否与订单一致 ◎ 验证或检验：质量检验人员需依据检验规范和检验标准抽取样品进行检验 ◎ 检验记录：在检验完成后，将相应检验过程及结果记录在来料检查报告中，并在每月的来料明细台账中登记 ◎ 产品标识：根据检查结果，将原材料分为合格品、不合格品及待处理品，进行分类标识 ◎ 产品处理：根据检验结果对合格品、不合格品进行相应的处理
结果处理	◎ 合格品处理：对于合格原材料，仓库管理人员可入库或发放使用 ◎ 不合格品处理：对于不合格原材料要做明显标识后隔离存放，并联系相关部门进行处理，常见的处理方法包括拒收、特采、挑选、返修等

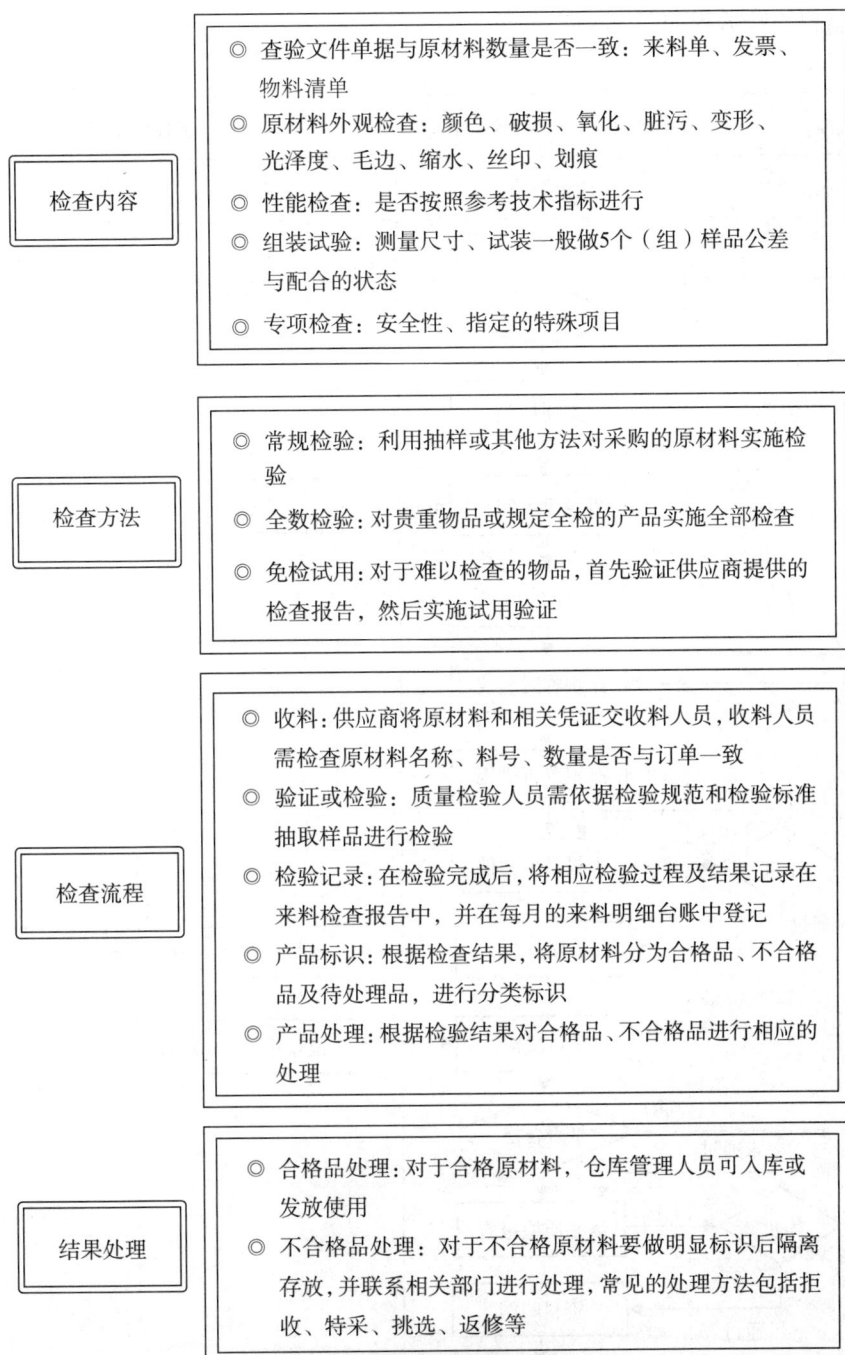

图 5-2 原材料质量检验的内容

5.2.2 制程检验流程

在制程检验过程中，科学、合理的检验流程可以有效提高检验效率、改善检验质量，相反则会阻碍制程质量检验工作的正常进行。

（1）制程检验流程如图 5-3 所示。

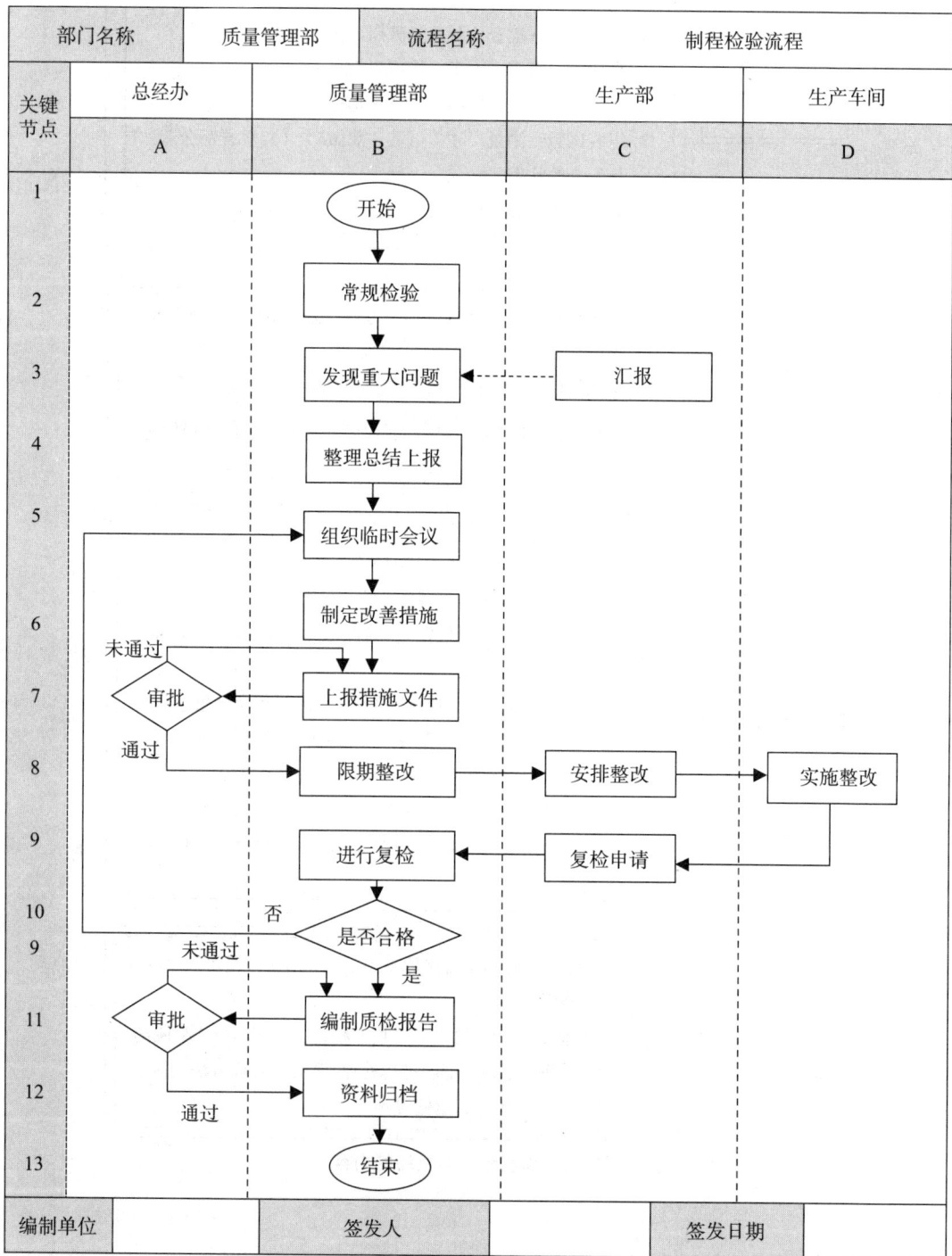

部门名称	质量管理部		流程名称		制程检验流程	
关键节点	总经办	质量管理部		生产部		生产车间
	A	B		C		D

图中内容：

- 1 开始
- 2 常规检验
- 3 发现重大问题 ←---- 汇报
- 4 整理总结上报
- 5 组织临时会议
- 6 制定改善措施
- 7 审批（未通过／通过）← 上报措施文件
- 8 限期整改 → 安排整改 → 实施整改
- 9 进行复检 ← 复检申请
- 10 是否合格（否／是）
- 9 未通过
- 11 审批 ← 编制质检报告
- 12 资料归档（通过）
- 13 结束

编制单位		签发人			签发日期	

图 5-3　制程检验流程

（2）根据图 5-3，制程检验流程关键节点细化执行内容如表 5-9 所示。

表 5-9　制程检验流程关键节点细化执行内容

关键节点	细化执行内容
B2	质量管理部在资料准备充分的基础上，根据生产计划和生产进度在既定时间和地点对制程质量进行常规检验
	常规检验内容主要包括工艺流程查核、计量仪器检验、作业人员作业标准指导等，常用的检验方法包括抽样检验和巡回检验
B3	在制程质量检验过程中，如发现重大质量异常问题，生产部应立即采取临时措施，并填写质量异常处理单
	质量管理部确认后应展开质量异常原因调查，根据调查结果判定质量责任部门，通知其妥善处理；质量管理部无法判定具体责任时，可会同有关部门进行责任判定
B6	责任部门确认后，应制定改善措施，经总经理核准后实施，产品的重大质量异常经判断后属人为原因的，应对相关责任人进行处理
C8	在全面分析原因的基础上，生产部制定并组织实施整改措施
	对于容易导致质量异常的产品、设备、工料等方面的因素，质量管理部将其纳入质量改善计划中，并严格执行
	生产车间根据生产部整改措施及相关安排，落实整改意见，包括工艺改进、流程优化、人员调配等

5.2.3　半成品检验流程

在半成品检验过程中，科学、合理的检验流程可以有效提高检验效率、改善检验质量，相反则会阻碍半成品检验工作的正常进行。

（1）半成品检验流程如图 5-4 所示。

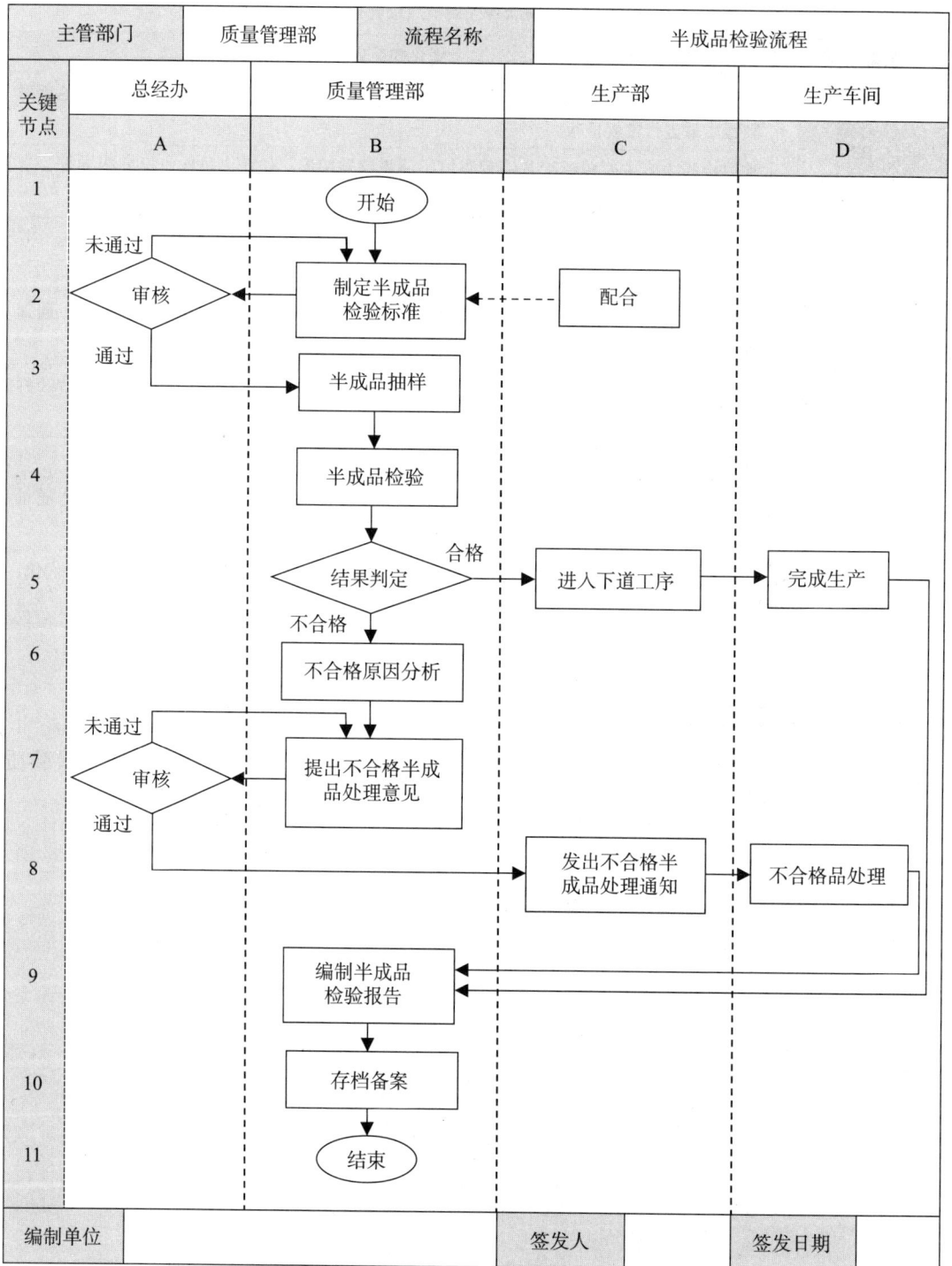

图 5-4　半成品检验流程

（2）根据图 5-4，半成品检验流程关键节点细化执行内容如表 5-10 所示。

表 5-10　半成品检验流程关键节点细化执行内容

关键节点	细化执行内容
B2	质量管理部需制定半成品检验标准，经相关领导审批通过后，通知生产部等相关部门执行
	半成品检验标准应包括产品外观、尺寸和用料品质，工艺结构性，产品在装配阶段不受影响的功能性测试和公差测量等
B4	质量管理部在对半成品进行检验前，应先查阅被检半成品的质量标准和检验操作规程，确定所需要的检验仪器和规定的检验项目
	在检验过程中，质量管理部应及时填写检验记录，包括使用的仪器、检验所得的数据、被检验样本的状态等
B5	质量管理部对照质量检验标准，判定半成品质量是否合格
	若符合质量要求，质量管理部则发出半成品质量合格通知，生产部将半成品送入下一道工序，完成生产
B6	经检验，若半成品质量不符合质量标准，质量管理部应做好不合格原因分析，并做好记录
	半成品不合格的常见原因包括原材料质量问题、加工工序问题、设计图纸问题等
D8	对于不合格的半成品，质量管理部提出不合格品处理意见，包括返工、降级或者报废等，不合品处理意见应符合质量管理制度的要求和现有的生产情况，能够确保企业的利益
	生产部根据不合格品处理意见执行不合格品的处理

5.2.4　成品检验流程

在成品检验过程中，科学、合理的检验流程可以有效提高检验效率、改善检验质量，相反则会阻碍成品检验工作的正常进行。

（1）成品检验流程如图 5-5 所示。

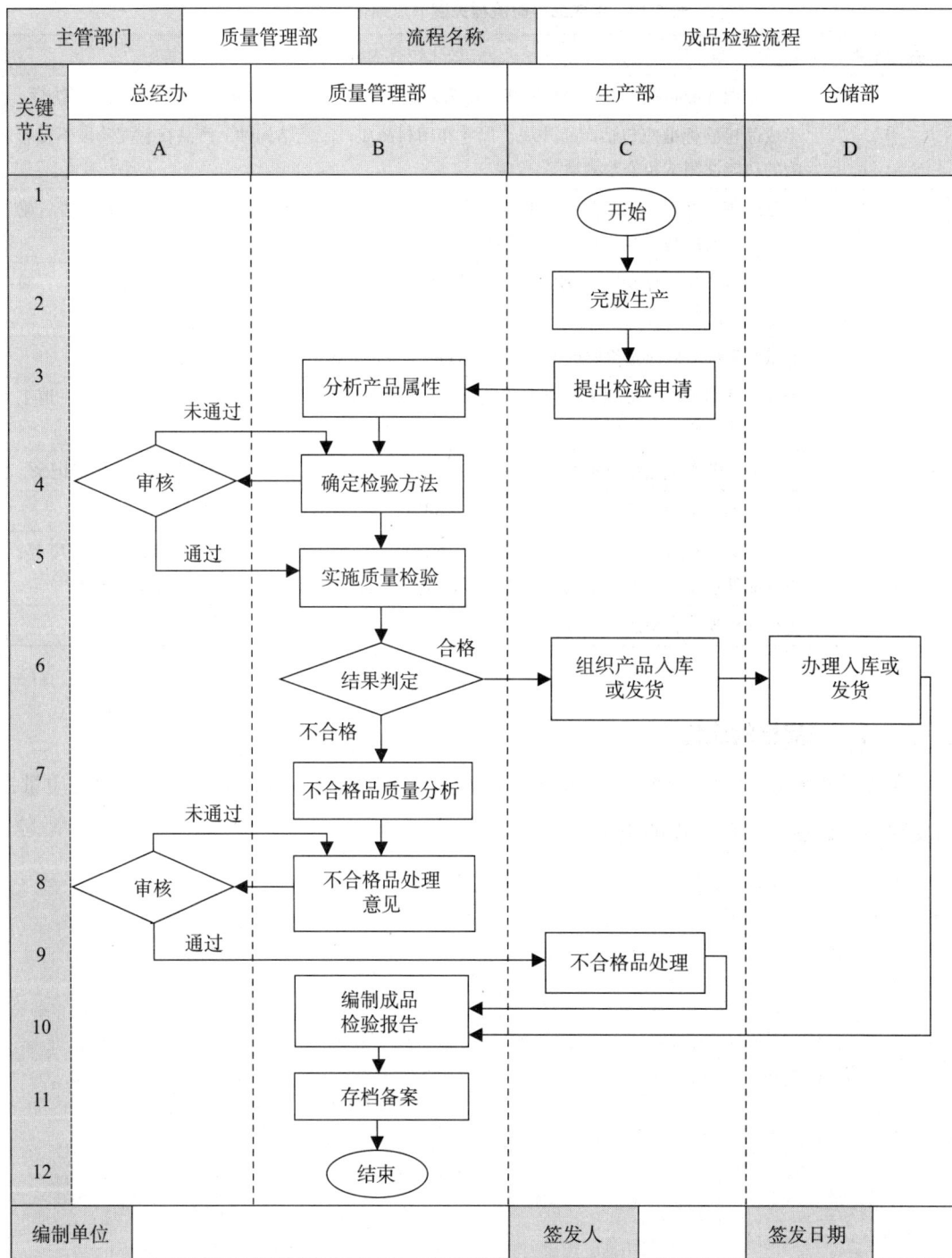

主管部门	质量管理部	流程名称	成品检验流程

关键节点	总经办	质量管理部	生产部	仓储部
	A	B	C	D

图 5-5　成品检验流程

（2）根据图 5-5，成品检验流程关键节点细化执行内容如表 5-11 所示。

表 5-11　成品检验流程关键节点细化执行内容

关键节点	细化执行内容
B4	质量管理部根据检验的目的和要求，确定合适的检验方法，并规定每批应检验的单位产品数
	检验内容应包括该批次产品的名称、型号、数量、结构、外型、尺寸检验（安装尺寸、连接尺寸），以及产品性能测试等的各项参数
B5	质量管理部根据产品特性对成品进行检验，并根据实际情况编制终检质量报告。若检验合格，则及时为产品办理入库手续并由仓储部组织入库或直接进行发货处理；若检验不合格，分析原因，及时处理
B6	对检验结果进行判定，产品经检验合格后，方可办理入库手续或组织发货，所有未经检验的产品不得入成品库或进行销售
B7	质量管理部对检验结果进行分析，根据成品质量管理规范等相关文件，以及成品检验状态等分析不合格品产生的原因

5.2.5　售后质量检验流程

售后质量检验是为了规范对市场退换货产品质量问题的鉴定，对产品质量进行控制和检验。

（1）售后质量检验流程如图 5-6 所示。

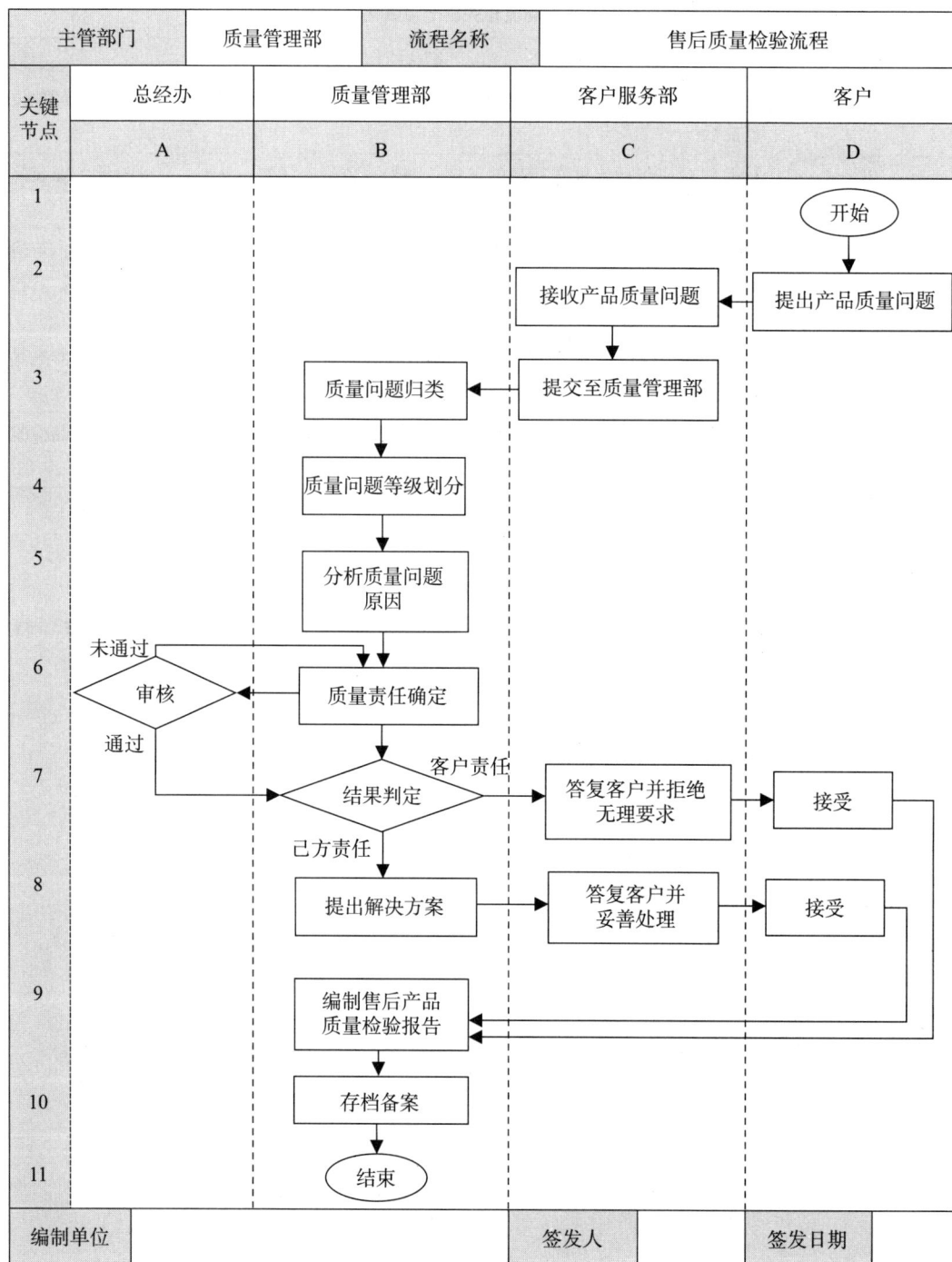

主管部门	质量管理部		流程名称	售后质量检验流程	
关键节点	总经办	质量管理部		客户服务部	客户
	A	B		C	D

图 5-6 中流程内容：

- 1：开始（客户 D）
- 2：提出产品质量问题（客户 D）→ 接收产品质量问题（客户服务部 C）
- 3：提交至质量管理部（客户服务部 C）→ 质量问题归类（质量管理部 B）
- 4：质量问题等级划分（质量管理部 B）
- 5：分析质量问题原因（质量管理部 B）
- 6：质量责任确定（质量管理部 B）→ 审核（总经办 A）未通过／通过
- 7：结果判定 → 客户责任：答复客户并拒绝无理要求（客户服务部 C）→ 接受（客户 D）
- 8：己方责任：提出解决方案（质量管理部 B）→ 答复客户并妥善处理（客户服务部 C）→ 接受（客户 D）
- 9：编制售后产品质量检验报告（质量管理部 B）
- 10：存档备案（质量管理部 B）
- 11：结束

编制单位				签发人	签发日期

图 5-6 售后质量检验流程

（2）根据图 5-6，售后质量检验流程关键节点细化执行内容如表 5-12 所示。

表 5-12　售后质量检验流程关键节点细化执行内容

关键节点	细化执行内容
B3	质量管理部在收到客户服务部提交的产品质量问题时，应对这些问题进行归类，主要分为原残、造残、致残三类
	原残：属于原辅材料外观及理化质量问题 造残：产品实现过程所引起的质量问题 致残：产品因运输、储存、销售、消费者使用不当引起的质量问题
B4	质量管理部根据客观情况对产品质量问题进行等级划分，分为一般质量问题和严重质量问题
	一般质量问题指不降低产品的使用性能，不严重影响外观，色差度超出国标 4 ~ 5 级（以国标 GB/T 250 为主）及做工方面的差异
	严重质量问题指严重降低产品的使用性能，严重影响整体外观，残次点明显，且残次超标（客户、运输造残不包含在内）
B5	质量问题应在提交后 3 个工作日内，由品质管理部评定分析后做出决策
B7	质量管理部对产品质量问题进行分析，判定质量问题责任，如是己方责任，则根据产品退换货标准给予退换、调货
	如是客户使用不当造成的产品质量问题，则为客户提供妥善的解决方案，如免费维修，若客户不接受，则可以拒绝其无理要求
C8	客户接受解决方案后，客户服务部应持续跟踪客户对产品质量问题的反馈意见

成品质量检验的管理制度，扫描下方二维码即可查看。

5．3　质量检验结果处理

5．3．1　不合格品处理办法

对不合格品进行妥善处理，可以有效控制不合格品流向生产工序，避免造成重大损失。因此，企业应制定不合格品处理办法，并严格履行。下面是一则不合格品处理办法，仅供参考。

不合格品处理办法

第1章 总则

第1条 目的

为了使不合格品得到妥善处理，监审其是否可以维修、是否能转用、是否需要报废，使物料能物尽其用，并节省不合格品的管理费用及储存空间，特制定本办法。

第2条 适用范围

本办法适用于来自上道工序产生的不合格品和本道工序产生的不合格品。

第3条 不合格品的定义

不合格品是指对照产品要求、工艺文件、技术标准进行检验和试验，存在一个或多个质量指标不符合规定要求的产品。

第2章 不合格品的判定与标记

第4条 不合格品的判定标准

1. 产品质量上的判断。

（1）产品特性偏离质量标准规格（设计上）的要求，但目前使用上没有问题，出于成本、交货期等方面的考虑，暂维持现状，视时机进行改善。

（2）产品特性完全不符合品质规格（设计上）的要求，需要立即进行改善。

2. 专业人员的判断。

（1）外观类的不合格品在退回前应由质量管理部给出最终判定。

（2）在测定、验证上有难度的可由技术部来确认。

3. 制程工序的判断。

（1）当前道工序提供加工样品后，要及时进行判定，运用恰当的检查手段，区分出自责品和他责品。

（2）当前道工序产生不合格品时，要具体注明不合格品的内容、程序、比率和发现经过。

第5条 不合格品的分类

1. 对制程半成品检验发现的不合格品。

2. 对最终产品检验发现的不合格品。

3. 其他原因发现的不合格品。

第6条 标记不合格品

1. 质量管理部按照企业相关文件要求对产品进行检验，判定是否合格，并对不合格品进行标记，填制不合格产品记录表、开具品质异常单。

2. 不合格品的鉴别、标示、隔离由质量管理部负责，处理方式包括允收、返工、返修、降级（限成品）、报废等。

3. 判断为不合格品的，对于返工、返修、让步品用记号笔/标签等直接在产品上做标记或标记在包装箱上，对于大件产品涂黄色另放。

4. 对于降级成品用记号笔/标签等直接在产品上和（或）包装箱上做"J"标记。

5. 对于废品涂红色或挂标签或置于废品箱（柜）中。

第3章 不合格品的处理程序

第7条 核对不合格品

核对实物与不合格品清退一览表所记录的具体内容、标号、数量是否一致。

第8条 不同类型不合格品的处理

1. 自责品要退回仓库进行报废处理，生产现场应对所有不合格品进行造册登记，即填写不合格品清退一览表，且该记录与实物必须相符。

2. 如果是定期累计清退不合格品，则需要填写不合格品清退一览表，同时在每一组相同不合格品的实物上贴附不合格品清退一览表。

3. 不合格品做允收处置的，由责任者在不合格品清退一览表上提出不合格品的处理建议。

（续）

第 4 章　不合格品的具体处理措施

第 9 条　不合格品隔离

1. 各车间（包括半成品库、成品库）必须有专门的不合格品区，以隔离不合格品；严禁车间、库房将合格品放入不合格品区。

2. 不合格品所属责任部门在得知产品不合格时，应立即对产品实施隔离，转入不合格品区隔离，严禁将不合格品与合格品混放，并确保不合格标识的可见性（如不得撕毁、涂改，有物品阻挡视线等）。

第 10 条　不合格品评审

1. 对于不合格品，由质量管理部按企业不合格品控制程序内容实施评审，并填制不合格品评审表。

2. 质量管理部根据不合格品产生的环节，召集采购部、生产部、技术部等部门对不合格品进行评审，以确定是允收还是返修、返工、降级或报废，进行评审的人员应有能力判定决策对互换性、进一步加工、性能、可信性、安全性及外观的影响。

第 11 条　不合格品的处理方式及措施

1. 报废。办理报废手续，先由质量管理部填写废品处理单，相关人员签字，然后对废品做出明显标识，送废品库（箱）隔离。

2. 返修。办理返修手续，由质量管理部填写返修单，按有关标准和工艺规程的规定要求进行补充加工处理，返修合格后，经有关不合格品处理人员认定，得出是否使用的结论。

3. 返工。办理返工手续，由质量管理部填写返工处理单，按有关工艺规程进行再次加工，经质量检验员重新检验并验收后使用。

4. 超差使用。办理回用手续，由质量管理部填写超差使用处理单，经授权人签字对该超差品予以放行。

5. 降级使用。通过检验发现某些产品的质量特征不符合预定的等级要求但是符合低一级的使用要求的，可以降级使用。

第 12 条　不合格品记录

要对不合格品的性质、处理方式及返工、返修情况要求做详细的记录，并将其纳入质量档案管制，以备考证。

第 5 章　附则

第 13 条　编制单位

本办法由质量管理部负责编制、解释与修订。

第 14 条　生效时间

本办法自×××× 年×× 月×× 日起生效。

5.3.2　检验误差处理办法

正确处理检验误差，可以有效保证检验结果的正确性。检验误差造成的结果不同，则采取的措施也相应有所不同，因此对检验误差处理办法进行明确的规定十分必要。下面是一则检验误差处理办法，仅供参考。

检验误差处理办法

第1章 总则

第1条 目的

为了建立一个检验结果误差处理规范，规定检验结果出现误差时有关人员的职责、调查程序、要求、结果及处理办法，确保产品质量，特制定本办法。

第2条 适用范围

本办法适用于质量检验误差结果处理。

第3条 检验误差定义

1. 检验结果误差：从一个规定实验规程中得到的不符合所建立的质量标准或可接受标准的结果。

2. 严重检验误差：超出标准结果，以至产品报废或成品收回等。

3. 重要检验误差：超出标准结果，造成返工、回制等后果。

4. 次要检验误差：不影响产品使用的检验结果。

第2章 检验误差原因分析

第4条 检验方法误差

1. 检验人员进行产品或物料质量检验时，选择不适当或与受检物品特征不相符的检验方法及设备仪器等，从而产生误差，如选择检测极限误差低于或等于受检物品所能允许的检测极限误差的检验仪器。

2. 检验方法具有一定的原理性，这些检验方法所依据的理论公式本身的近似性，或检测条件不能达到理论公式所规定的要求，又或是检验方法本身不完善，从而产生误差。

第5条 计量器具误差

1. 标准器具误差。

（1）使用标准器具进行测量的量值和它们自身表现的客观量值之间有差异值。

（2）在无法满足约定真值所需要的条件下复现出某个与约定真值的差异值。

2. 工作计量仪器误差。

在仪器结构、制造方面，每一种仪器都具有一定的精确度，因而使观测结果的精确度受到一定限制。

第6条 环境条件误差

1. 受检物品本身的大小往往随环境条件的变化而变化。

2. 计量、观测用的仪器设备的性能往往受环境条件影响。

3. 环境条件对操作人员的心理、生理也有影响，从而影响其测试技术水平的发挥。

第7条 检验人员误差

检验人员感官鉴别能力具有一定的局限性，其工作时的习惯、工作态度、技术熟练程度等也会给质量检验、计量成果带来不同程度的影响，从而使检验结果存在误差。

第8条 受检物误差

由于受检物品的性质、状态、条件及被测量的种类、状态的不同，检测值同样存在误差。此类误差的主要来源分为两种，一种是受检物品本身误差，另一种是受检物品受外界影响产生的误差。

第9条 随机误差

随机误差是由于某些无法控制的因素的随机波动而形成的，一般包括环境温度湿度的变化、检测仪器性能的微小波动、电磁场的微变、零件的摩擦间隙、气压变化等。

第10条 粗大误差

一般给定一个显著性的水平，按一定条件分布确定一个临界值，凡是超出临界值范围的值，即是粗大误差，它又叫粗误差或寄生误差。

第3章 检验误差的判定与分级

第11条 检验误差判定

1. 当检验结果出现误差且没有正当理由时，质量管理部应立即开展检验误差评估与判定工作，对检验过程中的各个环节、各个因素进行检查，以确认检验结果出现误差是否与检验操作或计算错误相关。

（续）

2. 本阶段工作应在不超过两个工作日内完成。

第 12 条 检验误差分级

检验误差判定后，质量管理部应及时、客观地进行评估，以确定检验误差的结果是否归因于实验室错误，或该结果是否显示是生产过程的问题，并根据结果对产品质量判定的影响分为严重误差、重要误差和次要误差。

第 4 章 检验误差结果的调查与处理

第 13 条 检验误差的调查

质量管理部在收到检验误差报告后，应及时按照以下步骤进行调查。

1. 检查所用的实验溶液、试验样品及所用玻璃器皿是否正确且符合要求。

2. 确认检验方法和检验过程中无操作及理解方面的错误。

3. 检查包括图谱在内的原始数据，看是否有异常或可疑的信息。

4. 检查仪器运行是否正常。

5. 对于色谱系统，可将保留的溶液重新进样，以证明是否为仪器偶然偏差所致。

第 14 条 检验误差的处理措施

1. 当有明显的证据表明是实验操作失误导致检验误差时，应将误差结果判定为无效，并进行复检，以获得反应样品实际情况的数据。

2. 质量管理部负责人得到检验误差结果时，应先对误差原因进行审核，必要时指定另一检验员复检。

3. 若有充分理由判定该批物料做报废处理，但误差原因尚需继续调查时，复检作为一种调查手段，抽样及复检次数可不受限定。

4. 当调查分析的结果表明原有的样本缺乏代表性时，需重新取样检验。

5. 如原有取样方法经查确有问题时，质量管理部必须立即重新拟定新的取样方法并颁布实施。

6. 若出现检验误差，但平均检验结果合格仍可判合格，平均检验结果的方法不适用于化学分析，仅适用于某些微生物分析。

第 5 章 附则

第 15 条 编制单位

本办法由质量管理部负责编制、解释与修订。

第 16 条 生效时间

本办法自 ××× 年 ×× 月 ×× 日起生效。

5.3.3 检验结果处理案例

检验结果的处理方式通常有允收、拒收、特采等，不同的结果其处理方式也有所不同，具体样例如下，仅供参考。

检验结果处理案例

一、案例背景

某品牌漱口水 pH 值一直很稳定，但某批次漱口水在灌装后，质量检验结果却显示 pH 值超过标准规定的范围。

（续）

二、案例分析

一旦出现检验结果超标情况，检验员就需向质量管理部的主管领导及时汇报，同时保存检验过程中的样品溶液，以备调查之需。质量管理部主管领导及检验员应尽快调查实验室内部情况，调查内容如下。

1. 检查样品的制备是否正确。

2. 对仪器参数和检验方法，以及该方法此前的使用情况的正确性进行确认。

3. 检查所使用文件的正确性并复查色谱、光谱、数值和计算过程。

4. 检查是否使用了合适的玻璃仪器。

5. 检查使用的仪器和实验室系统运行状态是否良好；同时还要对检验仪器的校准及校准日期和仪器维修记录进行检查。

6. 生产的回顾，包括生产物料、维修和工程，调查所有可能的生产地点。全部再检查一次生产工艺的记录和文件，以对可能引起质量标准的检验结果的原因进行确定。

7. 复验与重新取样。

（1）复验。复验的样品应该与最初检验的那一批样品是相同而均一的。

（2）重新取样。重新取样应采用最初取样所采用的相同合格的、经过验证的规程进行。若调查确定了原来的取样方法存在不足，则须研究一个新的正确的取样方法，并经质量管理部负责人批准。

经以上程序调查后，显示漱口水瓶生产厂家为了保证瓶子微生物检查合格，对瓶体进行环氧乙烷灭菌，导致漱口水 pH 值超过标准规定范围。

三、结果处理

针对上述问题，公司对调查结果进行总结与分析，包括结果评估、该批产品的质量确定、质量负责人做出允收或否决决定。

1. 质量负责人对调查结果进行解释。初步检验结果超出质量标准的，并不表示这一批产品不合格而必须被否定，应予以调查，并做出关于否决或允收的决定。

2. 如果调查显示超出质量标准的检验结果被证实了，则此结果应该用来评估该批次产品的质量。一个证实了的超出质量标准的检验结果表明，批质量不符合已建标准，这一批不合格，不得放行。对未得出结论的调查，超出质量标准的检验结果在批处理决定中应予充分考虑。

3. 对最初的超出质量标准的检验结果没有被确定为无效，全面调查显示超出质

（续）

量标准的检验结果没有反映批质量，还是应予放行。

　　4．由于本次导致超标的原因是漱口水瓶，因此我们对该批次包装的漱口水全部进行检验，并对供应商所提供的包装材料进行质量审核。

　　通过对该检验结果的处理，可减少超出质量标准的检验结果的发生，防患于未然。

5．4　质量检验设备

5．4．1　质量检验设备选择

　　选择质量检验设备的最终目的是根据检测器具的选择原则，合理选用适当的测量器具进行测量。企业应从检验方法、产品特性、现有的检验设备及检验标准等方面进行综合考量，以选择最合适的质量检验设备。

　　质量检验设备选择的依据如下。

　　（1）根据工件尺寸的大小和要求确定检测设备的规格。要使检测设备的测量范围能容纳工件，测量头能伸入被测部位。

　　（2）根据工件要求误差（公差）选择检测设备。通常测量仪器的最大允许误差为工件公差的 1/10 ～ 1/3。若被测工件属于检测设备，则必须选用其公差的 1/10；若被测工件为一般产品，则选用其公差 1/5 ～ 1/3；若检测设备条件不允许，也可选用其公差的 1/2，但此时测量结果的置信水平就相应下降了。

　　（3）在选择灵敏度时，应注意检测设备灵敏度过低会影响测量准确度，过高又难于及时达到平衡状态。

5．4．2　质量检验设备使用规范

　　正确使用和维护质量检验设备，对质量检验结果的准确性、质量检验设备的使用寿命的延长都具有重要作用。因此，为了规范使用质量检验设备，企业应制定质量检验设备使用规范，并认真履行。下面是一则质量检验设备使用规范，仅供参考。

质量检验设备使用规范
第 1 章　总则
第 1 条　为了加强对质量检验所用仪器的管理，确保检测仪器的精准并延长检测仪器的使用寿命，特制定本规范。

（续）

第2条　本规范适用于公司生产检测所用所有设备的管理工作。

第2章　检测仪器设备的鉴定

第3条　公司必须对用于检测工作的仪器设备进行鉴定，合格后方能使用。所有仪器设备应根据鉴定结果贴上合格、准用或停用标志。

第4条　公司必须按规定的鉴定周期对所有在用检测仪器设备进行鉴定。

第3章　检测仪器设备的质量控制

第5条　通用检测仪器设备的鉴定工作，由计量设备管理员按鉴定周期联系送检。

第6条　对于自校检测仪器设备，由指定的检测人员按规定的校验周期，根据专用检测规程进行自校，校验合格后由计量设备管理员统一贴上管理标志。

第7条　对于日常工作中发现的问题，应及时处理。

第8条　将仪器设备的计量鉴定证书、自校结果等资料交质量管理部存档。

第4章　仪器设备的管理

第9条　实施专人专管措施，质量检测仪器设备的保管人由质量管理部指定，使用人在使用质量仪器设备前应征得保管人同意并填写使用记录。

第10条　使用前后，由使用人和保管人共同检查仪器设备的技术状态，经确认后，办理交接手续。

第11条　仪器设备的保管人应参加新购进仪器设备的验收安装、调试工作，并保管仪器设备档案。

第12条　保管人负责仪器设备降级使用及报废申请等事宜。

第13条　使用贵重、精密、大型仪器设备者，均应经培训考核合格，且取得操作许可证。

第14条　仪器设备保管人应负责所保管仪器设备的清洁卫生，不用时，应为其罩上防尘罩。

第15条　对于长期不用的电子仪器，每隔三个月应为其通电一次，每次通电时间不得少于半小时。

第16条　检测仪器设备不得挪作他用，不得从事与检测无关的其他工作。

第17条　全部仪器设备的使用环境与场所应满足说明书的要求。

第5章　仪器设备维修、保养、降级和报废

第18条　维修。

1. 仪器设备出现一般故障，自己若有能力维修则自己维修，若无能力维修的，应填写仪器设备维修清单，并在两天内上报领导，由其组织维修。

2. 待修的仪器设备不能使用的，应为其贴上明显的标志。

3. 对待修的仪器设备，技术部应当及时组织维修和送检。

4. 对于维修后的仪器设备，质量管理部应对其进行验收，若合格则在维修单上签字。

第19条　保养。

1. 仪器设备安装使用的环境条件应符合技术要求。

2. 仪器设备应排列有序，周围空间不能堆放有碍操作和正常保养的其他物品。

3. 严格按仪器设备的技术要求进行日常维护保养，使仪器设备始终处于良好的运行环境中。

4. 仪器设备应清洁无油污，无灰尘，无锈蚀。

5. 仪器设备使用完毕后，应将其清理干净，并盖好防尘罩。

第20条　降级。

1. 当检测仪器设备的技术性能降低或功能表损坏时，应办理降级使用或报废手续。

2. 凡降级使用的仪器设备均应由各专业检测室提出申请，由仪器设备室确定其实际鉴定精度，提出使用范围的建议，经总经理批准后实施。

3. 降级使用情况应载入设备档案。

第21条　报废。

凡报废的仪器设备均应由各专业检测室填写仪器设备报废申请单，经仪器设备室确认后，由总经理批准，并填入设备档案。

（续）

第 6 章　附则
第 22 条　编制单位。 本规范由质量管理部负责编制、解释与修订。 第 23 条　生效时间。 本规范自 ×××× 年 ×× 月 ×× 日起生效。

5.4.3　质量检验设备保养办法

为了做好设备的保养维护工作，保证企业生产设备的正常运行，最大化发挥生产设备效能，企业应制定质量检验设备保养办法，并认真履行。下面是一则质量检验设备保养办法，仅供参考。

质量检验设备保养办法
第 1 章　总则
第 1 条　目的 为了规范公司质量检验设备保养、校正、维护工作，特制定本办法。 第 2 条　适用范围 本办法适用于公司质量检验所用的仪器、量规等检验工具的保养、校准、维护工作。 第 3 条　责任部门 设备管理部及其他使用部门负责质量检验设备的保养工作。
第 2 章　检验设备保养计划的制订
第 4 条　设备保养计划的分类及内容 1. 按完成时间、进度的安排，检修计划可分为三类。 （1）年度保养计划，即安排全年的保养任务。 （2）季度保养计划，即根据年度计划来安排季度保养任务。 （3）月度保养计划，即根据季度计划来安排每月的保养任务。 2. 按保养的程度和内容，保养计划可分为如下两类。 （1）年度大保养计划，包括年度贵重关键设备的局部大保养计划。 （2）年度中保养、二级保养（预防性试验）计划。 第 5 条　年度保养计划的编制 年度保养计划的编制主要以设备技术状况普查工作内容为依据。设备技术状况普查工作的内容如下。 1. 每年第三季度由设备管理部提出全厂设备普查工作的计划安排及要求，报设备生产总监同意后，在全厂安排进行设备普查工作。 2. 对于各车间的普查工作，由各车间设备负责人组织设备技术员、工段长、班组长、维修工人查清车间设备存在的问题和使用情况，由设备技术员填写设备技术状况普查表，并提出下年度需要修理的设备申请项目，一起报设备部。 3. 设备管理部负责人组织设备普查鉴定小组，会同各车间设备技术人员和维修工人对设备普查提出大修、中修的设备逐台进行技术鉴定，初步确定大修、中修项目。
第 3 章　检验设备的维护与校正
第 6 条　仪器的维护 1. 质量管理部制定仪器养护计划表，严格按照维护保养周期，实施定期维护保养。

（续）

2．仪器在使用前后应注意保持清洁且切忌碰撞。

3．检验仪器、量规如发生功能失效或损坏等异常现象时，应立即送请专门技术人员修复。

4．对于很久不使用的电子仪器，宜定期插电开动。

5．一切维护保养工作以本公司现有人员实施为原则，若限于技术上或特殊方法而无法自行实施时，则委托设备完善的其他机构协助，但需要提供维护保养证明书或相关凭证。

第7条　仪器的校正

质量管理部负责仪器的校正工作，并做好记录，但在使用前后或使用中必须校正的，则由使用人随时实施。

1．定期校正

依校正周期，排定日程实施。

2．临时校正

（1）使用人在使用时或质量管理部在巡回检验时发现检验仪器、量规不精准，应立即校正。

（2）检验仪器、量规如功能失效或损坏，经修复后，必须先校正才能使用。

（3）外借收回时实施校正。

3．检验仪器、量规经校正后，若其精密度或准确度仍不符实施需要，应立即送请专门技术人员修复。

4．若因技术上或设备上的困难而无法自行校正者，则委托设备完善的其他机构代为校正，但要求提供校正证明。

5．检验仪器、量规经专门技术人员鉴定后，认为必须弃旧换新的，以及因检验工作实际的需要，必须新购或增置的，须由质量管理部依本公司请购规定请购。

第4章　检验设备的定期检定

第8条　设备管理部负责编制检验工具周期检定计划表。

第9条　在用检验工具经检定不合格或超周期的一律停止使用，并提出处理意见及时上报工艺技术部备案，否则，由此造成的一切后果由责任人负责。

第10条　检查工具如在周期内发生故障或因其他原因不能使用，应由所在部门查明原因报工艺技术部，经检修合格后方可使用。

第11条　检测室负责对检验工具的检定状态进行标识合格、准用、停用或禁用。

第12条　对停用、封存和报废的检验工具，要做好隔离和标识工作。

第5章　附则

第13条　本办法由设备管理部负责编制、解释与修订。

第14条　本办法自××××年××月××日起生效。

报废设备处置管理办法，扫描下方二维码即可查看。

第6章
质量全面改善

6.1 质量全面改善的准备工作

6.1.1 质量问题分析

当前大多数企业并没有认识到质量问题的重要性，导致质量问题层出不穷。质量问题分析如表 6-1 所示。

表 6-1 质量问题分析

序号	问题概要	原因分析
1	质量体系不健全	◆ 企业缺乏必要的质量管理相关制度（如物料质量管理制度、产品质量管理制度、客户服务质量管理制度、质量管理责任制等），导致质量管理无据可依，严重制约质量管理能力的发展 ◆ 缺乏统一、标准的产品生产与客户服务标准，导致产品质量难以准确衡量，客户满意度不高，从而影响质量管理的执行 ◆ 缺乏合理有效的质量改善方法和措施，导致企业的质量改善能力有限
2	质量意识不高	◆ 企业的质量管理人员及生产、服务人员对质量的重要性缺乏应有的认识，导致在实际工作中不能及时发现质量问题 ◆ 对相关工作人员缺乏必要的激励机制，影响企业员工对于质量管理的工作积极性，从而影响质量控制管理的执行效率和效果
3	产品质量不稳定	◆ 企业所选择的供应商的原材料质量差或企业检验人员的原因，导致不合格原材料流入企业生产线，产生大量不合格品 ◆ 企业所选外协厂商的生产质量水平差异较大，导致外协件存在互不相配的问题 ◆ 企业在生产产品时，为了能够按时完成生产计划或紧急生产插单，导致所生产的自制件、成品组装质量水平不稳定

（续表）

序号	问题概要	原因分析
4	设施设备问题	◆ 生产设备性能和稳定性欠佳，导致生产过程中产品质量问题频出，严重制约企业的质量管理能力 ◆ 产品质量检测设备落后，导致难以准确、全面发现产品质量问题，影响质量管理工作的正常进行
5	客户满意度低	◆ 质量管理人员对服务过程质量检查监控不力，不能及时纠正错误 ◆ 缺乏服务过程质量控制文件，服务不规范 ◆ 质量管理人员不重视信息反馈，导致错失最佳处理时机 ◆ 服务质量标准一直未改进，服务质量得不到提高
6	质量成本管理混乱	由于不能正确区分质量成本费用的类型，使其质量成本科目设置错误，导致企业质量成本费用数据不能正确反映企业真实的质量成本

6.1.2 质量改善提案

质量改善提案是员工对经营管理、技术工艺、质量检验、生产现场及客户服务等各方面提出的质量改进建议。质量改善提案可以激发员工发现问题的能力和创新潜能，使员工直接参与质量改善活动，形成全员质量管理，进一步提高企业质量管理水平。

1. 提案分类

提案依据性质分类可分为技术类提案和管理类提案，认定标准如表 6-2 所示。

表 6-2　提案分类与认定标准

序号	提案类型	认定标准
1	技术类提案	◆ 有关产品开发、设计的新创意 ◆ 产品的技术更新 ◆ 生产工艺流程改进 ◆ 机器设备技术改进 ◆ 其他涉及专业技术问题的改进
2	管理类提案	◆ 管理方法、制度新创意 ◆ 原有制度的完善 ◆ 质量管理的建议 ◆ 成本降低的改进方案 ◆ 其他涉及管理方法、制度的改进

2. 提案书要求

相关人员在编写与提交质量改善提案书时，应遵循以下要求，如表 6-3 所示。

表 6-3　提案书要求

序号	要求类型	具体内容
1	内容要求	提案书应包含以下内容： ◆ 提案类别 ◆ 提案时间 ◆ 提案名称 ◆ 提案者所属部门 ◆ 提案者（可以是个人、数人或团队） ◆ 现行方法（描述现状） ◆ 改进方案 ◆ 预期效果
2	编制要求	◆ 现行方法应详细描述现状，必要时配以图表、样品或文字说明 ◆ 改进方案应具体、可行，必要时配以图表、样品或文字说明 ◆ 预期效果应尽量明确
3	提交要求	◆ 面交改进小组 ◆ 投入本厂"改进提案信箱"

3. 提案的受理与审核

质量管理部负责对提案人提交的提案进行编号、登记和审核，并做出判断，结果分为可行、保留和不可行，具体如表 6-4 所示。

表 6-4　提案审核结果说明

提案初审结果	相关说明	处理措施
可行	确认实施取得明显的效果，可以立即实施	总经办复审，复审合格，交由相关部门负责实施
保留	提案较合理，但因各种原因，不能立即实施	改善小组将提案备份存档，回复提案人
不可行	提案内容可行性不强或因某些原因不予实施	

6.1.3　质量改善方案的确定

企业应汇集提案人员的建议并进行整理、优化及专业化思考，确定最终的质量改善方案。下面是一则质量改善方案，仅供参考。

质量改善方案

一、质量改善目标

1. 减少不创造价值的活动，简化流程、优化作业方法。

2. 减少质量损失，优化生产节拍，降低能源消耗和制造成本。

3. 提高供应商供应产品质量和交货的及时率，降低采购成本。

（续）

4. 减少设备非计划停机时间，延长设备使用寿命，使设备易于维修。

5. 提高产品的可靠性，提升客户满意度。

6. 优化人力资源配置，提高员工素质。

二、质量改善小组

1. 质量改善小组组长：××，负责以下工作。

（1）选择质量改善小组组员，设定组员的角色和责任。

（2）领导团队活动并做记录。

（3）总结活动效果。

2. 质量改善项目推进人员：××、××、××，负责以下工作。

（1）质量改善的策划。

（2）产品输入信息的整理。

（3）质量改善的人力资源及其他资源的评估。

（4）企业总体质量改善项目的协调。

（5）组织评估质量改善小组的成果。

（6）组织企业优秀质量改善小组参加对外经验推广活动。

3. 项目协调人员：××，负责以下工作。

（1）质量改善小组的团队建设与协作。

（2）追踪具体项目进程并协调相关资源。

（3）团队合作精神的建设。

4. 质量教育培训人员：××，负责以下工作。

（1）全员质量意识培训。

（2）质量改善基本方法的培训。

三、质量改善过程

（一）树立全员质量改善的理念

企业要将质量改善的理念在各个部门中进行推广和应用。各部门、各车间领导要不断强化本部门的质量改善意识，并通过培训、宣传和实施质量改善计划的活动，不断优化企业的经营管理流程。

（二）确立质量改善项目的内容

1. 每年年初，各部门根据企业确定的年度方针目标，结合上年度部门工作情况，确立质量改善计划活动项目的内容，具体包括目标、负责人、小组成员和时间进度等基本信息，并填写质量改善活动表，提交质量管理部登记。

2. 对于在日常工作中产生的质量改善项目，相关人员可填写质量改善建议表。质量管理部收集质量改善建议表，针对每一项建议进行反馈，并要求相关职能部门按要求和规定日期回复。

如果一些质量改善项目能够在部门内部解决并实施，各部门和车间也可自行成立内部的质量改善小组，同时报送质量管理部登记。

3. 质量管理部针对其他质量改善填写质量改善信息表，定期报送总经办批准，生效后以行政指令形式下达执行。

质量管理部确定项目组长并参与协调。项目组长于改善活动后，填写质量改善活动表并提交质量管理部登记。

（三）质量改善项目的推进

1. 质量管理部设立质量改善项目推进责任人，负责信息整理、评估、质量改善策划，以及项目实施过程中的协调。

2. 质量管理部和各相关职能部门协商确定跨部门的质量改善小组组长、协调人和组员。

（四）质量改善小组的活动和实施

1. 质量改善项目确立后，由项目组长邀请待改进业务活动或流程的相关人员组成项目小组并开展活动。

2. 改进小组将项目实施过程中的所有活动、进程和结果记录在质量改善活动表中。

四、质量改善的评价

1. 质量改善小组活动结束后，由项目小组组长填写质量改善活动成果评价表。

2. 质量管理部负责对质量改善的成果和效益进行评价，并报送领导批准。

3. 质量管理部择优推荐好的改进项目进行对外宣传发布。

4. 企业每年在质量管理评审中对确有成效的项目进行表彰，对项目组成人员进行奖励。

五、可能出现的问题及采取的对策

（一）出现的问题

1. 人力资源方面的问题。

（1）推行质量改善工作的参与人员在数量上出现空缺。

（续）

> （2）质量改善工作参与人员的能力、素养等与实际要求存在差距。
>
> 2．质量改善项目可能由于各职能部门相互推诿责任，无法落实并实施。
>
> （二）采取的对策
>
> 1．做好充分的人员动员及培训工作。
>
> 2．在质量改善工作推进过程中，明确各部门、各小组成员的责任，责任到人，并制定必要的奖惩措施。

质量改善计划管理制度，扫描下方二维码即可查看。

6.2 质量全面改善的实施

6.2.1 质量改善的实施

质量改善是指企业为了消除系统性问题，对现有的质量水平在控制的基础上加以提高的活动。质量改善是一个长期的计划、组织、协调、检查的过程，企业的所有人员都要参与。质量改善的实施步骤及注意事项如下。

1．质量改善的实施步骤

质量改善的实施步骤如图 6-1 所示。

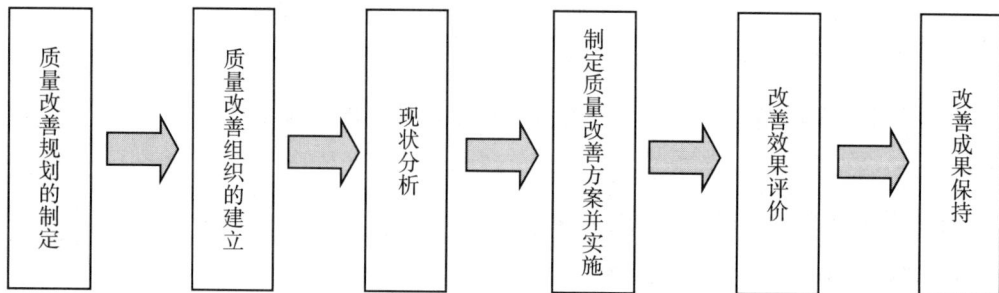

质量改善规划的制定 → 质量改善组织的建立 → 现状分析 → 制定质量改善方案并实施 → 改善效果评价 → 改善成果保持

图 6-1 质量改善的实施步骤

（1）质量改善规划的制定

质量改善规划是在组织中树立了质量改善的意识，并建立了质量改善的目标的基础上，结合质量管理者对质量改善工作所提出的战略要求而制定的。

（2）质量改善组织的建立

质量改善组织分为两个层次：一是管理层，从整体的角度为改善项目调动资源，如质量改善委员会；二是实施层，具体开展工作项目，如质量改善团队或称质量改善小组。

（3）现状分析

企业要进行质量改善，就必须明确质量问题的现状及其产生的原因。要解决质量问题，可以从人员、设备、物料、管理制度、工作流程等各个不同角度进行调查，并安排人员去现场收集数据中没有包含的信息。

（4）制定质量改善方案并实施

在了解了企业中现已存在的或潜在的质量问题并查清产生问题的原因后，制定相应的质量改善方案，由质量管理部负责组织相关人员实施。

（5）改善效果评价

改善工作完成后，由改善委员会组长填写质量改善活动成果评估表，对质量改善工作进行评估。评估可以从质量改善的效果、质量改善的效率、员工质量意识的提升程度等方面进行。

（6）改善成果保持

经确认的改善成果所引起的永久性更改，应纳入有关的技术规范、操作指导书和其他的质量管理体系文件中，确保改善成果予以保持。

2．质量改善实施注意事项

（1）质量改善小组应定期对改善的实施情况进行检查、监督，并将检查结果上报给管理者，以确保改善活动达到预期的目标。

产品质量改善记录表如表 6-5 所示。

表 6-5　产品质量改善记录表

产品名称				产品规格			产品编号				
管理项目	原质量标准	更改后标准	更改原因	交办日期	完成日期	变动因素					改善结果
						制程	设备	材料	操作	技术	

（2）企业应适时组织实施改善的有关部门就进展情况做汇报，以确保改善项目方案有效实施。

（3）质量改善委员会在对改善活动进行查核的过程中，若发现不符合要求的情况，应提出相应的纠正、改善要求，并对改善后的效果进行跟踪验证。

（4）对于存在的不合格现象应采取纠正措施，防止再次发生。纠正措施的选择应与所遇到问题的影响程度相适应。

（5）企业应对质量改进的成本进行控制，防止质量改善成本超出预算。

6.2.2 质量改善的监督

在质量改善方案实施过程中，企业应对方案执行情况进行监督，保证改善工作的推进进度与效果。质量改善监督的方式主要有以下两种。

1. 现场检查

现场检查就是对产品的一项或多项质量特性进行现场观察、测量、试验，并将结果与规定的质量要求进行比较，以判断每项质量特性是否合格。

现场检查的内容主要有工作检查、生产操作检查、质量保管检查、外协厂商的产品质量检查、其他可能影响产品质量的因素检查。

质量管理部人员在进行日常检查时，应根据检查范围的类别及对产品质量的影响程序确定质量检查的频率，且所检查的项目并非一成不变，而要依据检查范围的类别确定。

2. 质量改善考核

为了加强对质量改进的管理，监督质量改进各职能部门的质量改进目标完成情况，确保质量改进工作达到考核标准，企业可对质量改善工作进行考核，考核程序如下。

（1）质量管理部根据质量改进计划的完成情况，发出质量改进的考核通知，说明考核目的、考核指标、考核对象、考核方式及考核进度安排等。

（2）各质量改进负责人组织对本部门的质量改进效果进行自我评估，并准备对质量改进人员的考评意见。

（3）除对本部门质量改进效果进行评估外，各质量改进人员还需要对自身进行评估，并填写考核表。

（4）质量管理部负责收集各质量改进负责人的意见、员工质量改进考核表等，统计并最终确定各部门或各质量改进人员的考核结果。

6．3　质量全面改善评估

6．3．1　质量改善数据分析

质量改善数据是指能够客观地反映质量改善事实的资料和数字等信息。它包括与产品、过程及质量管理体系有关的数据，以及监视和测量的结果等。

1．质量改善数据分析内容

质量改善数据分析的内容一般情况下主要有不良品减少率、合格产品提高率、返修产品降低率、客户满意度提高率、质量体系年度审核结果等。企业应根据自身需改善的方面，确认需分析的质量改善数据。

2．质量改善数据分析方法

质量改善数据分析方法主要有以下六种，如表 6-6 所示。

表 6-6　质量改善数据分析方法

序号	方法名称	概述	用途
1	质量调查法	即利用各种统计图表，系统地收集反映质量问题的数据，并进行简单的数据处理和粗略的原因分析	对于市场、客户满意度、质量的审核分析一般可以采用此方法
2	分层法	即按照一定的标准对收集到的数据适当分层和整理，使杂乱无章的数据和错综复杂的因素系统化、条理化	进行复杂的数据处理
3	排列图法	将影响质量的各种因素，根据出现的频数，按照从大到小的顺序排列在横坐标上，在纵坐标上标出因素出现的累积频数，并画出对应的变化曲线	用于寻找主要问题或影响质量的主要原因
4	因果分析法	即表示质量特性与有关因素之间关系的一种方法，寻找产生问题的具体原因	可用于对较为复杂的不合格品项进行分析
5	直方图法	对数据分布状况进行描绘与分析	判断生产过程中的产品质量是否处于受控状态
6	控制图法	分析和判断生产过程是否处于控制状态	主要用于对过程的监视和测量

6．3．2　质量改善评估报告

质量改善方案执行完毕，企业应对质量改善工作进行评估，确认质量改善工作的实施情况与效果，并汇总改善信息，编制质量改善评估报告。下面是一则质量改善评估报告，仅供参考。

质量改善评估报告

一、背景

鉴于公司近来质量问题频发，并出现多环节流程混乱的情况，同时也为了提高公司员工的质量意识，保证产品与服务质量，使公司的质量管理体系健康有序、规范高效运行，质量管理部开展了一系列的质量改善工作，现对相关工作内容做以下报告。

二、质量改善工作介绍

第一阶段：员工质量意识提升阶段（用时15天）。对全体员工开展质量培训，使员工全面了解公司质量要求，为质量方案的执行打好基础。

第二阶段：方案执行阶段（用时1个月）。质量改善小组按照质量改善方案要求，根据制定的质量改善措施，贯彻实施质量方案。

第三阶段：检查总结，持续改进阶段（用时4个月）。通过质量改善，会解决一些质量与管理上的问题，但也可能会出现一些新的负面质量因素，需要进行不断优化与总结。

第四阶段：制度化、规范化、标准化阶段。根据质量改善结果完善质量标准、工作流程等，使公司质量体系进入良性运行模式。

三、质量改善结果

1. 截至质量改善活动结束前，质量水平表现较好，产品合格率由20××年××月的88%增长至20××年××月的94%，客户满意度由20××年××月的92%增长至20××年××月的97%。

2. 共有七个部门完成了质量改善目标，包括采购部、质量部、生产部、设备部、客户服务部、市场部、销售部，其中采购部、生产部、客户服务部的质量达标率超过95%。客户服务部服务质量大幅改善，投诉率较20××年××月降低8%。

3. 有三个部门未完成质量改善目标，包括设计部、仓储部、营销部，其中营销部和设计部不仅未完成质量改善目标，而且在质量改善期间，出现质量水平恶化的情况，营销部质量达标率较20××年××月降低7.8%，设计部和仓储部则分别下降5.1%和2.2%。

4. 由于缺少数据指标或信息公开不足，不能判断环保部是否完成质量改善目标，但环保部环境达标率为98%，符合企业基本要求。

关键质量数据改善情况如下图所示。

（续）

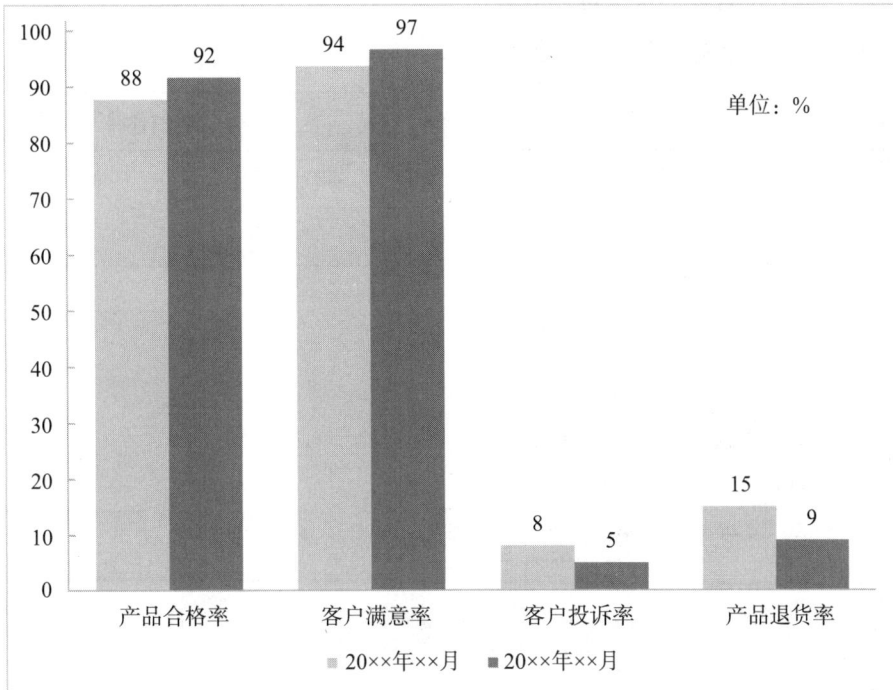

关键质量数据改善情况

四、改善结论

1. 通过几个月的质量整改，基本形成了符合本公司的质量管理体系，各部门和各岗位清晰地认知到了自己在质量管理工作中所扮演的角色，明确了质量管理职责。

2. 在质量管理工作中将中心思想由"以产品质量为核心"转变为"全面质量管理"，落实了本公司"质量改善目标标准"与"质量改善方案"的要求。

3. 各部门完善了质量管理的信息公开工作，完整地公布了部门的质量状况，并及时、定期地更新了质量管理工作的动态。

质量管理部

20×× 年 ×× 月 ×× 日

6.4　零缺陷管理

6.4.1　零缺陷管理实施流程

零缺陷管理强调预防系统控制和过程控制，要求第一次就将事情做正确，使产品符合对客户的承诺。零缺陷管理的核心思想是基于企业宗旨和目标，通过对经营各环节、各层面的全过程、全方位管理，保证各环节、各层面、各要素的缺陷趋向于"零"。

（1）零缺陷管理实施流程如图 6-2 所示。

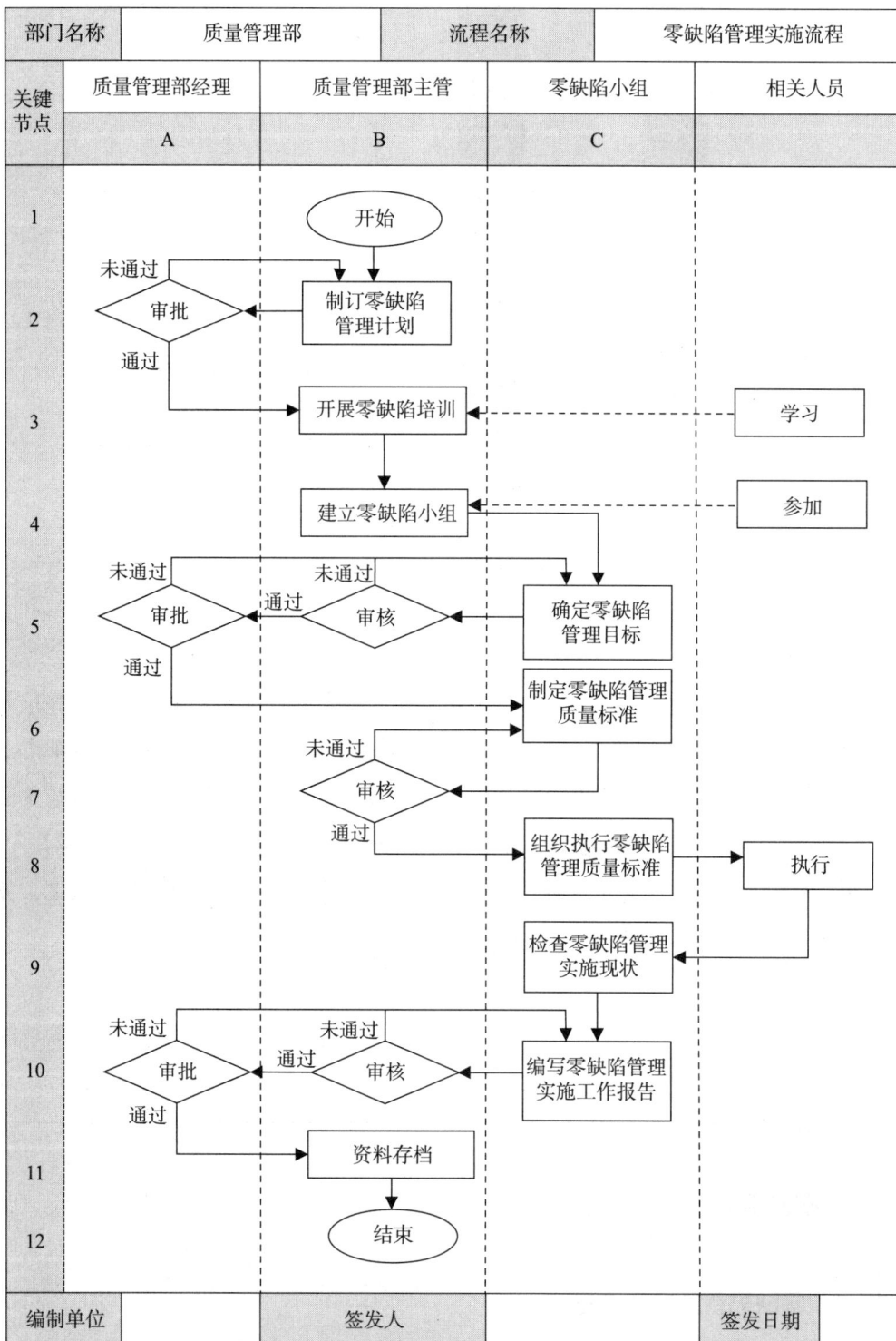

部门名称	质量管理部		流程名称	零缺陷管理实施流程
关键节点	质量管理部经理 A	质量管理部主管 B	零缺陷小组 C	相关人员

1		开始		
2	审批（未通过／通过）	制订零缺陷管理计划		
3		开展零缺陷培训		学习
4		建立零缺陷小组		参加
5	审批（未通过／通过）	审核（未通过／通过）	确定零缺陷管理目标	
6		制定零缺陷管理质量标准		
7		审核（未通过／通过）		
8			组织执行零缺陷管理质量标准	执行
9			检查零缺陷管理实施现状	
10	审批（未通过／通过）	审核（未通过／通过）	编写零缺陷管理实施工作报告	
11		资料存档		
12		结束		

编制单位		签发人		签发日期	

图 6-2　零缺陷管理实施流程

（2）根据图 6-2，零缺陷管理实施流程关键节点细化执行内容如表 6-7 所示。

表 6-7 零缺陷管理实施流程关键节点细化执行内容

关键节点	细化执行内容
C5	零缺陷管理的目标一般包括以下内容 ◆ 所有环节都不向下一环节传送有缺陷的决策、信息、物资、技术或零部件 ◆ 每个环节、每个层面都要建立管理制度与规范，以便于管理 ◆ 每个环节、每个层面必须具备对产品或工作差错的事先防备与事中修正措施 ◆ 管理系统应实现动态平衡，以保证管理系统对企业的发展有最佳的适应性和最优的应变性
C6	零缺陷管理质量标准编制要求有以下四点 ◆ 指向性。直接面对要阐述的对象，避免出现与标准无关的词语和内容 ◆ 执行方法描述完整。完整地显示原因和结果，以及指导作业人员进行具体操作的方法及得到的结果 ◆ 描述准确。避免出现抽象的形容性描述，应具体说明操作的执行标准 ◆ 运用数字。尽量使用图表与数据，使相关人员都以相同方式解释标准 零缺陷管理质量标准应包含以下四部分 ◆ 制定履历，包括制定时的日期、修订时的修订原因、修订内容、修订日期等 ◆ 制定目的与适用范围，使用该标准的部门、场所、时间 ◆ 标准正文，即任务的具体实施方法 ◆ 附表附图，即附加说明的表格或图形
C9	零缺陷管理小组定期监测并评定质量标准的实际实施效果，检验方式有以下三种 ◆ 审核方式，通过对生产记录、质量记录等文件的审核进行评价 ◆ 考试方式，通过抽取若干人员进行考试，考察其对质量标准的理解程度、运用质量标准及处理质量问题的能力等 ◆ 现场采访方式，通过与现场作业人员的交谈，评价其对质量标准的认识与运用情况

（3）零缺陷管理计划表如表 6-8 所示。

表 6-8 零缺陷管理计划表

项目名称			计划起止时间	
项目负责人			参与部门	
零缺陷管理思想概述				
计划目标				
具体实施计划				
实施计划	基本内容	负责人	具体职责	完成期限
基本步骤				
实施阶段				
预期效果				
补充说明				
审批意见				

6.4.2 零缺陷管理改进循环

零缺陷管理可通过 PDCA 循环，针对差距与不足进行不断改进、完善，循环往复，直至实现零缺陷。零缺陷管理改进循环如图 6-3 所示。

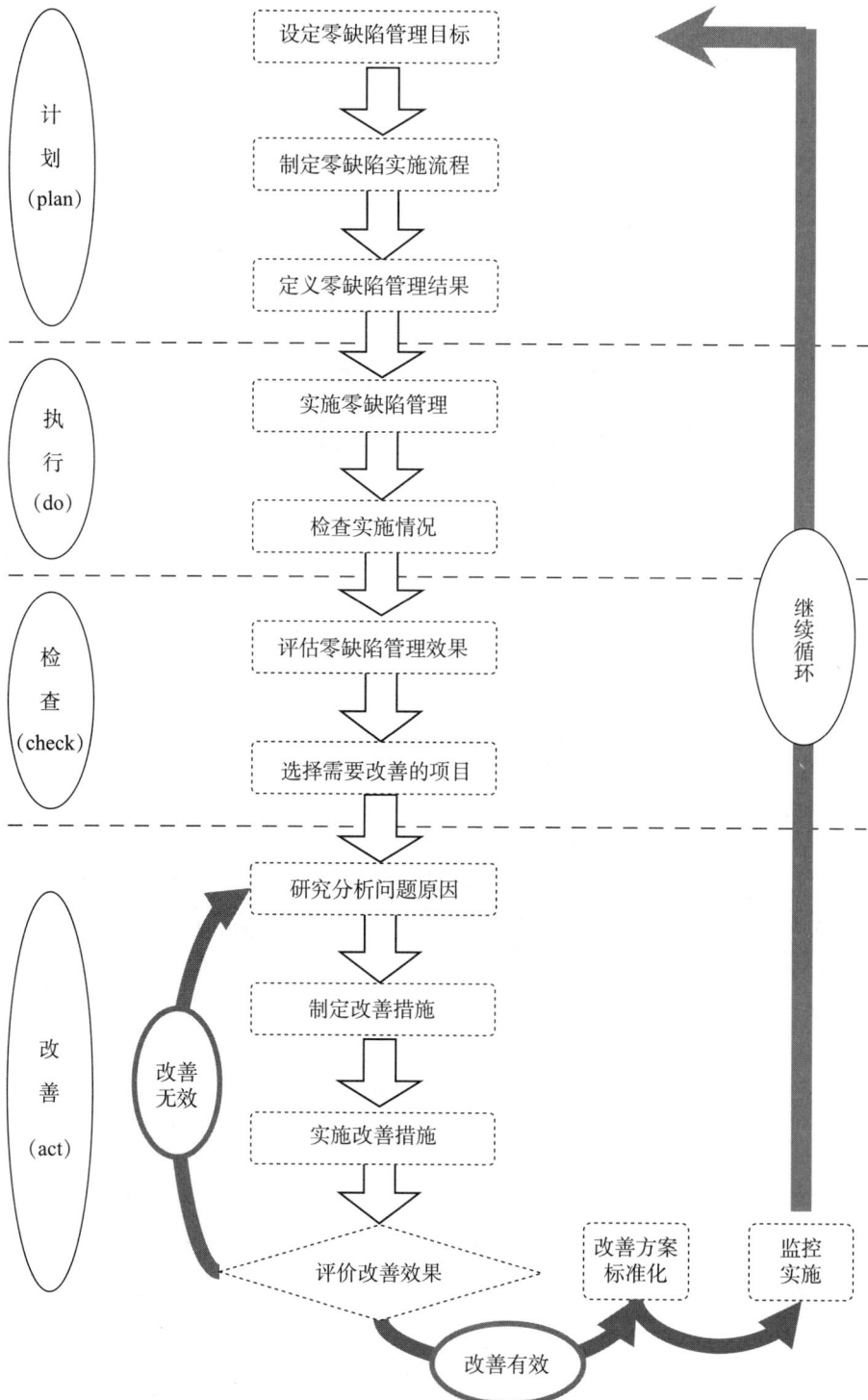

图 6-3 零缺陷管理改进循环

6.4.3　零缺陷管理操作方案

企业为了更好地做到零缺陷管理，应制定零缺陷管理操作方案，规范零缺陷工作的相关内容，对内部的每一个环节做到可控。下面是一则零缺陷管理操作方案，仅供参考。

零缺陷管理操作方案

一、零缺陷管理目标

1．所有环节都不向下一环节传送有缺陷的决策、信息、物资、技术或零部件。

2．每个环节、每个层面都要建立管理制度与规范，以便于管理，消除漏洞。

3．每个环节、每个层面都必须具备对产品或工作差错的事先防备与事中修正措施。

4．以人的管理为管理中心，完善激励机制与约束机制，充分发挥每位员工的主观能动性。

5．管理系统应实现动态平衡，保证管理系统对企业的发展有最佳的适应性和最优的应变性。

二、零缺陷管理机制

生产部负责组建零缺陷管理小组，该小组具体负责零缺陷管理的操作与改进工作。小组成员包括生产部人员、工艺技术部人员与质量管理部人员。

三、零缺陷管理实施准备

（一）达成共识

零缺陷管理小组应保证工厂全部员工对零缺陷管理达成共识，积极参与零缺陷管理，具体应做到以下三点。

1．领导重视，坚持零缺陷管理的推进与实施。

2．管理人员了解质量改善程序，认识到质量管理的重要性，并鼓励员工加强质量管理。

3．员工对质量要求严格，追求零缺陷。

（二）宣传推广

零缺陷管理小组可通过以下方式进行宣传推广。

1．海报宣传。

2．张贴标语。

3．厂内广播。

4．开设质量管理相关培训课程。

四、零缺陷管理操作流程

（一）制定零缺陷管理质量标准

工厂全体员工达成共识后，经总经理批准，由零缺陷管理小组负责制定零缺陷

（续）

管理质量标准。

1. 质量标准编制要求

（1）指向性。直接面对要阐述的对象，避免出现与标准无关的词语和内容。

（2）执行方法描述完整。完整地显示原因和结果，以及指导作业人员进行具体操作的方法及得到的结果。

（3）描述准确。避免出现抽象的形容性描述，应具体说明操作的执行标准，避免理解上的差异。

（4）运用数字。尽量使用图表与数据，使相关人员都以相同方式解释标准。

2. 质量标准内容

质量标准应包含以下五部分。

（1）制定履历，包括制定时的制定日期，修订时的修订原因、修订内容、修订日期等。

（2）制定目的。

（3）适用范围，即使用该标准的部门、场所、时间。

（4）标准正文，即任务的具体实施方法。

（5）附表附图，即附加说明的表格或图形。

（二）检验质量标准实施结果

零缺陷管理小组定期监测并评定质量标准的实际实施效果。

1. 检验方式

（1）审核方式，通过对生产记录、质量记录等文件的审核进行评价。

（2）考试方式，通过抽取若干人员进行考试，考察其对质量标准的理解程度、运用质量标准及处理质量问题的能力等。

（3）现场采访方式，通过与现场作业人员的交谈，评价其对质量标准的认识与运用情况。

2. 检验期限

每年至少进行一次对质量标准的实施情况的评价。

（三）采取纠正措施

1. 零缺陷管理小组在检验过程中若发现问题，应清查所有本类事物，并分析原因。

2. 针对问题组织相关人员讨论，并制定纠正措施和改进方案。

3. 组织实施改进，并由零缺陷管理小组对其执行进度和效果进行追踪验证。

（四）修订标准

验证改进方案可行后，零缺陷管理小组根据实际情况检查质量标准是否有必要修订，若有必要，则应按规定对质量标准进行修订，并经总经理审核批准后生效。

第 7 章
质量管理工具

7.1 质量控制管理

7.1.1 质量控制的实施方法

质量控制（Quality Control，QC）在实施过程中需要经历确定选题、现状调查、分析原因、制定对策等流程，在流程实施各节点需要用到不同的方法，具体内容如表7-1所示。

表 7-1 QC 实施流程及方法

QC 实施流程	QC 实施方法
确定选题	调查表法、简易图表法、流程图法、头脑风暴法、排列图法、水平对比法、亲和图法
现状调查	调查表法、分层法、简易图表法、排列图法、直方图法、控制图法、散布图法
分析原因	因果图法、系统图法、关联图法
制定对策	简易图表法、矩阵图法、PDPC 循环法、网络图法、优选法、正交试验设计法

表 7-1 中列举的方法在前文中大多有所说明，此处不再介绍。

7.1.2 QC 的实施步骤

QC 小组是指在自愿的前提下，由工作性质相同或相似的员工，以小组形式组织起来，通过定期的会议及其他活动进行质量改进的一种组织。QC 的实施步骤如图 7-1 所示。

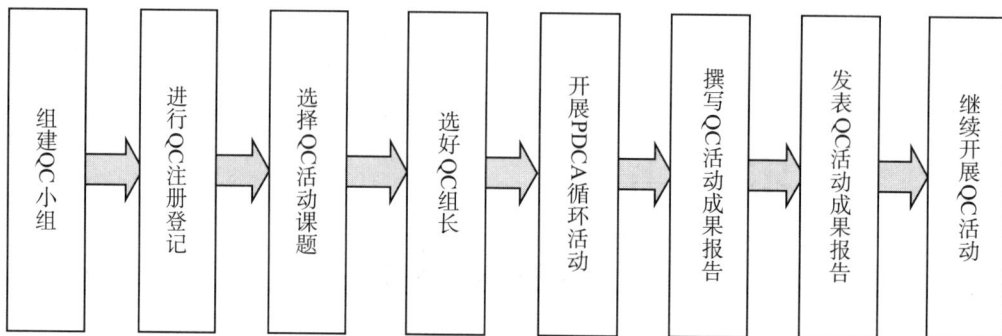

图 7-1　QC 的实施步骤

1. 组建 QC 小组

质量管理部根据已出现的质量问题或可能选择的课题组建 QC 小组，人员组成的形式可以是多样的，应根据具体情况进行组建。

一般情况下，以 3 ~ 10 人为宜，人数过多不便于开展活动。

2. 进行 QC 注册登记

QC 小组为了获得企业的支持和帮助，需要在主管部门或主管人员处注册登记，填写注册登记表，也可以在所在地的质量管理协会等备案。

3. 选择 QC 活动课题

课题的选择应以先小后大、先易后难为原则，尽量选择身边的课题，进行客观、实时的调查，重点调查关键问题。

课题目标值的设定应先进而可行，而且一定可以实现。

4. 选好 QC 组长

QC 组长负责组织领导、培训教育、协调联络和日常管理工作，并做到"懂技术、会管理、能协调、善文笔"，同时热衷于质量管理，深刻了解质量管理知识，且有责任心和事业心。

5. 开展 PDCA 循环活动

QC 小组应制定一套完整的作战方案，确保条条落到实处；及时检查活动实施效果，制定巩固措施，并及时处理遗留问题。

另外，QC 小组需要考虑下步计划，制定新目标，展开新的质量循环活动。

6. 撰写 QC 活动成果报告

PDCA 循环活动结束后，要及时总结，撰写成果报告。成果报告必须以活动记录为基础，进行必要的整理，记录的成果应用数据说话，不要生搬硬套，事后编造。

7．发表 QC 活动成果报告

QC 活动成果报告的发表应由主管部门或主管人员进行安排，以交流经验，互相启发，增强活动效果。

8．继续开展 QC 活动

QC 活动成果报告发表后，QC 小组可以重新选择课题继续开展活动，也可将 PDCA 循环活动遗留的问题作为下一课题继续开展活动，若问题已解决，该 QC 小组可解散，然后再寻找新课题开展活动。

7．1．3　QC 活动成果报告的发表与评审

QC 活动的组织者、管理者、推进者，是联系企业与员工的纽带。对员工开展 QC 活动的成果做出公正评审是企业的必要活动。

1．QC 活动成果报告的发表

（1）QC 活动成果包含的内容

QC 活动成果包含五个方面的内容，具体如图 7-2 所示。

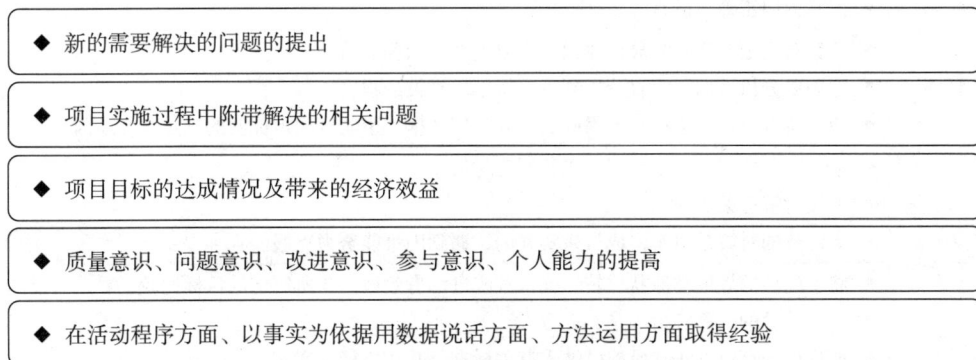

◆ 新的需要解决的问题的提出

◆ 项目实施过程中附带解决的相关问题

◆ 项目目标的达成情况及带来的经济效益

◆ 质量意识、问题意识、改进意识、参与意识、个人能力的提高

◆ 在活动程序方面、以事实为依据用数据说话方面、方法运用方面取得经验

图 7-2　QC 活动成果包含的内容

（2）QC 活动成果报告的内容

QC 活动成果报告应包含七项内容，具体如图 7-3 所示。

2．QC 活动成果的评审

QC 活动成果评审内容如表 7-2 所示。

◆ 改善项目及目标阐述

◆ 改善的原因分析

◆ 不良品项特性要因分析

◆ 实施经过

◆ 成果比较分析

◆ 检讨与标准化

◆ 今后努力的方向

图 7-3　QC 活动成果报告包含的内容

表 7-2　QC 活动成果评审内容

评审项目	评审内容
选题	◆ 选题应与上级方针目标相结合，或是本小组现场急需解决的问题 ◆ 课题名称要简洁明确地直接针对所存在的问题 ◆ 现状已清楚掌握，数据充分，并通过分析已明确问题的症结所在 ◆ 现状已为制定目标提供了依据 ◆ 工具运用正确、适宜
原因分析	◆ 应针对问题的症结来分析原因，因果关系要明确、清楚 ◆ 原因要分析透彻，一直分析到可直接采取对策的程度 ◆ 应对所有末端因素进行要因确认，并且用数据、事实客观地证明的确是主要原因
对策与实施	◆ 应针对所确定的主要原因，逐条制定对策 ◆ 要按对策逐条实施 ◆ 大部分的对策是由本组成员来实施的，遇到困难能努力克服
效果	◆ 将实施后的效果与原状比较，确认其改进的有效性；与所制定的目标比较，看是否已达到 ◆ 经济效益的计算实事求是、无夸大 ◆ 改进后的有效方法和措施已纳入有关标准，并按新标准实施 ◆ 改进后的效果能维持、巩固在良好的水准上，并用图表表示出巩固期的数据
发表	◆ 发表资料要系统分明、前后连贯且逻辑性强 ◆ 发表资料要通俗易懂，应以图、表、数据为主，避免通篇文字、照本宣读 ◆ 回答提问时要诚恳、简要、不强辩
特点	◆ 课题具体务实 ◆ 统计方法运用突出，有特色，具有启发性

7.2　六西格玛管理

7.2.1　六西格玛管理实施步骤

六西格玛（6σ）管理方法是一种统计评估方法，其核心是追求零缺陷生产，防范产品责任风险，降低生产成本，提高生产效率、市场占有率和客户满意度。6σ 管理着眼于产品、服务质量和过程的改进。

6σ 管理实施步骤如图 7-4 所示。

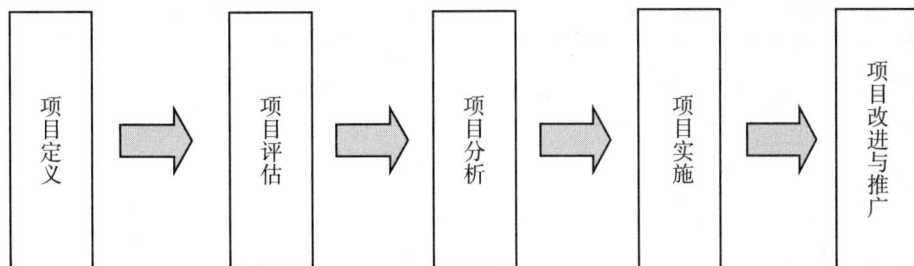

图 7-4　6σ 管理实施步骤

1．项目定义

（1）编写项目章程，内容包括选定项目的问题、目标、基本数据、小组成员、小组指导方针、初步的项目蓝图等。

（2）识别并倾听客户的意见，必须保持客观的态度。

（3）记录选定项目的现有流程。

2．项目评估

（1）对选定项目的问题和流程进行评估，确定存在问题的焦点和范围。

（2）确定关键数据，缩小问题的范围。

（3）分析产生问题的根本原因。

3．项目分析

（1）对收集的数据进行分析，分辨存在问题的模式及发展趋势等。

（2）对流程进行分析，辨别与工厂核心价值不一致的、不相关的及可能引起相关问题的流程。

4．项目实施

（1）拟出、选择有创造性的实施方案。

（2）对实施方案进行定期评估，制定改进措施。

（3）进行流程的重新设计与构建。

5．项目改进与推广

（1）不断评估实施方案，发现问题及时改进。

（2）将 6σ 管理逐步推广到其他项目。

（3）进行流程的再造与系统的重新组合。

（4）不断进行 6σ 管理的改进、优化。

6σ 实施流程如图 7-5 所示。

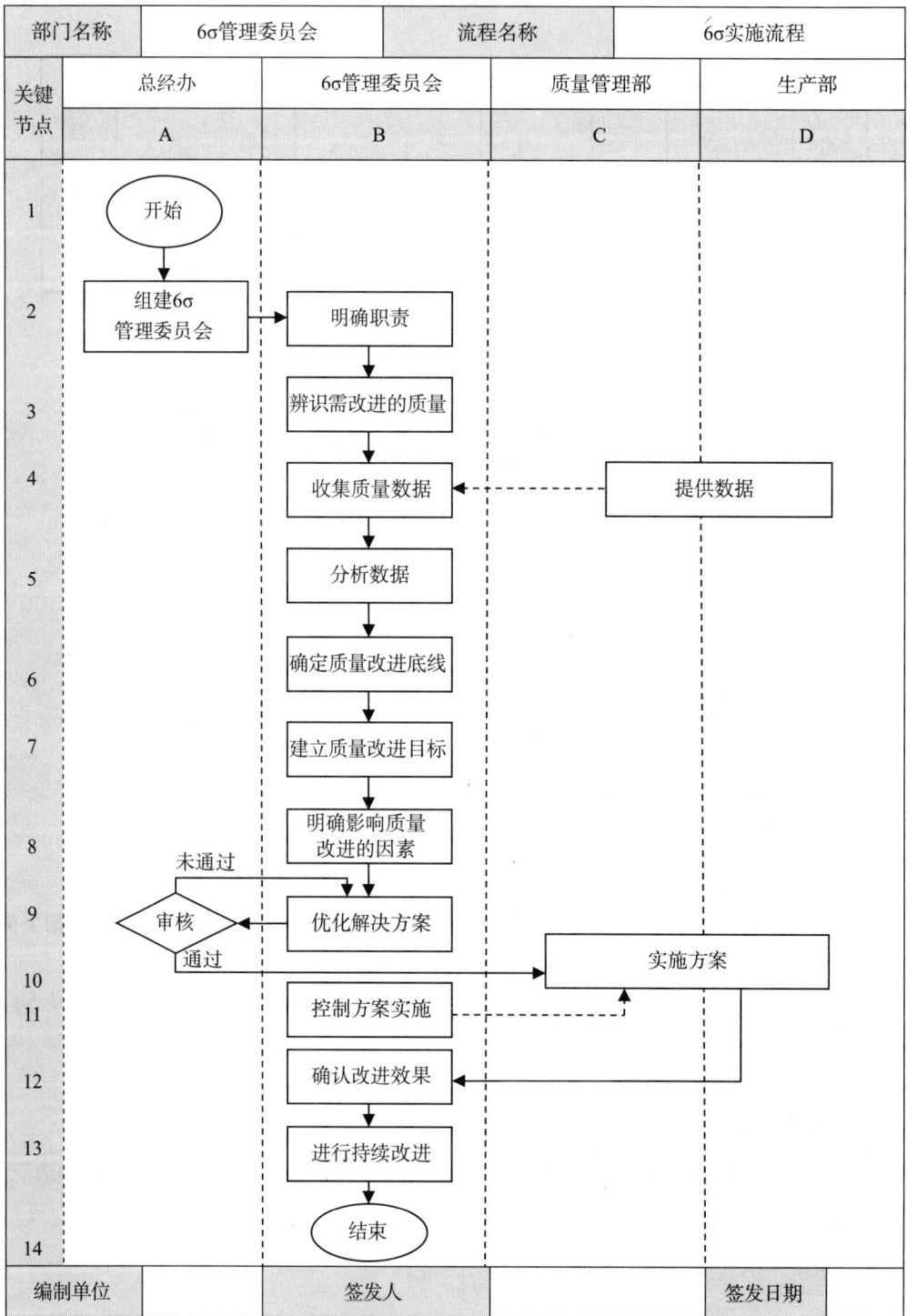

部门名称	6σ管理委员会		流程名称	6σ实施流程

图 7-5 6σ 实施流程

7.2.2　6σ 管理工具

企业实施 6σ 管理，可以建立 6σ 管理组织，也可以在实施的不同阶段应用相应的工具进行管理。

1. 6σ 管理组织

6σ 管理组织是进行 6σ 管理的必要工具，其具体的组织结构及工作职责如表 7-3 所示。

表 7-3　6σ 组织结构及工作职责

组织结构		工作职责
6σ 管理委员会	6σ 管理委员会是企业实施 6σ 管理的最高领导机构。该委员会的主要成员由企业领导层担任	◆ 设立 6σ 管理初始阶段的各种职位 ◆ 确定改进项目及改进次序，并进行资源分配 ◆ 定期评估各项目的进展情况，并对其进行指导 ◆ 解决项目小组在实施 6σ 管理时遇到的困难和障碍
执行领导（executives）	由一位总监以上的高层领导担任，并要求具有较强的综合协调能力	◆ 确立企业的 6σ 管理愿景 ◆ 确定企业战略目标和企业业绩度量系统 ◆ 在企业中建立促进和应用 6σ 管理方法与工具的环境
倡导者（champion）	是实施 6σ 管理的关键角色	◆ 设定项目目标、方向和范围 ◆ 组织实施 6σ 管理人员培训 ◆ 协调项目所需的各方面的资源 ◆ 制定 6σ 管理项目选择标准并批准项目 ◆ 向执行领导报告 6σ 管理的进展情况 ◆ 负责 6σ 管理实施的沟通与协调 ◆ 处理各项目小组之间的重叠和纠纷等
黑带大师（MBB—master black belt）	这是 6σ 管理专家的最高级别，其一般为统计专家。黑带大师的人数很少，只有黑带人数的 1/10	◆ 协助制订组织 6σ 管理的推进战略与计划 ◆ 协助执行领导和倡导者选择与管理 6σ 管理项目 ◆ 协调和指导跨职能的 6σ 管理项目的实施 ◆ 培训和指导黑带与绿带，确保其掌握适用工具和方法 ◆ 确定 6σ 管理衡量标准、项目认证和黑带/绿带认证准则，开发企业 6σ 管理教材
黑带（BB—black belt）	黑带是 6σ 管理变革的中坚力量，从企业内部选拔，负责实施 6σ 管理	◆ 领导 6σ 管理项目团队，实施并完成 6σ 管理项目 ◆ 向团队成员提供 6σ 管理工具与方法相关内容的培训 ◆ 识别改进机会并选择最有效的工具和技术实现改进 ◆ 及时向倡导者和管理层报告 6σ 管理项目的进展情况 ◆ 将通过项目实施获得的知识传递给组织和其他黑带 ◆ 向绿带提供及时的项目指导和关于项目实施的培训 ◆ 向团队传达 6σ 管理理念，建立对 6σ 管理的共识

（续表）

组织结构		工作职责
绿带 （GB—green belt）	绿带是 6σ 管理的执行者，在企业中的人数最多	◆ 分析并解决质量问题 ◆ 参与实施质量的改进 ◆ 负责一些难度较小的 6σ 管理项目

2．各实施阶段的常用工具

6σ 管理每一实施阶段的常用工具如图 7-6 所示。

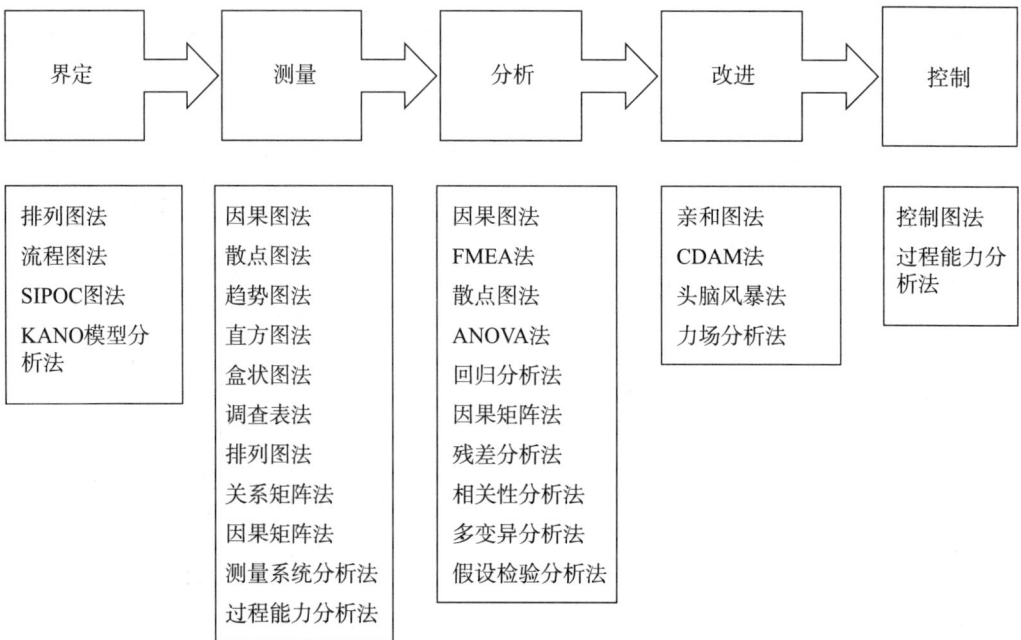

| 界定 | 测量 | 分析 | 改进 | 控制 |

| 排列图法
流程图法
SIPOC图法
KANO模型分析法 | 因果图法
散点图法
趋势图法
直方图法
盒状图法
调查表法
排列图法
关系矩阵法
因果矩阵法
测量系统分析法
过程能力分析法 | 因果图法
FMEA法
散点图法
ANOVA法
回归分析法
因果矩阵法
残差分析法
相关性分析法
多变异分析法
假设检验分析法 | 亲和图法
CDAM法
头脑风暴法
力场分析法 | 控制图法
过程能力分析法 |

图 7-6 6σ 管理各实施阶段的常用工具

7．2．3 6σ 管理改进模式

6σ 业绩改进（DMAIC）模型是实施 6σ 管理的一套操作方法，主要侧重对已有流程的质量改善。该模型现在被广泛认可和使用，是实施 6σ 管理更具操作性的模式。DMAIC 模型如图 7-7 所示。

界定D （Define）	1. 识别客户要求，确定影响客户满意度的事项，找准要解决的问题和核心流程 2. 编制工作任务书，主要内容包括：要特别解决的问题是什么，解决这个问题的限制条件是什么，解决这个问题涉及的范围有多大，团队成员及其职责是什么，DMAIC各阶段的时间安排
测量M （Measure）	1. 收集整理数据，为量化分析做好准备。数据收集方法包括抽样法、调查法等 2. 无论是生产制造流程还是交易流程都有输入和输出。通常把需要输入的东西用X表示，把产生的结果或输出用Y表示。因此，任何流程都可表示成这样一个函数：Y=F(X)，测量就是对关键的Y与X进行数据收集和计量
分析A （Analyze）	1. 分析是运用多种统计分析方法和工具，查找误差产生的根本原因，检测影响结果的潜在变量，找出缺陷发生的最重要根源 2. 影响产品质量和客户满意度的原因可归纳为六大类，即人员、机器、物料、环境、测量、方法等
改进I （Improve）	1. 改进是实现目标的关键步骤，主要是找出提升关键指标和质量特性的最佳解决方案，然后拟定并执行行动计划 2. 这个步骤需不断测试，以观察改善方案是否真能发挥效用，减少错误
控制C （Control）	1. 控制是通过不断的测量，将主要变量的偏差控制在许可的范围内，确保所做的改善能够持续下去 2. 实施控制的手段就是对程序和事项进行不间断的观察并及时采取有效的措施，确保其始终在可控的范围内

图 7-7 DMAIC 模型

7.2.4 6σ 管理应用案例

下面以 ×× 钢铁公司为例，讲述 6σ 管理的应用。

6σ 管理在 ×× 钢铁公司的应用

×× 钢铁公司的核心业务之一是生产高速线材，20×× 年以前生产的产品质量

（续）

达到了较高的质量标准，且产量逐年上升，市场前景良好。然而，自20××年以来，高速线材品种钢的订货量增长缓慢，客户对产品质量异议有所增加。为此，该公司决定采用六西格玛管理改善现状，提高高速线材产品质量，提升客户满意度。

一、组建六西格玛管理项目组

××钢铁公司总经理委任公司副总经理为六西格玛管理项目的总负责人，负责项目的计划、领导和控制工作，并从公司内部选拔3名黑带人员和9名绿带人员，由外部咨询公司为项目组成员提供六西格玛管理知识的相关培训。

二、制定DMAIC方法

项目组按照六西格玛管理的五步循环改进法，开展质量改进工作。

（一）定义客户需求

六西格玛管理质量改善项目的目标是：降低中间轧废率，提高正品率和成材率，快速向客户交付产品，提升客户满意度；目标值为：正品率由目前低于93%提高到高于96%。

（二）评估当前绩效

××钢铁公司先通过抽样调查收集了20××年高速线材轧钢废钢支数的数据，并针对工艺废钢和设备废钢进行了分类统计。经过抽样得到样本总数为416 680件，其中正品数为401 721件，正品率为92.48%，每百万次产品缺陷次数为35 930次，合格率为96.41%，σ绩效值为3.30σ。

由样本数据可知，高速线材一级合格率的σ绩效值为3.30σ，属于中间层次的σ绩效值，亦说明在高速线材提高成材率上还有上升的空间，客户满意度可以进一步提高。同时，项目组成员在分析样本中轧废钢出现原因时发现，设备因素造成的废钢是次要的，占25%，主要的是工艺因素废钢，占75%。为此，该钢铁公司应用六西格玛管理确定：通过降低工艺因素的中间轧废率，提高一级正品率和成材率，目标值为正品率由目前低于93%提高到高于96%（合格率提升到高于99.45%的水平）。

（三）原因分析

六西格玛管理项目组针对工艺因素导致轧废率较高的情况进行分析，认为主要原因包括以下几点。

1. 由于操作人员经常变动，操作水平参差不齐，加上工作态度不认真，责任心不强，是造成堆钢的根本原因。

2．操作人员导卫安装方法不当，造成导卫磨损严重或搭铁，而又不能及时发现处理，是造成堆钢的又一问题。

3．操作人员设置的辊缝不合理，导致的后果有两方面：一方面是辊缝大，轧件尺寸大，进口导卫损坏，堆钢；另一方面是辊缝小，轧件尺寸偏小，下一机架进口导卫不能有效夹持倒坯堆钢。

4．轧件变形量增大，变形阻抗力随之增大，造成辊环局部温度快速升高而爆裂堆钢。

5．由于辊环的安装不正确，错辊，或者在轧制过程中卸压，也是导致堆钢的原因，冷却水中的夹杂，堵塞冷却水管，致使冷却强度降低导致辊环爆裂而堆钢。

6．由于设备问题导致堆钢。例如，立式活套机构故障。侧活套进入口导轮的调整，油气润滑及活套扫描仪不正常也会导致堆钢。

（四）改进措施

针对上述问题，六西格玛管理项目组成员通过讨论后决定采取如下改善措施。

1．实行竞争上岗制度，对岗位实施兼并和优化组合。

2．严格实行经济责任制考核，落实分解责任到岗位和个人。

3．推行和全面实施标准化作业，制定和完善工艺调整办法。

4．在全线岗位推行生产过程控制，落实公司工序控制点的检查。加强轧线各机架间变形量的控制，防止轧件变形阻力过大而堆钢。

5．落实全面设备点检制度。正确安装辊环、导位及冷却水管，并在停机时着重检查。

6．制订长期性培训计划，锻炼大工种作业能力，配合机动。电气人员对立式活套等设备进行检查，确保其工作状态完好。

（五）控制措施

1．成立以车间主任为组长的培训小组，制订详细的培训计划，提高轧钢人员的技术水平。

2．车间技术人员要加大对工作岗位的工艺纪律检查力度，保证生产过程的有效控制。

3．落实上线的备品件的装配到位，导位、水管、辊环质量符合轧线要求，完善统计台账。

4．辊缝设置纳入综合管理，对生产数据整理归档，以方便查找记录。

5．加强控制和抽检，保证活套工作正常。

（续）

6. 安装全线生产过程控制系统，保证轧件走向顺畅。

三、项目实施结果

确定六西格玛改善方案后，××钢铁公司严格执行既定方案，在20××年年底再次进行产品质量抽样检验，共抽样106 046件，正品数为105 770件，正品率为96.33%，每百万次产品缺陷次数为2 555次，合格率为99.74%，σ绩效值为4.30σ。由于六西格玛的成功实施，高速线材轧钢的正品率由92.48%上升到96.33%，工艺废钢比率由75%下降到61%，达到了最初设定的项目目标。

通过六西格玛持续改善项目的实施，高速线材产品质量得到进一步提高，生产成本降低，在增强产品市场竞争力的同时，提高了客户满意度，高速线材产品的订货量持续增长。该项目为××钢铁公司创造效益近2 000万元。

7.3　全面质量管理

7.3.1　全面质量管理实施步骤

实施全面质量管理（Total Quality Management，TQM），需要企业管理层与基层人员配合。质量管理人员对企业质量管理情况进行调查、分析、评估后方可实施TQM。TQM实施步骤如图7-8所示。

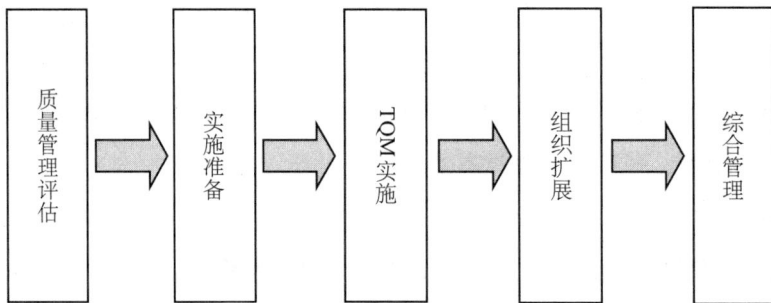

图7-8　TQM实施步骤

1. 质量管理评估

TQM实施前，企业管理层为了能够做出正确的决策，需要全面评估企业的质量状况，了解所有可能的解决问题的方案。

2. 实施准备

企业管理层做出实施TQM决策后，就需要建立相应的管理小组进行准备。

（1）管理层需要学习和研究 TQM，对于质量和质量管理形成正确的认识。

（2）建立组织质量委员会，任命质量主管和成员，培训选中的管理者。

（3）确立质量目标，并制订为实现质量目标所必需的长期计划和短期计划。

（4）选择合适的项目，成立团队，准备作为试点开始实施 TQM。

3．TQM 实施

实施阶段需要进行项目的试点，在试点中逐渐总结经验教训，从而评估试点单位的质量状况。

试点评估主要从四个方面进行：客户忠诚度、不良质量成本、质量管理体系及质量文化。在评估的基础上，企业若发现问题，可以及时进行有针对性的改进。

4．组织扩展

试点成功后，企业可以将 TQM 理念向所有部门和团队扩展。

每个重要的部门和领域都应该设立质量委员会、确定改进项目并建立相应的过程团队，同时对团队运作的情况进行评估。另外，管理层需要对于每个团队的工作情况进行全面的测评，从而确认所取得的效果。

5．综合管理

在经过试点和扩展之后，企业就基本具备了实施 TQM 的能力。为此，企业需要对整个质量管理体系进行整合，通常从目标、人员、业务流程及审核评估这四个方面进行整合和规划。

7．3．2　TQM 常用方法

TQM 常用方法如表 7-4 所示。

表 7-4　TQM 常用方法

常用方法	方法说明
统计分析表法	质量管理讲究科学性，因此对生产过程中的原始质量数据进行统计分析十分重要，为此必须根据岗位的工作特点设计出相应的表格
排列图法	排列图法是找出影响产品质量因素的一种有效方法。采用排列图法进行 TQM 的具体步骤如下 ◆ 收集数据，即在一定时期内收集有关产品质量问题的数据 ◆ 进行分层，列成数据表，即将收集到的数据资料，按不同的问题进行分层处理，每一层也可称为一个项目 ◆ 统计各类问题（或每一项目）反复出现的次数（即频数）；按频数的大小次序，从大到小依次列成数据表，作为计算和做图时的基本依据 ◆ 进行计算，计算出每类问题在总问题中的百分比，然后计算出累计百分数 ◆ 绘制排列图，即根据数据表进行做图。需要注意的是，累计百分率应标在每一项目的右侧，然后从原点开始，点与点之间用直线连接

（续表）

常用方法	方法说明
因果分析图法	因果分析图又称鱼刺图，是寻找质量问题产生原因的一种有效工具。绘制因果分析图时应注意如下事项 ◆ 影响产品质量的原因，通常从五大方面去分析，即人、机器、原材料、加工方法和工作环境 ◆ 讨论时要充分发挥民主性，集思广益。他人发言时，不准打断。各种意见都要记录下来
分层法	◆ 分层法又称分类法，是分析影响质量（或其他问题）原因的方法 ◆ 将收集的数据按照不同的目的加以分类，将性质相同、在同一生产条件下收集的数据归在一起。这样，可使数据反映的事实更明显、更突出，便于找出问题，对症下药
直方图法	◆ 直方图是频数直方图的简称。它用一系列宽度相同、高度不等的长方形表示数据 ◆ 长方形的宽度表示数据范围的间隔，长方形的高度表示在给定间隔内的数据
控制图法	◆ 控制图法是以控制图的形式，判断和预报生产过程中质量状况是否发生波动的一种常用的质量控制统计方法 ◆ 它能直接监视生产过程中的过程质量动态，具有稳定生产、保证质量、积极预防的作用
散布图法	通过分析研究两种因素的数据之间的关系，来控制影响产品质量的相关因素的一种有效方法

7.3.3 TQM 实施方案

企业根据 TQM 实施方案，可以妥善安排 TQM 的实施，确保 TQM 的实施效果。下面是一则 TQM 实施方案，仅供参考。

TQM 实施方案

一、目的

为了保障企业产品质量，强化全员质量管理意识，提升工厂质量管理水平，特制定本方案。

二、推行 TQM 的目标

1. 提升全员质量管理意识。

2. 重视工作计划与 PDCA 循环活动。

3. 把握质量工作重点。

4. 重视生产过程质量管理。

5. 建立通力合作、精诚团结的质量管理团队。

三、推行 TQM 原则

1. 以客户为重的宗旨。

2. 贯彻品质第一的方针。

（续）

3. 强调后工序即是前工序客户的理念。

4. 强调事实。

5. 尊重人性。

6. 注重标准化。

7. 推动 PDCA 循环活动。

8. 强调团队合作。

9. 追求工作品质。

10. 提倡人人管质量、事事重质量。

四、推行组织及职责划分

（一）组织结构划分

1. 由企业总经理组织成立 TQM 推行委员会，委员会设主任委员一名、委员若干名。

2. TQM 推行委员会下设事务组，事务组设总干事一名、助理一名及推行干事若干名。

3. TQM 推行委员会下辖各级 TQM 小组，负责企业各级、各职能的 TQM 推进活动。

（二）职责划分

1. TQM 推行委员会。TQM 推行委员会负责推动本厂全面品质管理的各项活动。

（1）主任委员由总经理担任，负责 TQM 推行办法的核准、决策及批准工作。

（2）委员由各部门负责人担任，主要参与推行 TQM 的计划与方案的研拟，督导本部门 TQM 活动的推行。

2. 事务组。事务组成员由 TQM 推行委员会主任委员任命，主要负责全厂 TQM 活动的推动，组织召开委员会议，以及 TQM 具体事务的指导、策划，问题点的整理与改善推动。

3. 各级 TQM 小组。各级 TQM 小组主要负责各级推动工作的落实，质量意识、观念的宣传与推广。

五、TQM 推进实施计划

TQM 的推进阶段、程序、时间及负责人安排如下表所示。

（续）

<table>
<tr><th colspan="5">TQM 推进实施计划</th></tr>
<tr><th>TQM 推进阶段</th><th>程序</th><th>具体时间</th><th>负责人</th></tr>
<tr><td rowspan="6">准备及
导入阶段</td><td>1. 总经理进行 TQM 导入决议宣言</td><td>___年__月__日～__月__日</td><td>××</td></tr>
<tr><td>2. 成立 TQM 委员会与 TQM 事务组</td><td>___年__月__日～__月__日</td><td>××</td></tr>
<tr><td>3. 确定 TQM 推进的方针和目标</td><td>___年__月__日～__月__日</td><td>××</td></tr>
<tr><td>4. 建立 TQM 各级推进小组</td><td>___年__月__日～__月__日</td><td>××</td></tr>
<tr><td>5. 制订 TQM 推进计划</td><td>___年__月__日～__月__日</td><td>××</td></tr>
<tr><td>6. 进行 TQM 的宣传与培训</td><td>___年__月__日～__月__日</td><td>××</td></tr>
<tr><td rowspan="7">实施阶段</td><td>1. 制定 TQM 相关执行标准</td><td>___年__月__日～__月__日</td><td>××</td></tr>
<tr><td>2. 正式启动 TQM 项目</td><td>___年__月__日～__月__日</td><td>××</td></tr>
<tr><td>3. 各级 TQM 小组按计划开展推进
工作，倡导全员参与质量管理</td><td>___年__月__日～__月__日</td><td>××</td></tr>
<tr><td>4. 组织质量检验工作</td><td>___年__月__日～__月__日</td><td>××</td></tr>
<tr><td>5. 核查与 TQM 相关标准不符合的
项目</td><td>___年__月__日～__月__日</td><td>××</td></tr>
<tr><td>6. 纠正不合格项目</td><td>___年__月__日～__月__日</td><td>××</td></tr>
<tr><td>7. 全面推行 TQM</td><td>___年__月__日～__月__日</td><td>××</td></tr>
<tr><td rowspan="2">改进阶段</td><td>1. 组织领导层进行 TQM 核查</td><td>___年__月__日～__月__日</td><td>××</td></tr>
<tr><td>2. TQM 的持续改进</td><td>___年__月__日～__月__日</td><td>××</td></tr>
</table>

六、奖励措施

1. 企业将对在 TQM 推进工作中表现良好的员工给予奖励。

2. TQM 推进过程中的质量检验结果将与绩效工资、职务晋升挂钩，具体应依据员工绩效考核制度执行。

7.4 其他管理工具

7.4.1 统计过程控制

统计过程控制（Statistical Process Control，SPC）是一种借助数理统计方法对过程的各个阶段进行监控，对过程的异常趋势提出预警，使过程维持在仅受随机性因素影响的受控状态，从而达到质量保证与改进的目的。SPC 是全系统的、全过程的，要求全员参加，其强调用科学方法（主要是统计技术，尤其是控制图法）来保证全过程的预防。

1．SPC 适用情况

SPC 强调全过程监控、全系统参与，并且强调用统计技术来保证全过程的预防。在质量管理领域，SPC 可帮助企业在质量控制上真正做到"事前"预防和控制，具体适用情况如下。

（1）保证工艺过程的统计处于受控状态时。

（2）用于评估评定生产线、单道工序是否处于受控状态，适用于生产线认证时。

（3）对过程做出可靠的评估时。

（4）确定过程的统计控制界限，判断过程是否失控时。

（5）为过程提供一个早期报警系统，及时监控具体情况，以防止废品产生时。

（6）减少对常规检验的依赖性，定时观察及系统的测量方法替代了大量的检测和验证工作时。

值得一提的是，SPC 不仅用于生产过程，而且可用于服务过程和一切管理过程。

2．SPC 应用案例

下面是 SPC 在物流企业的应用案例，仅供参考。

SPC 在 ×× 物流企业的应用

一、分析影响物流质量的因素

×× 物流企业对管理作业流程（包括运输、仓储、装卸搬运、流通加工、信息处理等环节）进行了梳理，其认为物流服务的质量取决于 3M1E，即人（man）、机器设备（machine）、工作方法（method）、环境（environment）。

二、SPC 实施准备工作

1．管理层的认同与支持。

2．对相关人员进行 SPC 培训。

三、物流系统设计

企业在物流系统中使用 SPC 对过程进行监控的前提是，需将质量管理纳入系统设计的一个必要的组成部分，详细分析整个物流过程，对物流系统各个环节进行考察，找出它们之间的联系和影响，并分析每个物流环节输出的影响因素。

企业组织 SPC 实施小组与相关人员编制质量统计的各种表格，在物流的各个环节设置专门的人员进行质量统计，购置必要的设施等。

四、选择受控质量特性

系统设计完成以后，需明确物流各环节中的受控质量特性。

（续）

1. 重要的、关键的环节，如运输时间、缺货率等。

2. 质量不稳定的环节，如配送环节。

3. 关键、重要特性参数，如配货的差错率。

4. 经常出现问题的质量特性，如装卸搬运中的货损率等。

五、建立标准

企业结合物流战略和客户服务要求的分析，对于选定的质量特性参数，确定既能服务企业物流营销战略又能满足客户需求的评价标准。

六、实施过程及获得基础数据

通过物流系统的运转取得实际的营运数据，企业在实际的运转数据中取得衡量系统绩效的基础数据，并利用各种统计工具进行统计，为下一步的过程分析提供依据。

七、SPC 分析与调整

1. SPC 分析

取得统计的原始数据后，SPC 提出以下问题。

（1）指标是否在控制中（即所有的衡量指标都落在均值合理的范围内并服从正态分布）？

（2）过程是否可行（观测到的变化是否比预先指定的范围要小）？

（3）衡量指标是否符合标准？

只有当三个问题的答案都为是的时候，这个过程才能说是在控制中。

2. 过程控制与调整

（1）如果某作业不符合正态分布，说明该作业环节还没有进入统计控制状态，过程状态不稳定，需要进行原因分析，找出不稳定因素。

（2）确定过程处于统计稳定状态之后，还要看是否符合企业所设立的质量特性标准，如果在控制图中变化的范围超出了标准，则说明目前的人员、设备、环境或操作的方法不能满足企业对物流质量的要求，需要经过具体分析，在某个或多个方面进行加强。

（3）如果控制图的变化范围远小于标准，则说明目前作业中的某些条件还可以放宽，可以进一步缩减成本。

7．4．2 测量系统分析

测量系统分析（Measurement Systems Analysis，MSA）是使用数理统计和图表对测量系统的分辨率与误差进行分析，以评估被测量的参数是否合适，并确定测量系统误差的主要成分的方法。测量系统是用来获得测量结果的整个过程，它包括计量器具、标准、操作、方法、软件、人员、环境等。

1．MSA 的适用情况

MSA 作为质量管理中的一种重要方法，其主要应用于以下六种情况。

（1）在新产品试生产阶段，利用 MSA 减少测量系统对生产结果的影响时。

（2）借助 MSA 提供相关信息，计算测量过程变差和一个生产过程的可接受水平时。

（3）当出现测量系统不稳定、测量结果波动大等情况，采用 MSA 时。

（4）对同类型的不同计量器具的稳定性和准确性进行比较时。

（5）判断是否需要对计量器具进行维修或更新时。

（6）绘制量具性能曲线时。

2．MSA 应用的注意事项

企业在应用 MSA 过程中需注意以下六点事项。

（1）使用 MSA 时，样品必须选自稳定的生产过程并且能够代表整个生产水平。

（2）使用 MSA 时，计量器具应具有足够分辨率，其分辨率最少应是被测对象公差和过程变差两者之间较小者的十分之一，并且计量器具在使用前要按照操作规程进行校准。

（3）使用 MSA 时，评价人应能熟练使用计量器具；评价人不受测量目的影响，客观地反映测量对象的真实情况。

（4）在重复性的条件下，测量系统的变异原因只能是由普通原因（如计量器具磨损严重、使用错误的计量器具、环境变化等）造成的。

（5）测量系统的变差应小于产品的公差带。

（6）测量系统的变异性应小于生产过程的变异性。

3．MSA 应用案例

××工厂零件检验部门关于 MSA 的应用实例如下，仅供参考。

××工厂零件检验部门关于 MSA 的应用实例

××工厂的零件检验部门决定对本部门所使用的测量系统的重复性进行研究。

一、数据收集

本次检验活动由两位评价人用同一量具重复测量 5 个零件，每个零件各测 3 次，

（续）

测量结果记录在数据测定结果表中，具体如下表所示。

数据测定结果

试验零件	评价人甲					评价人乙				
	第一次	第二次	第三次	第四次	第五次	第一次	第二次	第三次	第四次	第五次
1	217	220	217	214	216	216	216	216	216	220
2	216	216	216	212	219	219	216	215	212	220
3	216	218	216	212	220	220	220	216	212	220
平均值$\overline{X}$	216.3	218.0	216.3	212.7	218.3	218.3	217.3	215.7	213.3	216.9
总平均值$\overline{\overline{X}}$	216.3					216.9				
极差平均值$\overline{R}$	1.0	4.0	1.0	2.0	4.0	4.0	4.0	1.0	4.0	0.0

二、计算控制界限

由重复性次数（$n=3$）查均值—极差系数表，得 $D_3=0$，$D_4=2.574$，10个极差的平均值 =25/10=2.5，于是 R 图的上下控制界限为：

$$UCL=D_4 \times \overline{R} =2.5 \times 2.575=6.4，LCL=D_3 \times \overline{R} =0$$

绘制重复性极差控制图如下图所示。

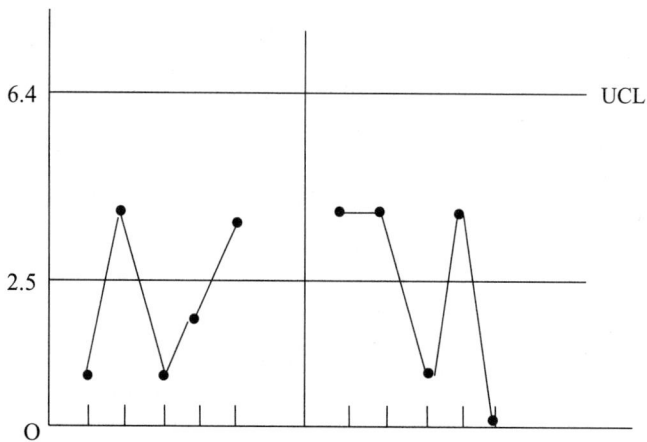

重复性极差控制图

三、做出判断

综上可知，所有极差都受控，所以测量过程是稳定的。若有一位评价人出现失控现象，则说明他的操作方法与其他评价人不同，需要改进。若所有评价人都有失控现象出现，则量具对评价人的技术是敏感的，需要改进量具以获得有用的数据。

7.4.3 失效模式和效果分析

失效模式和效果分析（Failure Mode and Effects Analysis，FMEA）是一种用来确定潜在失效模式及其后果的分析方法。

作为一种可靠性分析技术，FMEA 可以推动设计过程、制造过程或服务过程进行深层次的质量改进。具体来说，通过实行 FMEA，可在产品设计或生产工艺真正实现之前发现产品的缺陷，可在大批量生产之前确定产品缺陷并及时消除。

1. FMEA 的实施步骤

FMEA 的实施步骤如图 7-9 所示。

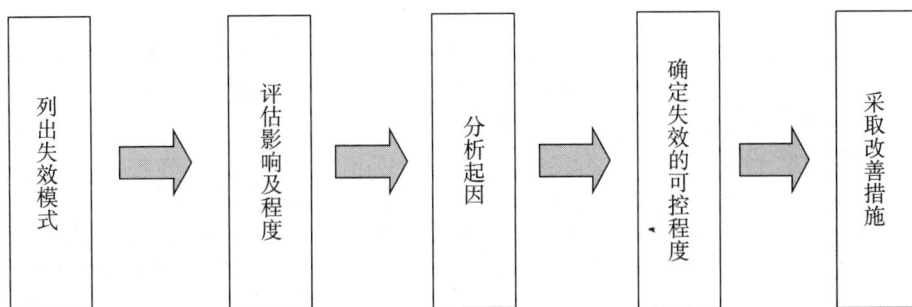

图 7-9 FMEA 的实施步骤

（1）列出失效模式

确定产品设计或生产过程中所有可能产生的失效模式或潜在缺点项目。

（2）评估影响及程度

评估每个失效模式可能产生的影响及影响的严重程度。

（3）分析起因

分析每个失效模式的起因及其发生可能性的大小。

（4）确定失效的可控程度

找出减少失效模式发生的控制变量，由此确定一个失效模式的可控程度，也称为不易探测度，将频度（O）、不易探测度（D）和严重度（S）的结果综合并进行风险评估，用 RPN（风险指标）表示：$RPN = O \times D \times S$。

（5）采取改善措施

根据风险评估的结果，制定具体的针对失效模式的措施。

2. FMEA 样例

在进行失效模式及其影响的分析过程中，可以设计相关表单作为分析工具，具体如表 7-5 所示。

表 7-5　进行失效模式及其影响分析的样例

序号	工序	失效模式	现有措施	采取措施前的评估				建议措施	实际措施	采取措施后的效果		
				严重程度（S）	发生频度（O_1）	检测难度（D_1）	风险系数（RPN_1）			发生频度（O_2）	检测难度（D_2）	风险系数（RPN_2）
备注	1. $RPN_1 = S \times O_1 \times D_1$，$RPN_2 = S \times O_2 \times D_2$ 2. 在设计失效模式及其影响中，发生频度（O）是以在计划的最短寿命期间发生的故障为依据；在工艺失效模式及其影响中，它以工序能力指数为基础。发生频度的评价范围为 1 ~ 10 分，可以按照"不可能""很小""小""比较大""大"五级分配分数，发生频度越高，得分越高 3. 严重程度（S）是指判断产品交付客户后故障影响的严重程度。在设计失效模式及其影响中，需站在产品最终使用者的立场进行评价；在工艺失效模式及其影响中，需站在下道工序操作者的立场评价，故障的严重程度分为"特别严重故障""严重故障""中等严重故障""轻微故障""几乎无故障"五级，分数范围为 1 ~ 10 分，严重程度越高，得分越高 4. 检测难度（D）是指产品交付客户后估计发现故障的概率。评分范围为 1 ~ 10 分，可分为"大""中等""小""很小""几乎不可能"五个级别，检测难度越大，得分越高											

7.4.4　产品质量先期策划

产品质量先期策划（Advanced Product Quality Planning，APQP）是新产品投入量产之前所进行的策划。通过策划，制定具体的要求，掌握必要信息，识别早期更改，避免晚期更改，确保新产品的设计质量与制造质量。

APQP 的实施主线是：识别将客户的需求转换为产品和过程的特殊特性；对特殊特性的控制进行先期策划，避免晚期更改。

1. APQP 五大步骤

APQP 是一种结构化的产品及过程设计开发方法，内容上包括五个在时间上相互叠加的步骤。其核心目的是通过一系列工具或方法来降低产品及过程的风险。

（1）计划和定义。计划阶段要做的是找到细分市场，定义好客户的需要并据此制订初步的商业计划。供应商则需要识别客户需求，如质量、产能、项目时间等，并据此制订相应项目计划。

（2）产品设计及开发。此阶段的产品图纸接近于最终状态，产品的几何尺寸、设计特征、公差等基本确定并通过正式的设计评审。

（3）过程设计及开发。此阶段为设计制造过程阶段，即确定通过什么样的工艺、工装、设备将产品制造出来并且满足质量、产能节拍等各项要求。制造过程是指量产过程而非样件制作过程。

（4）产品及过程验证。此阶段为试运行阶段，即是否可以生产出满足客户要求的东西，以确定是否真的满足了质量和产能要求。

（5）反馈评估及纠正。验证通过则意味着零件可以批量供货了，但由于刚刚进入批量生产，产品质量及生产节奏还未保证，需要一个改善提升的过程，这个过程一般需要花费 3 ~ 6 个月的时间。

2．APQP 应用的注意事项

（1）APQP 文档是跨部门小组讨论的结果，不是某个人或某个部门编制的，因此开展 APQP 时，应注意发挥跨部门小组的作用。

（2）开展 APQP 时，要注意运用 FMEA 工具，识别潜在风险，发现改进机会。

（3）开展 APQP 时，要充分识别产品和过程的特殊特性，并须体现在流程图、FMEA、控制计划、作业指导书、设计和工程图纸中。

（4）运用 MSA、CPK 分析工具进行 APQP 时，要确保测量系统和生产过程的稳定性，减少变差，并确保产品质量的一致性。

7．4．5　生产件批准程序

生产件批准程序（Production Part Approval Process，PPAP）是指供方按照客户要求提交生产件并获得客户批准认可的过程。

制定 PPAP 的目的是确定供方是否已经正确理解了客户工程设计记录和规范的所有要求，并且在实际生产过程中，具有持续满足这些要求的潜能。

1．PPAP 的适用情况

PPAP 适用于下列五种情况。

（1）在质量管理过程中判断供方是否已经正确理解了客户工程设计记录和规范的要求。

（2）判断供方在实际生产中是否有能力按照客户规定的生产效率组织生产活动。

（3）在标准产品制作时或服务性行业的整个作业过程中。

（4）在供方预防产品缺陷并进行持续性产品质量改进时。

（5）散装材料、生产材料、生产件或维修件的内部和外部供方现场。

另外，PPAP 是实施 APQP、实现客户要求的关键过程。

2．PPAP 应用要点

实施 PPAP 时，应注意以下要点。

（1）供方提供 PPAP 资料的等级由客户决定。如果客户没有指定，则供方应默认等级 3 为提交等级。

（2）在 PPAP 中，用于生产件批准的零件必须取自稳定有效的生产过程。通常选取连续稳定生产 1～8 个小时，并且最少生产 300 个零件的生产过程。该过程必须是使用实际生产环境中的工装、量具、过程、材料和操作人员在生产现场进行生产。

（3）供方必须按照客户的要求提交产品样品。在提交样品的同时，供方应保存一件标准样品，该标准样品与生产件批准记录保存时间相同，并标识该标准样品，记录该标准样品的保存时间和客户批准的日期。

（4）供方在提交 PPAP 时，根据产品的情况选择合适的提交项目，记录并保存 PPAP 提交资料。

（5）除非客户同意，否则，每个批次的产品都必须对应独立的产品认可证书。

（6）供方所有的检查和测试都要求在获得认可的商业性或独立实验室完成。供方提供的报告必须是带有实验室名称、实验标准、实验日期和实验结果的正规实验室结果检测报告。

（7）对于所有的计量器具，供方都应进行 MSA 分析，并提供相应的量具的线性、量具的偏倚和量具重现性与再现性报告。

（8）提交 PPAP 时的所有样品和资料都要内审。当客户有要求时，技术开发部按照客户要求内审；当客户未做要求时，技术开发部应按照生产件批准手册进行内审。

（9）要妥善保存样品和资料，样品保存的时间为样品的使用时间再加上 1 个日历年的时间。

（10）散装材料不要求 PPAP，除非客户有要求。

3．PPAP 应用案例

供方在生产新的零件或产品时，必须向客户提供 PPAP 资料和样品。以下为 ×× 金属冶炼工厂在开拓市场、生产新产品的时候应用 PPAP 的实例。

×× 金属冶炼工厂关于 PPAP 的使用实例

×× 金属冶炼工厂（供方）为了开拓市场，力争成为 ×× 化工机械集团公司（需方）的供应商，经双方洽谈后，该冶炼工厂将为 ×× 化工机械集团公司生产新产品 A。现 ×× 化工机械集团公司通知该冶炼工厂提供关于产品 A 的 PPAP 资料。

一、PPAP 资料准备

该冶炼工厂生产的新产品 A 为铝合金锭，不属于供应散装材料的供方，根据

（续）

PPAP要求及××化工机械集团公司的通知内容，该冶炼工厂将以等级3为默认等级，进行全部资料提交，并拟定提交清单交给相关部门进行准备工作，清单内容如下表所示。

×× 金属冶炼工厂 PPAP 3 级提交清单

序号	项目	编号	责任部门
1	零件提交保证书		
2	外观件批准报告		
3	样本		
4	技术工艺要求		
5	质量检验结果		
6	特殊检查辅具		
7	材料试验结果		
8	过程流程图		
9	过程 FMEA		
10	控制计划		
11	过程能力研究		
12	测量系统分析		
13	设计工程批准		

二、PPAP 资料提交与批准

该金属冶炼工厂的工程质检部在规定时间内将 PPAP 资料与样品提交到 ×× 化工机械集团公司，并获得了完全批准，因此该金属冶炼工厂将按照具体洽谈结果和合同规定生产新产品 A。

第8章
全方位质量成本管控

8.1 质量成本预算

8.1.1 质量成本的内容

质量成本是指保证和提高产品质量而付出的一切费用及产品质量未达到标准而造成的损失的总和。质量成本的主要内容如表8-1所示。

表8-1 质量成本的主要内容

成本内容	主要成本项目	成本内容	主要成本项目
预防成本	质量计划和管理费	内部损失成本	废品损失
	质量培训教育费		停工损失
	质量奖励费		事故分析处理费
	新产品评审费		返修损失
	质量改进措施费		产品降级损失
	工资及福利奖金		复检费用
鉴定成本	检测试验费	外部损失成本	索赔费用
	行政办公费		退货损失
	检测设备维修和折旧费		保修费用
	工资及福利奖金		产品降价损失
	——		诉讼费
	——		缺陷产品召回费

8.1.2 质量成本预算方法

质量成本的预算方法大致可分为定性预算法和定量预算法两大类。定性预算法具体包括讨论法、德尔菲法和个人预算法；定量预算法具体包括水平对比预算法、时间序列分析法、变动趋势分析法、平均值法、移动平均法、因果分析法和目标预算法。

1. 定性预算法

定性预算法具体包括三种方法，如表8-2所示。

表8-2　定性预算法

定性预算法	内容	特点
讨论法	召集与质量成本相关的一线操作人员组成讨论小组，对质量成本预算目标进行讨论，提出自己的意见，由专人对会议进行记录，并进行整理、汇总和分析	一线操作人员掌握第一手数据，意见更具体准确，易于操作
	组织质检部经理、技术专家、财务部经理、生产部经理、销售部经理等就掌握的质量方面的资料进行综合分析，做出较为客观的判断	人员层次更高，能够站在更高的角度考虑问题
德尔菲法	将预算问题用信函的方式送至各个专家手中，要求他们提出个人意见。企业收齐专家送回的意见后进行归纳整理形成预算方案草稿，再次寄给专家，请他们发表意见，如此反复，直到意见统一为止	可以获得各种不同的、有价值的成本预算方案
个人预算法	预算者在掌握质量成本及相关资料的基础上，利用质量成本的历史数据分析预算对象的变化趋势，并参考竞争对手的数据，对质量成本做出预算	投入人力少，预算成本低，预算结果具有主观性

2. 定量预算法

定量预算法具体包括七种方法，如表8-3所示。

表8-3　定量预算法

定量预算法	内容	特点
水平对比预算法	在产品性能、质量、成本各方面与优秀企业进行比较、分析和度量，并采取改进措施	可以与优秀企业或本企业历史最好水平对比，但应注意可比性
时间序列分析法	根据取得的时间序列数据，通过曲线拟合和参数估计建立数学模型，从而预算时间序列的将来值的方法。时间序列法分为时间序列水平分析法和时间序列速度分析法	在产品、生产线和设备没有发生较大变化的情况下适用，一旦发生变化，单纯用时间序列分析法就会影响预算结果的准确性
变动趋势分析法	观察产值的最高点、最低点和质量成本的最高点、最低点之间固定费用支出和变动费用支出所占的比例，用该比例测算质量成本的一种分析方法	适用于质量成本具有规律性的产品，不适用质量成本变动受一些无法控制的因素影响较大的产品

（续表）

定量预算法	内容	特点
平均值法	直接用时间序列的全部数据的算术平均值作为下一个数据点的预算值的一种方法	主要用于常数序列
移动平均法	用一组最近的实际数据值来预算未来一期或几期数据的方法。根据预算时使用的各元素的权重不同，移动平均法分为简单移动平均法和加权移动平均法	质量成本既不快速增长也不快速下降且不存在季节性因素时，移动平均法能有效地消除预算中的随机波动
因果分析法	利用事物发展的因果关系推测事物发展的趋势的一种方法	适用于某些变量之间没有确定的函数关系和比例关系，但存在一定的依赖关系的情况
目标预算法	根据目标值，自上而下对如何实现目标进行预算，核心是将目标分解	适用面较广

8．1．3 质量成本预算步骤

质量成本预算是企业质量成本控制中的核心工作，只有持续增强成本预算，才能有效实施成本控制。质量成本预算步骤如图 8-1 所示。

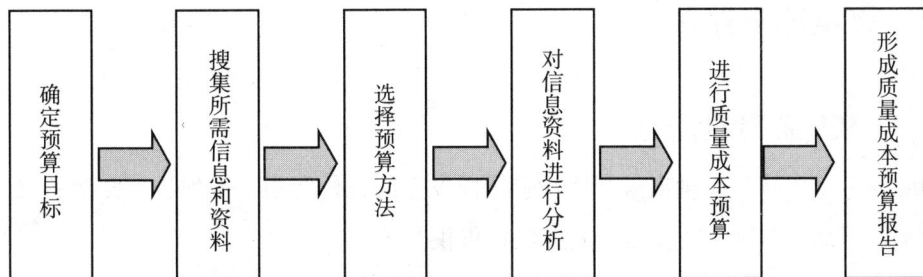

图 8-1 质量成本预算步骤

1．确定预算目标

质量成本目标应根据企业的发展战略、经营目标和质量目标确定，而且应具体、详细、可以度量。

2．搜集所需信息和资料

相关资料包括用户资料、竞争对手资料、企业资料、技术性资料及国家或地方关于产品质量的政策。

3．选择预算方法

企业应根据经营范围、产品特点和以往经验等选择合适的质量成本预算方法。质量成本预算方法在上一节中已做详细介绍，在此不再赘述。

4．对信息资料进行分析

对搜集到的资料进行整理分析，从中寻找质量成本变化的规律、用户需求的规律、质量成本不同构成要素之间相互作用的规律等，做出客观判断。

5．进行质量成本预算

运用确定的预算方法进行质量成本预算并对预算结果进行测试、分析，对预算方法进行改进。

6．形成质量成本预算报告

质量成本预算报告应包括以下内容：预算对象、预算依据、预算方法、数学模型、预算结果、达到结果的有效途径、不确定性因素等。

质量成本预算管理制度，扫描下方二维码即可查看。

8.2　质量成本控制

8.2.1　预防成本控制办法

预防成本是为减少质量损失和检验费用而发生的各种费用，是预防不良产品或服务产生的成本。下面是一则预防成本控制办法，仅供参考。

预防成本控制办法
第1章　总则
第1条　目的 为了加强对质量预防成本的控制和管理工作，合理减少预防成本，保证产品质量，特制定本办法。 第2条　适用范围 本办法适用于企业质量预防成本的管理与控制工作。 第3条　预防成本的控制原则 预防成本的控制原则如下。 1．质量第一原则 控制产品的质量成本是以保证产品质量为前提的，应把质量放在第一位，在满足客户对产品质量要求的前提下，降低产品质量成本，提高效益。 2．全面控制原则 全员控制和全过程控制相结合，全体员工都要有质量成本控制意识。

（续）

3．相对控制原则

预防成本的投入有助于降低内部和外部损失成本，工厂应根据生产过程的实际情况和质量损失的发生状况对预防成本实施适度控制。

第 4 条　定义

质量预防成本是指为了保证产品质量的稳定性，控制工序质量，减少故障损失而采取措施所发生的各项费用。

第 2 章　预防成本构成

第 5 条　质量管理人员人工费用

质量管理部门、客服部门相关人员的工资、福利费用、社会保障费用等。

第 6 条　质量宣传费用

为保证产品质量、提高工厂声誉，对外宣传产品所发生的费用。

第 7 条　质量评审费用

为本工厂产品质量审核、质量管理体系评审、产品投产前进行质量评审等支付的费用。

第 8 条　质量培训费用

为提高员工的质量意识和质量管理的业务水平，开展培训所支付的费用。

第 9 条　质量改进费用

工厂实施质量改进而花费的费用，如为改进质量而购买设备、工具等产生的费用。

第 3 章　预防成本的控制措施

第 10 条　质量管理人员人工费用的控制措施

为了控制质量管理人员的人工费用，企业需要提高员工工作能力，对员工进行合理分工，减少部门冗余人员。

第 11 条　质量宣传费用的控制措施

为了控制质量宣传费用，企业需要合理设计工厂宣传活动，开发低成本、成效大的宣传方式。

第 12 条　质量评审费用的控制措施

为了控制质量评审费用，企业需要做到以下四点。

1．制定评审咨询费用预算。

2．在广泛询价的基础上选择性价比高的第三方评审机构。

3．充分做好评审准备工作，争取一次性通过评审，避免发生二次评审费用。

4．对审核中提出的缺陷在限期内有效改正，及时向评审机构申报，避免发生多次评审费用。

第 13 条　质量培训费用的控制措施

为了控制质量培训费用，企业需要做到以下两点。

1．加强预算管理。所有培训项目应遵循"先预算、后使用，先审批、后执行"的原则，各部门需明确本年度部门的质量培训计划，并进行费用预算，报人力资源部审批。

2．严格报销管理。质量培训费的报销要严格按照工厂财务审批流程执行，报销时要列明培训项目，并提供培训项目申报表、培训合同、费用发票等凭证；预算外的质量培训费报销需报总经理或董事长审批。

第 14 条　质量改进费用的控制措施

为了控制质量改进费用，企业需要做到以下三点。

1．加强样本试制阶段的工艺评审，及时发现和纠正工艺设计缺陷。

2．开展重点工艺评审，对关键工序、特殊工艺的正确性、完整性，新材料、新技术的可行性、可靠性进行论证。

3．在重点评审的基础上，扩大工艺评审的范围，如批量生产的工序能力，对影响产品质量的人、机、料等各环节的控制等。

（续）

第4章 附则
第15条 编制单位
本办法由质量管理部负责编制、解释与修订。
第16条 生效时间
本办法自××××年××月××日起生效。

8.2.2 鉴定成本控制办法

鉴定成本是按照质量标准对原材料、半成品和产成品的质量进行测试、评定和检验所发生的各项费用。企业通过实施鉴定，能够尽快发现不符合质量标准的产品，避免损失的延续。下面是一则鉴定成本控制办法，仅供参考。

鉴定成本控制办法
第1章 总则
第1条 目的
为了加强对鉴定成本的控制和管理工作，合理降低鉴定成本，根据本企业的实际情况及产品质量要求，特制定本办法。
第2条 适用范围
本办法适用于企业质量鉴定成本的管理与控制工作。
第3条 鉴定成本控制原则
鉴定成本控制原则包括质量第一原则、相对控制原则和全面控制原则。
第4条 鉴定成本的定义
鉴定成本是指为检验和评定产品质量而发生的各种费用。
第2章 鉴定成本构成
第5条 检验人员人工费用
检验人员人工费用是指企业从事质量试验和检验的人员的工资和福利费用、社会保障费用等。
第6条 试验检验费用
试验检验费用是指企业对外购原材料、零部件、构件的复验及按规定的质量要求进行试验所支付的费用，以及外请规划人员对在建工程的测量、定位验收所支付的费用。
第7条 检验设备购置、维修、校验和折旧等费用
该费用是指企业用于质量试验、测量、检验的设备、仪器等的购置、维修和校验费用、折旧费用，以及低值器具的购置费用等。
第3章 预防成本的控制措施
第8条 检验人员人工费用的控制措施
为了控制检验人员的人工费用，企业可以开展技能培训，提高员工的胜任能力，并对员工进行合理分工，减少部门内冗余人员。
第9条 试验检验费用的控制措施
为了控制试验检验费用，企业需要严格按照检测规范对原材料、在制品、半成品和产成品进行比例抽检或全检，防止不合理的再检、多次检测造成不必要的人力和物力浪费，导致重复检测费的不正常增长。

（续）

第 10 条　检验设备购置、维修、校验和折旧等费用的控制措施

为了做好检验设备购置、维修、校验和折旧等费用的控制，设备管理人员需要做好检测设备的维护保养工作；校验部门应定期或不定期地检查设备的使用情况，对使用人员予以指导或培训，防止错误操作或野蛮操作造成检测设备损坏，形成非预期的校准费用。

第 4 章　附则

第 11 条　编制单位

本办法由质量管理部负责编制、解释与修订。

第 12 条　生效时间

本办法自××××年××月××日起生效。

8．2．3　内部缺陷成本控制办法

内部缺陷成本是指产品在出厂前由于发生品质缺陷而造成的损失，以及为处理品质缺陷所产生的费用。下面是一则内部缺陷成本控制办法，仅供参考。

内部缺陷成本控制办法
第 1 章　总则
第 1 条　目的
为了加强产品内部缺陷成本的控制和管理工作，有效降低内部缺陷成本和产品质量成本，结合本企业的实际情况，特制定本办法。
第 2 条　适用范围
本办法适用于企业内部缺陷成本的管理与控制工作。
第 3 条　内部缺陷成本控制原则
内部缺陷成本控制原则包括质量第一原则、全面控制原则和绝对控制原则。
第 4 条　定义
内部缺陷成本是指产品在出厂前由于发生质量问题而造成的损失，以及为处理质量问题所产生的费用。
第 2 章　内部缺陷成本构成
第 5 条　废品损失费
废品损失费是指因产成品、半成品、在制品达不到质量要求且无法修复或在经济上不值得修复造成报废所损失的费用，以及外购元器件、零部件、原材料在采购、运输、仓储、筛选等过程中因质量问题所损失的费用。
第 6 条　返工返修费
返工返修费是指为修复不合格产品并使之达到质量要求所支付的费用，包括返工返修所消耗的人工费及使用的原材料费、燃料动力费等。
第 7 条　停工损失费
停工损失费是指在生产过程中因质量问题造成停工所损失的费用，具体包括生产车间或车间内某个班组停工期间损失的净产值，以及在停工期内发生的各项费用，如停工期内支付的生产工人的工资和列支的福利费、所耗燃料和劳务费，以及负担的其他制造费用。
第 8 条　降级损失费
降级损失费是指因产品未满足优质品标准而降级所产生的相关费用。

（续）

第9条　质量事故处理费

质量事故处理费是指对已发生的质量事故进行分析处理所产生的各种费用。

第3章　内部缺陷成本的控制措施

第10条　废品损失费的控制措施

1．加强开工前的检验、检查工作。

2．加强人员培训工作，保证人员具备操作资格和质量意识。

3．加强过程的测量统计与改进。

4．对产品设备自备用品库，对可以维修且有维修价值的产品进行单独管理，以备后续使用。

5．严格制定报废流程及报废审批制度，防范和监督因不合格的报废行为而产生的废品损失费。

第11条　返工维修费的控制措施

1．在产品试制完成后、量产前，企业须组织对产品流程进行全方位探查和审视，从产品设计环节及操作人员、机器设备和工艺装备、原材料、作业指导书、生产环境等多个生产环节进行不良原因分析，尽量使产品的所有缺陷在大批量生产之前暴露出来，减少量产之后大量产品发生返工返修的可能。

2．生产部和质量管理部要严格执行检验规范，发现问题及时处理。

3．改善产品防护措施和产品存储环境，降低此类可改善差错导致损失的可能性。

4．生产部应对通常情况下维持在一定、可接受范围内的人为差错、材料品质问题、设备出错导致的产品异常，及时进行记录和定期整理，以及早发现大规模品质问题，降低出现大批量返工返修的可能性。

第12条　停工损失费的控制措施

1．做好火灾预防工作。

2．在厂区内铺设通畅的排水管道，可以缓解小范围水灾事故，减少停工损失费。

3．对生产过程中必须使用的通用型原材料、燃料、辅助材料、水等物资设置安全库存并定期检查，有效缓解发生缺料突发状况，在短期内不影响生产。

4．对生产线的机器设备进行定期的维护保养，与设备供应商的售后服务人员保持通畅联系。就如何检查和排除设备故障，对生产线设备操作人员或相关技术人员进行培训，减少因设备故障导致停工的可能性。

5．控制来料质量，准备换线方案，确保生产线持续运行，避免生产线停工带来的损失。

6．当发生停工时，相关责任单位负责人应立即向上级主管报告，并配合相关部门和人员的调查工作，分析停工原因，争取尽快恢复生产，减少损失。

第13条　降级损失费的控制措施

1．生产部应重点关注对加工有严格时间要求的产品，一旦发现品质异常，生产部就应立即组织相关人员或相关部门对不良产品进行及时、妥善的处理，防止由于拖延时间过长而导致产品性态改变，超出可返工返修、可改善、可重新达到较高质量等级的期限。

2．质量管理部主要针对在生产环节发生的大批量的、非偶发原因的产品降级进行记录和追踪，分析产生高额降级损失的原因，并监督相关部门进行改善，防止同类型降级损失费再次发生。

3．在品质异常产品进入销售环节之前或销售过程中，维修部门应平衡节约维修费用和提高产品维修效果的关系，以提高产品品质等级为主，结合节约维修成本的观念进行维修作业，达到减免降级损失费的目的。

第14条　质量事故处理费的控制措施

1．研发部和生产部是发生设计、生产类质量事故的主要责任部门，其应主动配合事故处理人员分析调查事故发生的原因，并提出相应的改善对策，同时对事故的处理结论进行追踪和存档，以及将重大事故作为培训案例通报整个部门，达到避免同类质量事故再发、减少质量事故处理费的目的。

2．质量管理部负责与原材料供应商进行及时沟通，要求其提出快速有效的处理和改善措施，以降低企业的质量事故处理费。

3. 质量管理部应与采购部一起对供应商进行评价，监督供应商来料品质，避免同类质量事故再次发生，控制质量事故处理费。

4. 质量管理部应制定事故处理责任制，设置关键业绩指标，对事故处理的时间进度、反馈、结案率等做出严格要求，减少质量事故拖延的时间和为相关单位带来的处理成本。

第 4 章　附则

第 15 条　编制单位

本办法由质量管理部负责编制、解释与修订。

第 16 条　生效时间

本办法自××××年××月××日起生效。

8．2．4　外部缺陷成本控制办法

外部缺陷成本是指产品出售后因质量问题而产生的一切损失和费用，如索赔损失、违约损失和"三包"损失等。下面是一则外部缺陷成本控制办法，仅供参考。

外部缺陷成本控制办法

第 1 章　总则

第 1 条　目的

为了加强产品外部缺陷成本的管理和控制工作，减少外部缺陷成本，满足客户需求，不断提高客户满意度，特制定本办法。

第 2 条　适用范围

本办法适用于企业外部缺陷成本的管理与控制工作。

第 3 条　定义

外部缺陷成本是指产品出售后因质量问题而产生的一切损失和费用。

第 2 章　外部缺陷成本构成

第 4 条　保修费用

保修费用是指根据保修合同规定或在保修期内，为客户提供修理服务所支付的费用。

第 5 条　退货损失费

退货损失费是指产品交付后，由于质量问题、替代品竞争、客户自身原因等造成客户退货、换货，给企业造成的收入损失及其支付的全部费用。

第 6 条　折价损失费

折价损失费是指因产品存在轻微缺陷未达到规定的质量等级，但产品的主要性能均达到相应的质量要求而在销售过程中需折价处理所发生的销售收入损失。

第 7 条　质量索赔费

质量索赔费是指产品出产后，因产品质量未达到标准，对客户的生产、生活、人身安全造成伤害或不良影响，企业对客户提出的申诉进行赔偿、处理所支付的费用，包括支付客户的赔偿金、索赔处理费及应诉所发生的差旅费、诉讼费等。

第 3 章　外部缺陷成本的控制措施

第 8 条　保修费用的控制措施

1. 产品售后服务部门需要事先制定保修服务的工作标准、制度和规定，使保修服务工作的开展有章可循，既要让客户满意，又要避免非约定保修产生的额外费用。

（续）

2. 产品售后服务部门应对保修工作人员进行培训，使之具有从事售后服务的业务素质和技术水平，既防止发生不合理的二次维修费，又防止因服务不到位而引起客户不满，甚至造成退货、换货、诉讼和索赔等情况。

3. 产品售后服务部门应主动为客户提供技术咨询，实现销售后，要及时为客户做好产品的防护性维修，提高客户对产品和服务的满意度，减少不必要的保修工作和费用。

4. 合理布置保修服务网点，既满足客户对服务时间的要求，又减少保修费用的支出。

第9条　退货损失费的控制措施

1. 加强检验，把好产品质量关，在生产、仓储、销售等过程中进行及时、有效的检验，确保在产品未进入流通领域前能够发现产品的质量缺陷，减少退货的可能。

2. 销售部和质量管理部应建立标准的质量问题处理流程，借助信息管理系统，对确定或者怀疑批量性质量问题而导致客户抱怨、退货等，并且仍有可能存货或处于运输途中的产品，及时实施停止出货或召回等应急措施，防止将更多不良品销售到客户手中而带来更大的损失。

3. 制定简捷易行、合理高效的退货管理制度，将退货条件、退货手续、退货价格、退货货款回收等问题及违约责任、合同变更、解除条件等相关事宜事先与客户达成一致，在出现问题时对客户的退货做出迅速反应。

第10条　折价损失费的控制措施

1. 合格产品出货后收到客户抱怨和降级销售的要求时，销售人员应对具体情况进行确认，确定客户要求属于合理范围、产品确实存在质量瑕疵。

2. 经与客户协商必须做降级处理后，销售人员应及时与生产部门进行沟通和讨论，针对客户的要求对后续工单做出生产调整，利用特殊处理或专门生产的方式，确保后续产品能够符合客户要求，避免再次发生降级的可能及降级损失费的产生。

第11条　质量索赔费的控制措施

1. 制定供应商产品质量索赔办法，加强对供应商产品质量的有效控制，转移原材料质量索赔费用，维护工厂的经济利益。

2. 对出现不按标准、技术协议、产品图纸生产加工导致出现原材料质量问题的供应商，应按规定对其实施质量索赔。

3. 对于与客户存在争议的质量问题及客户索赔案，企业应通过法律途径，合理合法地维护正当利益和声誉，不能采取无视客户抱怨或拒绝与相关方进行合作调查。

第4章　附则

第12条　编制单位

本办法由质量管理部负责编制、解释与修订。

第13条　生效时间

本办法自××××年××月××日起生效。

质量成本控制流程如图8-2所示。

部门名称		质量管理部		流程名称		质量成本控制流程	
关键节点	总经办		质量管理部		财务部		相关部门
	A		B		C		

```
1
        ( 开始 )
          ↓
2   确定质量成本      收集上年度质量        提供上年度质量
    控制目标    →    成本相关信息   ←--   成本相关信息

3   未通过              制订年度质量
        ↑              成本控制计划
     < 审批 > ←----------
        ↓
4   通过 ----------------------------→  制订本部门质量
                                          成本控制计划
                                              ↓
5                      质量成本核算  ←--   填报质量成本报表

6   汇总质量成本   ←   提供质量成本
    核算信息           核算信息

7   进行质量成本分析  ←--   配合
        ↓
8   未通过
        ↑          编制质量成本
     < 审批 > ←--   分析报告
        ↓
9   通过
        ↓          下发质量成本        收阅
                   分析报告    ----→

10                     ↓
                   组织实施改进措施  ←--   配合

11                     ↓
                   ( 结束 )
12
```

编制单位		签发人			签发日期	

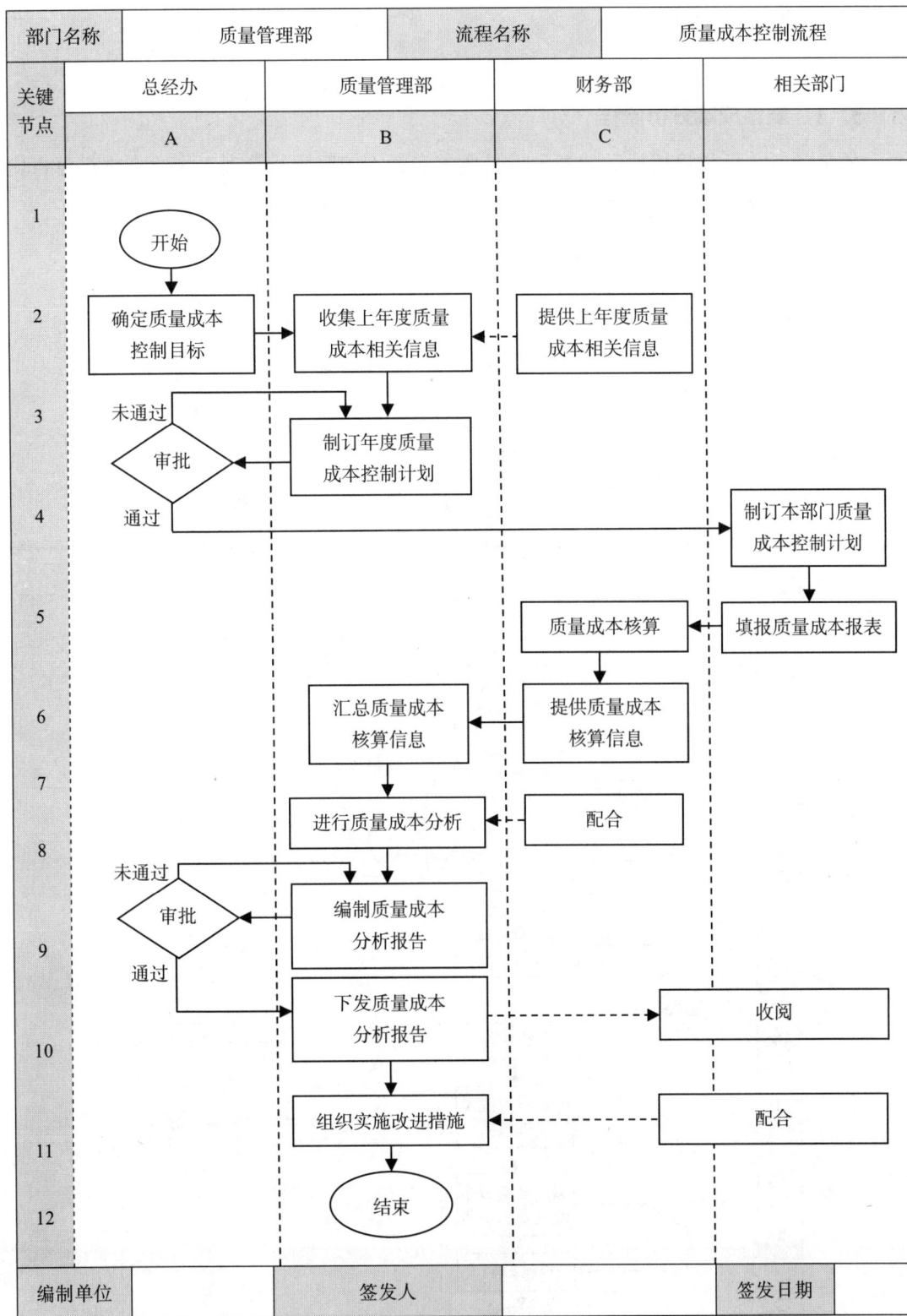

图 8-2　质量成本控制流程

8．3 质量成本分析

8．3．1 质量成本分析流程

质量成本分析是将核算后的各种质量成本资料，按照质量管理工作要求进行分析比较，使之成为改进质量、提高经济效益的有力工具。

（1）质量成本分析流程如图 8-3 所示。

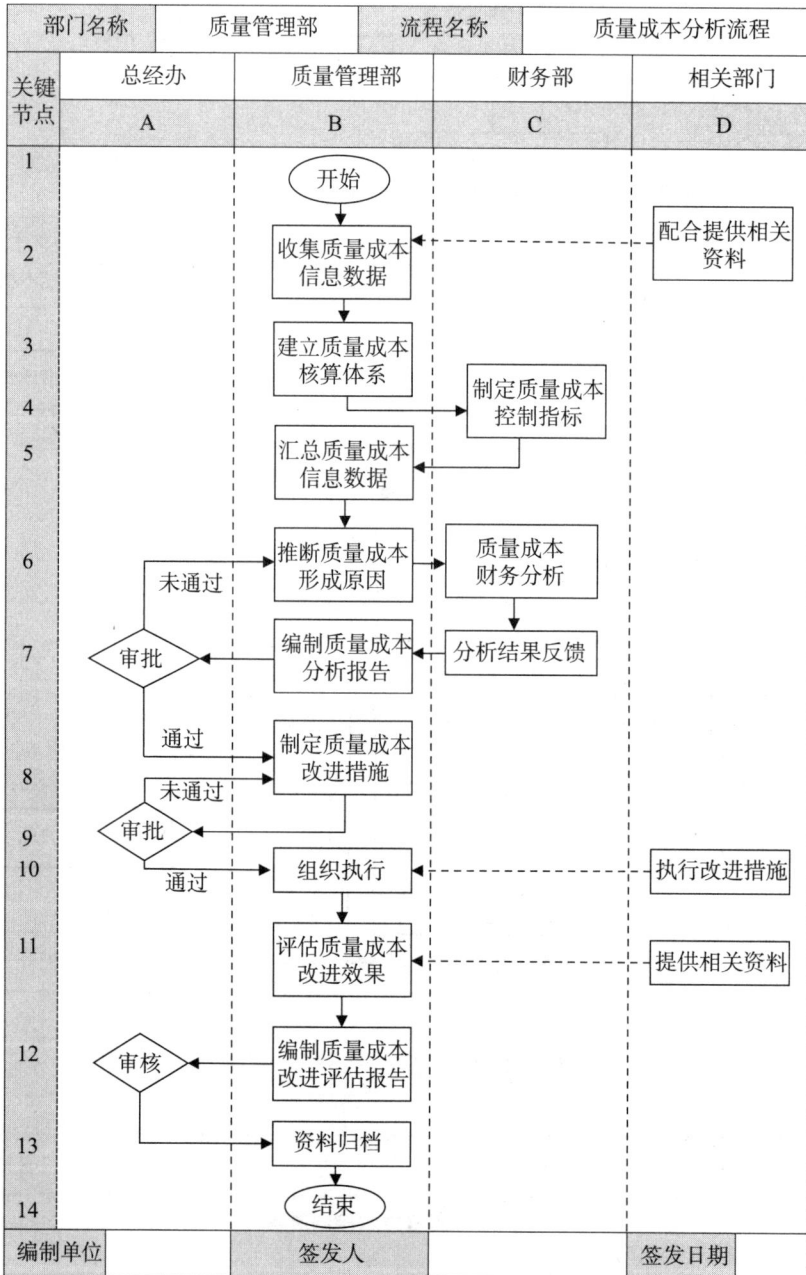

图 8-3 质量成本分析流程

（2）根据图 8-3，质量成本分析流程关键节点细化执行内容如表 8-4 所示。

表 8-4　质量成本分析流程关键节点细化执行内容

关键节点	细化执行内容
B2	质量管理部负责统计质量培训费、质量评审费等质量成本数据信息
C6	质量管理部根据收集的质量信息，结合财务部的报表进行预防成本分析、鉴定成本分析、内部损失成本分析、外部损失成本分析
B7	质量管理部根据质量成本分析结果编写质量成本分析报告，并对质量成本经济指标进行分析，对执行情况做出评价
B8	质量管理部根据质量管理分析结果制定质量成本改进措施，对成本控制工作进行整改

质量成本分析管理制度，扫描下方二维码即可查看。

8.3.2　质量成本分析报告

质量成本分析报告主要是对质量成本进行分析与计算。它可以作为制定质量方针目标、评价质量体系的有效性和进行质量改进的依据。编制质量成本分析报告，有助于推进企业质量改进计划的实施，提高产品的可靠性。下面是一则质量成本分析报告，仅供参考。

质量成本分析报告

A 企业是一家制造企业。经统计和分析，该企业 ×× 年全年的质量成本数据，符合本文的研究主题。

一、质量成本分析

1. A 企业质量成本总体情况

A 企业营业额完成____亿元，利润总额完成____亿元，总成本____亿元，质量成本____亿元。质量成本占年度营业额的____%，占总成本的____%。其中，内外部损失的质量成本占年度营业额的____%。

2. 质量成本四个科目分析

在构成质量成本的四个科目中，预防成本____万元，占质量成本的____%；鉴定成本____万元，占质量成本的____%；内部损失成本____万元，占质量成本

（续）

的____%；外部损失成本____万元，占质量成本的____%。合计损失成本占质量成本的____%。预防成本、鉴定成本、内部损失成本、外部损失成本之间的比值约为____：____：____：____。

二、质量成本要素分析

在质量成本各科目中，预防成本主要由质量管理人员工资福利构成（占____%），鉴定成本主要由实验检验人员的工资福利（占____%）、试验检验费（占____%）构成，内部损失成本主要由返工返修损失费（占____%）及内部质量事故所产生的费用（占____%）构成，外部损失成本主要是外部质量事故所产生的费用（占____%）及外部质量问题所产生的费用（占____%）构成。

综合质量成本各细分科目分析，质量成本构成排在前六位的分别为：外部质量事故所产生的费用（____%）、返工返修所产生的费用（____%）、质量管理人员工资及福利（____%）、试验检验人员的工资及福利（____%）、试验检验费（____%）、内部质量事故所产生的费用（____%）。这六项费用占总质量成本的____%，是构成质量成本的主要部分。

三、质量成本损失原因分析

通过质量成本数据分析可知，导致质量成本损失的主要原因是外部质量事故、内部质量事故、返工返修，分别占总损失质量成本的____%、____%、____%。

四、质量成本总体分析

内外部质量事故导致的损失占比达____%，是成本损失中的重要组成部分。因此，A企业要加强质量事故的预防工作。

返修成本亟须控制，据统计，导致质量成本损失的另外一个主要原因是返工返修，占比____%，其主要原因是设计修改损失、外协导致损失（占比____%）、分包商导致损失（____%）。

五、质量成本问题的解决措施

1. 加强质量成本意识教育

加强全员的质量成本意识，尤其是领导的质量成本意识，发挥领导作用。在不同层面开展质量成本培训，树立质量成本意识，自上而下形成统一的质量成本思想。

2. 做好质量成本预算，设定好目标

做好质量成本预算，为下一阶段的质量成本管理设定好目标。企业内部对质量成本目标进行层层分解、逐步落实，稳步推进质量成本管理工作。

（续）

3．加快质量成本核算体系建设

明确质量成本的概念，由企业财务、预算、质量、生产等各相关部门共同探讨企业的质量成本核算体系，确定企业内部各部门的职责权限，形成质量成本的核算体系。

4．加强质量成本管理工作执行力度

企业质量成本管理责任部门牵头其他相关部门，协调各方资源，指导并监督各部门的质量成本管理工作的推进，必要时实施考核。

5．试点推行、树立标杆、快速复制

选取试点，推行质量成本的统计、管控等工作，摸索质量成本管理的方法，树立标杆，形成有效的质量成本管理手段，并快速在其他区域推广，全面建设企业的质量成本管理体系。

×× （报告人 / 部门）

20×× 年 ×× 月 ×× 日

附表：20×× 年度质量成本分析报表

20×× 年度质量成本分析报表

编制部门：　　　　　　　　　　　填写日期：　　　　　　　　　　　单位：元

成本项目		预算	实际	差额	发生率	占总质量成本（%）
预防成本	质量计划工作费					
	质量评审费					
	质量改进措施费					
	质量情报费					
	工序能力研究费					
	培训费					
	质量改进评估费					
	小计					
鉴定成本	原材料检验费					
	工序检验费					
	成品检验费					
	质量管理人员工资					
	设备能力维护费					
	小计					

（续）

（续表）

成本项目		预算	实际	差额	发生率	占总质量成本（%）
内部故障成本	废品损失					
	返工损失					
	降级损失					
	复检损失					
	停工损失					
	事故处理费					
	停电损失					
	小计					
外部故障成本	索赔损失					
	保修费					
	外部故障处理费					
	退货损失					
	折让损失					
	小计					
质量成本合计						
当年产值			质量成本/产值			
备注						

8.4 质量成本考核

8.4.1 质量成本考核标准

质量管理部在对质量成本工作进行绩效考核时，可参照表 8-5 设计质量成本考核指标及考核标准。

表 8-5 质量成本考核指标及考核标准

指标名称	权重	指标说明及考核标准	得分
质量成本标准制定及时率	15%	1. 质量成本标准制定及时率 $= \dfrac{\text{及时制定质量成本标准的次数}}{\text{质量成本标准制定的总次数}} \times 100\%$ 2. 考核期内，指标值达___%；每较指标值减少___个百分点，该项扣___分；指标值低于___%，该项不得分	

（续表）

指标名称	权重	指标说明及考核标准	得分
质量成本预算及时率	10%	1. 质量成本预算及时率 $=\dfrac{\text{及时进行的质量成本预算次数}}{\text{质量成本预算的总次数}}\times100\%$ 2. 考核期内，指标值达＿＿%；每较指标值减少＿＿个百分点，该项扣＿＿分；指标值低于＿＿%，该项不得分	
质量成本核算及时率	15%	1. 质量成本核算及时率 $=\dfrac{\text{及时核算的质量成本预算次数}}{\text{质量成本核算的总次数}}\times100\%$ 2. 考核期内，指标值达＿＿%；每较指标值减少＿＿个百分点，该项扣＿＿分；指标值低于＿＿%，该项不得分	
质量成本分析准确率	15%	1. 质量成本分析准确率 $=\dfrac{\text{质量成本分析正确的次数}}{\text{质量成本分析的总次数}}\times100\%$ 2. 考核期内，指标值达＿＿%；每较指标值减少＿＿个百分点，该项扣＿＿分；指标值低于＿＿%，该项不得分	
质量成本数据收集及时率	15%	1. 质量成本数据收集及时率 $=\dfrac{\text{及时收集质量成本数据的次数}}{\text{质量成本收集的总次数}}\times100\%$ 2. 考核期内，指标值达＿＿%；每较指标值减少＿＿个百分点，该项扣＿＿分；指标值低于＿＿%，该项不得分	
质量成本控制措施有效率	15%	1. 质量成本控制措施有效率 $=\dfrac{\text{质量成本控制措施有效的数量}}{\text{质量成本控制措施的总数量}}\times100\%$ 2. 考核期内，指标值达＿＿%；每较指标值减少＿＿个百分点，该项扣＿＿分；指标值低于＿＿%，该项不得分	
项目质量成本管控率	15%	1. 项目质量成本管控率 $=\dfrac{\text{对质量成本进行管控的项目数}}{\text{质量成本的总项目数}}\times100\%$ 2. 考核期内，指标值达＿＿%；每较指标值减少＿＿个百分点，该项扣＿＿分；指标值低于＿＿%，该项不得分	

　　质量成本考核的主要方法包括定性考核法和定量考核法两类，这两种考核方法的具体内容如表 8-6 所示。

表 8-6　质量成本考核的方法

考核方法	具体内容
定性考核法	◆ 由多位质量成本考核人员，采用投票、讨论等方法对质量成本管理定性指标进行评估考核 ◆ 定性考核的内容包括管理职责的执行情况、质量成本体系的运行情况、各质量成本数据完整准确情况、质量成本意识的普及情况及相关部门的配合情况
定量考核法	◆ 质量成本考核人员以质量成本考核计划中的具体考核指标及标准为参考，对质量成本管理人员的工作绩效进行打分、评级 ◆ 定量考核的内容包括质量指标评级、投入产出比评价、综合指标评价及质量价格评价等

8．4．2 质量成本考核细则

质量成本考核是对质量成本责任单位和个人的质量成本指标完成情况进行考察和评价，以达到鼓励和鞭策全体成员不断提高质量成本管理绩效的目的。下面是一则质量成本考核细则，仅供参考。

质量成本考核细则

第1章　总则

第1条　目的

为了进一步加强产品质量管理，提高质量成本意识，最终达到降低公司成本，提高公司效益的目的，特制定本细则。

第2条　适用范围

本细则适用于本公司与产品质量管理相关的物料采购、产品研发、生产等成本考核管理工作。

第3条　考核原则

1．公开原则。品质成本考核过程公开化、制度化。

2．客观原则。产品质量成本考核工作必须客观，以实施标准为依据，切忌考核工作带入主观因素。

3．反馈原则。考核结束后，必须将考核结果反馈给质量管理专员，同时听取质量管理部主管对考核结果的意见，并对考核结果存在的问题做出合理解释或及时修正。

4．时限原则。考核工作应及时反映本考核期内产品质量管理成本综合状况。

第4条　工作组织

财务部协同人力资源部负责组织、协调和监控产品质量成本考核工作，具体组织工作如下。

1．人力资源部会同财务部负责组建产品质量成本考核小组，该考核小组成员应包括采购部经理、研发部经理、生产部经理等相关部门管理人员，作为考核的评审人员。

2．考核小组应当对各相关部门的日常质量成本管理工作状况、成果等方面的资料进行收集。

3．考核小组应负责考核标准的制定工作。

4．考核小组对各相关部门的品质成本工作进行考核，并汇总考核结果，及时反馈给各相关部门。

第2章　采购部质量成本考核管理

第5条　采购部考核管理内容

公司对采购部的质量成本考核内容主要为不合格物料采购所造成的损失。

第6条　采购部考核工作的实施

1．人力资源部协同财务部经理、采购部经理根据采购物料品质、成本，对考核内容确定评分标准，并编制考核表。

2．人力资源部根据采购人员的实际工作成果实施考核，将考核结果进行汇总统计，并于3个工作日内报送财务部。

3．考核工作结束后，采购人员若对考核结果有异议，应及时与考核人员沟通，考核人员应及时提供具体的事实依据并做出合理解释。

4．考核结果将用于采购部员工的选拔与培训、薪酬分配和调整，以及岗位变动的依据。

第3章　研发部质量成本考核管理

第7条　研发部考核内容

研发部考核内容主要包括因设计原因造成质量不良的损失。

第8条　研发部考核工作的实施

在考核过程中，考核人员应及时就考核问题与研发人员进行沟通，对于具体考核指标和考核标准的确定，双方应共同讨论，达成一致后方可实施。

（续）

第 4 章　生产部质量成本考核管理

第 9 条　生产部考核管理内容

生产部考核的内容主要包括不合格品的返工、报废等所造成的损失。

第 10 条　生产部考核工作的实施

1. 考核前 3 天，考核小组通知生产部做准备，并发放相关考核表及考核要求说明。

2. 考核小组在生产部考核期间进行必要的监督和指导。

3. 生产部应在规定时间内完成对本部门的产品质量成本考核工作，及时填写考核表并上交考核小组。

4. 考核小组根据上交的考核表，对生产部质量成本考核结果进行统计整理，形成生产部考核评估报告，上交财务总监审批。

5. 考核小组将审批后的考核结果在考核反馈阶段予以公布。

第 5 章　考核结果与反馈

第 11 条　考核标准

质量成本月度考核一般采用百分制，其中管理人员能力考核占 50 分、日常质量管理行为考核占 50 分。

第 12 条　考核实施要求

1. 考核小组需编制部门人员考核办法，明确被考核人员的主要考核内容及标准。

2. 所有考核结果记入个人年终考核。

第 13 条　考核结果反馈处理

责任部门、归口管理部门确认考核结果，质量管理部记录考核结果，并上报人力资源部，由人力资源部按相关条例实施奖励或处罚。

第 6 章　附则

第 14 条　编制单位

本细则由××部负责编制、解释与修订。

第 15 条　生效时间

本细则自××××年××月××日起生效。

第9章
服务质量管控

9.1 客户服务质量管理

9.1.1 客户服务质量体系建设

客户服务质量体系是指为实施客户服务质量管理所需的组织结构、程序、过程和资源。建设服务质量体系的最终目的是实现企业质量方针和目标，提高客户服务质量。

1. 客户服务质量体系建设的关键内容

客户服务质量体系建设的关键内容如图 9-1 所示。

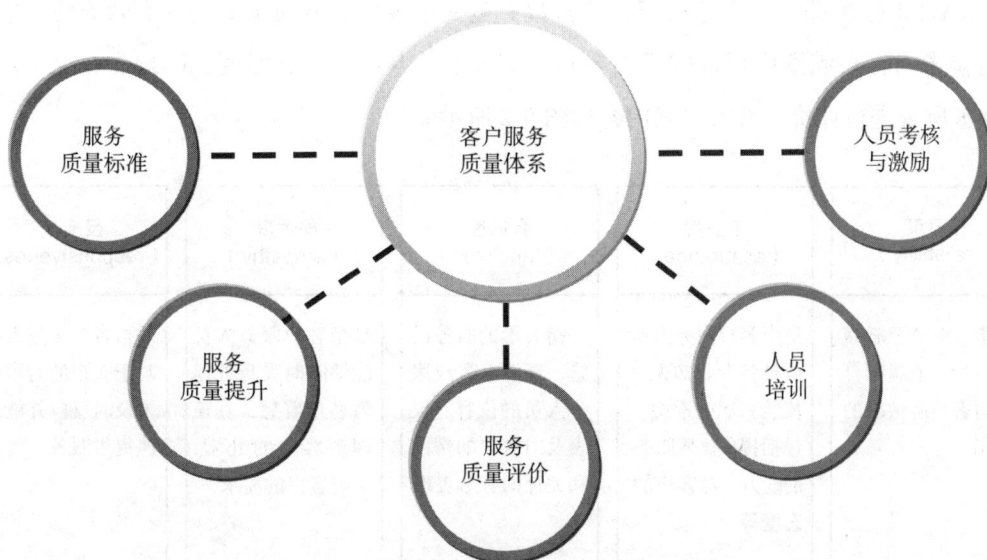

图 9-1　客户服务质量体系建设的关键内容

2. 客户服务质量体系建设程序

要建设良好的客户服务质量体系，企业必须规范各类服务活动，提高客户的服务满意度，具体内容如下。

（1）总结客户服务管理的相关经验，形成初步的服务质量标准和管理规范。

（2）加强企业员工对服务质量标准和服务质量管理规范的学习，分析企业服务质量与标准和规范之间的差距。

（3）设计服务质量体系，编制相关文件，并调配企业相关资源运行服务质量体系。

（4）对服务质量体系运行中的问题进行总结、分析，并加以完善。

客户服务质量管理制度，扫描下方二维码即可查看。

9.1.2 客户服务质量评价工具

企业应运用恰当的客户服务质量评价工具，持续改进客户服务质量，完善服务质量评价体系，实现服务工作目标，同时综合评价客户服务人员的服务水平。常用的客户服务质量评价工具有 RATER 指数、KANO 模型、GAP 模型及 SERVQUAL 模型四种。

1. RATER 指数

RATER 指数即客户服务质量评估指数，是衡量客户服务质量的一种有效方法。它通过测量影响客户满意度评价的五大要素（信赖度、专业度、有形度、同理度、反应度），对服务质量进行评价，五大要素内容如图 9-2 所示。

信赖度 （reliability）	专业度 （assurance）	有形度 （tangibles）	同理度 （empathy）	反应度 （responsiveness）
是指企业是否能够始终如一地履行自己对客户所做出的承诺	是指客户服务人员应具备专业知识、技能和职业素质，包括提供优质服务的能力、对客户的态度等	是指有形的服务设施、环境、客户服务人员的仪容、仪表及对客户的帮助和关怀的有形表现	是指客户服务人员能够随时设身处地为客户着想，真正理解客户的处境，了解客户的需求	是指客户服务人员对于客户的需求给予及时反应并能迅速提供服务

图 9-2　RATER 指数五大要素

2．KANO 模型

KANO 模型（KANO Model）又称"狩野模式"，它是一种根据客户对服务质量的需求程度将影响服务质量的因素划分为必备、一维和魅力三种属性的服务质量评价工具，具体如图 9-3 所示。

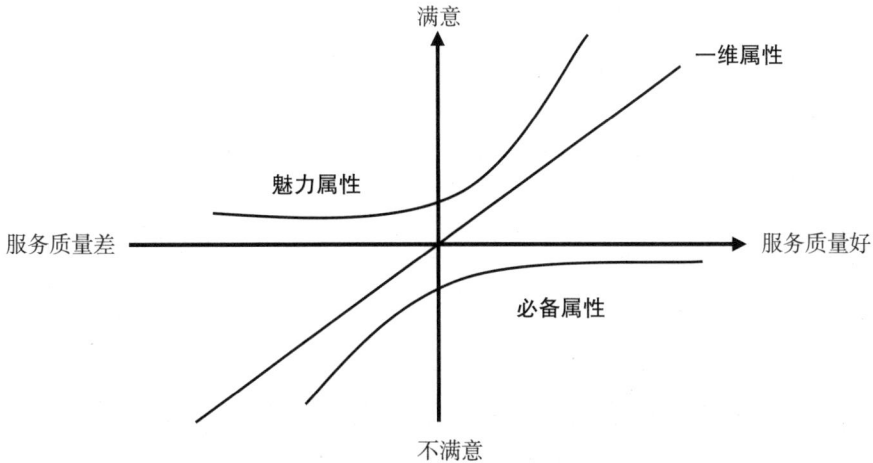

图 9-3　KANO 模型

KANO 模型中三种属性的含义、特性及变化特点如表 9-1 所示。

表 9-1　KANO 模型中三种属性说明

名称	含义	特性	变化特点
必备属性	客户认为服务必须拥有的属性或功能	影响必备属性的因素是基础服务水平，但其并不会因为良好的改善而获得更高的满意度	曲线全部在满意—不满意临界点以下，并随服务质量提升逐渐趋向满意—不满意临界点
一维属性	客户期望获得的服务属性	改进属于一维属性的因素将使客户满意度线性增加	曲线表示服务质量和客户满意度线性相关，服务质量越好，客户满意度越高
魅力属性	客户意想不到的服务属性，会因为获得服务而感到惊喜	客户不会因为缺乏魅力属性的因素而降低满意度水平，但是，如果某一因素的魅力属性高，则表示客户通过这一因素获得了良好的感知体验	曲线全部在满意—不满意临界点以上，并随服务质量提高逐步增强，且在同等的服务水平上。魅力属性较一维属性的客户满意度更高

除了上述三种属性之外，还有一种次要属性（无关属性），是指那些无论服务质量表现如何，对客户感受都不会有影响的因素。

3．GAP 模型

GAP 模型又称服务质量差距模型，它通过对企业与客户之间的认识差距、标准差距、交易差距、营销差距及感知差距的分析来探寻服务质量问题的根源，从而帮助企业改进服务质量，具体如图 9-4 所示。

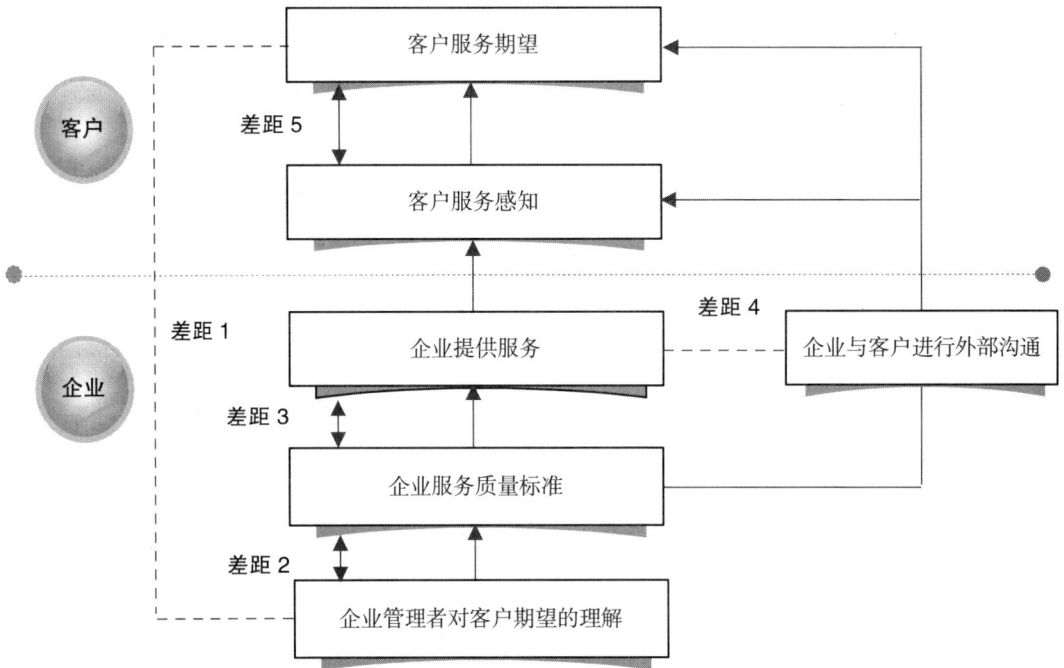

图 9-4　GAP 模型

图 9-4 中五种差距的名称及说明如表 9-2 所示。

表 9-2　GAP 模型中五种差距的名称及说明

类别	差距名称	说明
差距 1	认识差距	企业管理者对客户期望的理解与客户的服务期望之间的差距
差距 2	标准差距	企业管理者对客户期望的理解与其服务质量标准之间的差距
差距 3	交易差距	企业实际提供的服务质量与其制定的服务质量标准之间的差距
差距 4	营销差距	客户实际感知的服务质量与企业向外沟通时的承诺之间的差距
差距 5	感知差距	客户实际感知的服务质量与其期望之间的差距

4. SERVQUAL 模型

SERVQUAL 模型即客户感知服务质量评价模型，其核心理论来自 GAP 模型。SERVQUAL 模型的要素包括期望质量和经验质量、技术质量和功能质量，具体如图 9-5 所示。

SERVQUAL 模型是根据客户对于服务质量的感知与期望的分值差异，来获得客户对企业服务质量的评价，具体计算公式如图 9-6 所示。

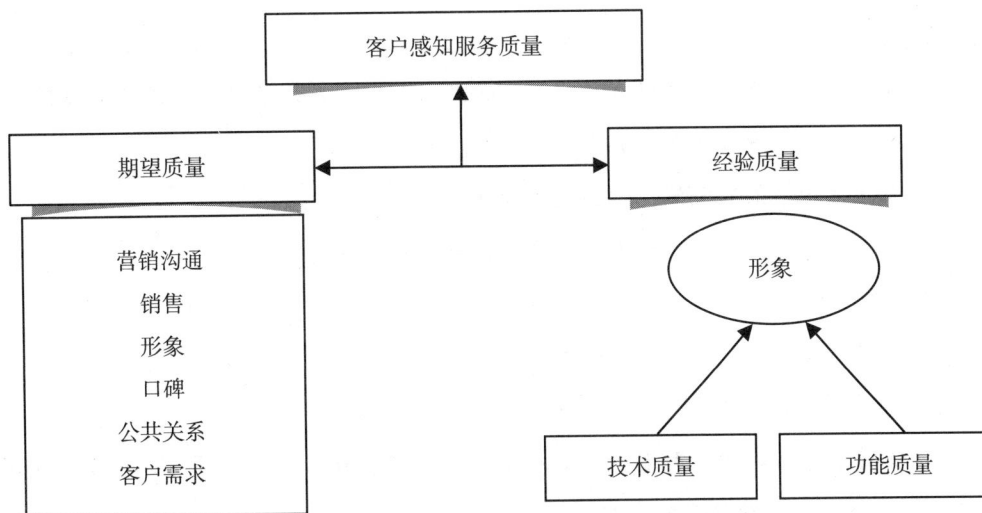

图 9-5　SERVQUAL 模型

SQ（服务质量）=P（服务感知）–E（服务期望）

☞ 当 P＞E 时，客户的服务感知超过了服务期望，客户能够感受到高质量的服务

☞ 当 P＝E 时，客户的服务感知等于服务期望，客户感到服务质量尚可

☞ 当 P＜E 时，客户的服务感知低于服务期望，客户感到服务质量低下

图 9-6　SERVQUAL 模型的计算公式

9.1.3　客户满意度提升方案

客户满意度是指客户对企业所有产品、服务的满意程度。客户满意度是评价客户服务质量的重要指标。下面是一则客户满意度提升方案，仅供参考。

客户满意度提升方案

一、方案目标

1. 促进公司客户服务质量改进工作，不断提升服务质量。

2. 提高客户满意度，构建并完善公司服务质量改进体系。

3. 增强公司的市场竞争力，提升公司利润。

二、执行主体

客户服务部人员负责本方案的具体执行工作。

三、现状分析

通过对现状分析，公司发现可提升的方面有以下四点。

---

1. 客户服务人员不能很好地了解客户的需求和期望，达不到客户满意的效果。

2. 客户抱怨或投诉处理不够及时、积极。

3. 客户服务体系不规范，服务流程烦琐。

4. 客户服务人员服务意识不强，售后服务态度不佳。

四、提升措施

（一）划分客户类型，选择目标客户

公司要集中资源去挖掘能带来回报的价值客户，具体操作如下。

1. 公司可根据实际情况选择细分标准细分客户，建立客户金字塔，分层归类具有不同价值取向和价值分布的客户。

2. 评估每一细分客户，从中选定能充分利用资源共享和能力为之服务的目标客户。

3. 关注潜在高价值客户，为不同类型的客户制定有针对性的营销服务策略。

（二）明确客户的需求和期望

要使客户满意，公司必须明确客户的需求和期望，具体措施如下。

1. 对客户需求和期望的漂移方向保持高度的警觉。

2. 不断收集和研究目标客户群的产品和服务需求，并将积极而有效的反馈融入产品和营销策略中去。

3. 分析客户购买产品和服务时，希望获得的理想结果，以及可以提升客户满意度进而驱动其购买行为的因素。

（三）全面管理客户数据

公司可通过建立客户信息数据库对客户需求进行分析，具体说明如下。

1. 设专门的人员集中管理公司的客户档案和作业数据，建立、更新并维护客户数据库。

2. 重视多种渠道的客户请求和需求信息收集。

3. 将客户资源作为公司资产来管理，将其"利用率"与相关部门的绩效挂钩。

（四）维护与客户的关系

1. 公司应与客户建立一定的共同点，为客户提供个性化的服务，使客户在使用过程中获得除产品服务以外的良好心理体验。

2. 公司规定相关人员在与客户交谈中，要善于听取客户的意见和建议，表现出对客户的尊重和理解，让客户感觉到公司在关心其需求。

3. 公司应鼓励员工站在客户的角度上思考应为客户提供什么样的服务，以及怎

（续）

样提供服务。

（五）积极解决客户抱怨

在解决客户抱怨时，公司应做好以下工作。

1. 第一时间处理，在事态恶化前采取行动，提高服务补救能力。

2. 要给客户提供抱怨的渠道，完善客户投诉、咨询渠道。

3. 公司内部要建立处理客户抱怨的规章制度和业务流程，如规定对客户抱怨的响应时间、处理方式和抱怨趋势分析等，认真对待客户抱怨。

4. 定期进行客户满意度调查，挖掘未反馈给公司的有价值的信息，制定改进措施。

（六）改进服务体系，提高服务质量

公司应尽可能避免服务失误。当平息客户投诉或进行客户满意度调查后，公司应进行事件回顾与总结，找出本质问题，加以改进并固化，避免同类事件的再次发生。

（七）开展员工培训，建立以客户满意度为导向的企业文化

公司应努力提高客户服务人员的服务技能，同时创建宽容和理解客户、信任和尊重客户，给客户以"可靠的关怀"和"贴心的帮助"的企业文化。

9.1.4　线上客户服务质量提升方案

企业应重视线上客户的服务质量提升工作，不断提升服务质量，提高线上客户满意度，完善企业服务质量体系。下面是一则线上客户服务质量提升方案，仅供参考。

线上客户服务质量提升方案

一、线上客户服务质量提升目标

1. 更智能。根据不同的服务场景进行服务，将基础问题或常见问题设置为客服机器人自动回复。

2. 更快捷。为线上客户提供更加及时、准确的服务。

3. 更可靠。使线上客户服务质量水平提高，更加符合质量提升标准的要求。

4. 更满意。按照线上客户需求与要求进行服务，提供多样化、个性化服务，提高线上客户满意度。

二、现状分析

对线上客户服务质量的提升主要体现在以下三个方面。

1. 回应客户询问时间过长甚至不予回复。

（续）

2. 服务场景混乱。

3. 客服人员不够专业。

三、线上客户服务质量提升措施

1. 健全服务质量体系。

（1）客户服务部应制定良好的线上客户服务质量制度，并定期考察线上客户服务质量制度的落实情况。

（2）企业各部门要密切配合，健全线上客户服务质量体系，为线上客户提供完美周到的服务。

（3）企业应进一步深化内部运营机制和管理机制的改革，加快建立符合现代企业制度要求的企业管理体制和有效的激励与约束机制。

2. 设置自动回复，提高回复速度与精准度。

将基础问题或常见问题设置为客服机器人自动回复，它既能够为企业提供规范统一的标准回复，又可以设置个性化的客服专用快捷语回复，在咨询量大的时候不仅能够为企业节省更多的人力成本，还能够有效提高客户满意度。

3. 根据服务场景，合理分配。

将客户咨询业务进行分类，如咨询客服、售后客服等，再或者是按顺序分配、随机分配及熟客优先原则分配给上次接待的客服等一些分配模式，保证客户工作的延续性及使客户服务更具有针对性。

4. 提升客服人员素质。

企业应适时开展服务质量培训工作，提升线上客户服务人员的技能，提高企业人员的整体素质，更好地服务线上客户。

5. 进行客户服务人员服务质量评比。

企业应定期开展线上客户服务人员服务质量评比，主要评价内容为客户服务人员平均会话响应时长、服务时长、客户满意度等数据，综合考量人工客服的工作水平，并根据评比结果进行相应的奖励。

四、其他说明

客户满意度是评价客户服务质量效果提升的唯一指标，因而为了评价线上客户服务质量的提升效果，企业应于每季度进行一次服务满意度调查，调查依据为客户所提意见、满意度打分、二次返修率及直属领导评价等。客户满意度调查结果将作为该客户服务网点部门奖、个人奖及绩效考核的重要依据。

9.1.5　客户服务质量标准编制流程

客户服务质量是影响客户满意度的重要因素。企业应制定客户服务质量标准，用以规范客户服务行为，提供服务依据。

（1）客户服务质量标准编制流程如图 9-7 所示。

部门名称	客户服务部		流程名称	客户服务质量标准编制流程

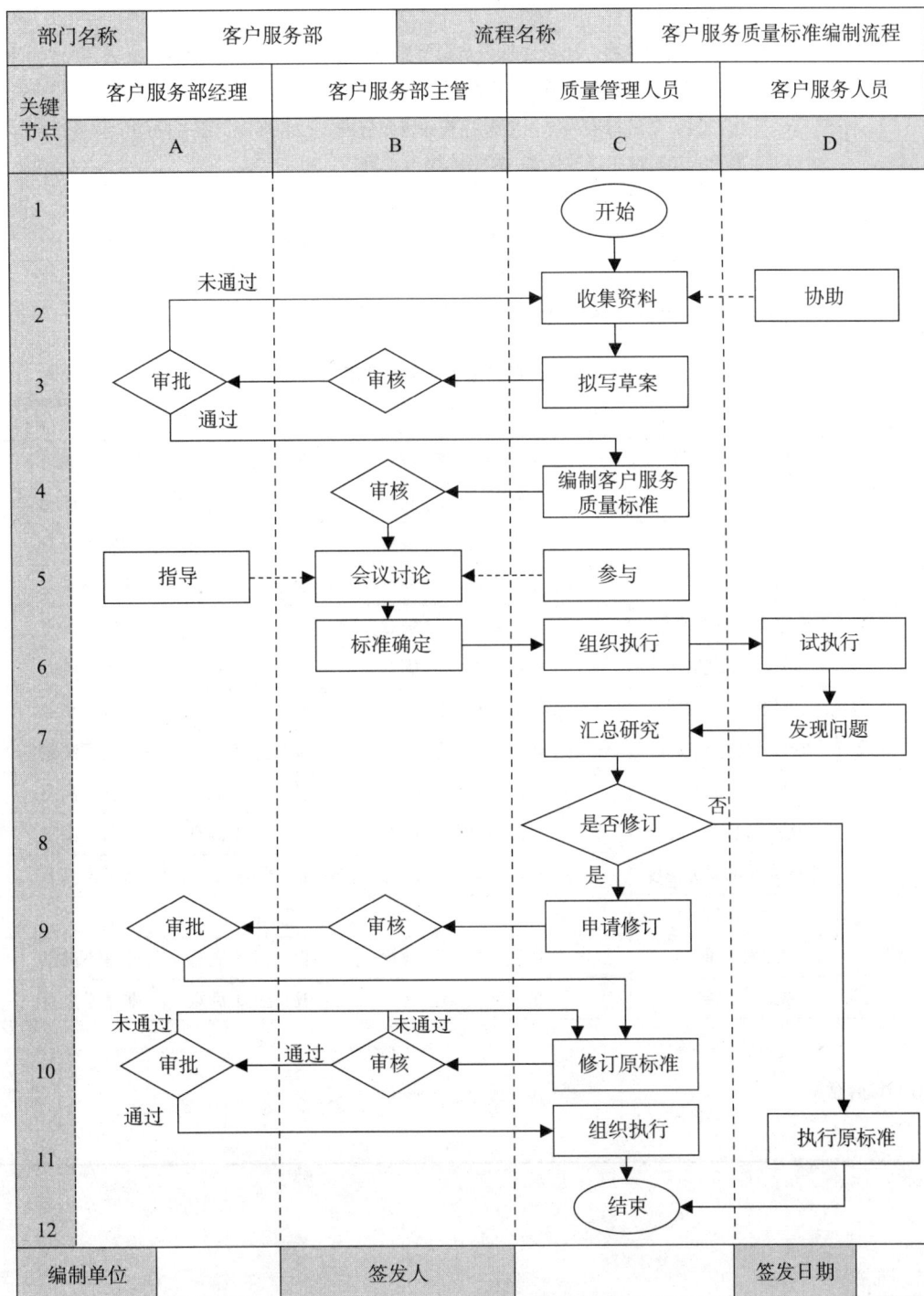

图 9-7　客户服务质量标准编制流程

（2）根据图 9-7，客户服务质量标准编制流程关键节点细化执行内容如表 9-3 所示。

表 9-3　客户服务质量标准编制流程关键节点细化执行内容

关键节点	细化执行内容
C2	质量管理人员对服务质量相关文件进行收集、整理与分析，客户服务人员提供相关信息支持
C3	根据收集的资料，质量管理人员拟写服务质量标准草案，提交客户服务部经理审核，审核通过后，方可编制正式的客户服务质量标准
C4	客户服务质量标准内容主要包括服务资源标准（服务环境、服务网络、服务设备等）、服务人员标准（仪容仪表、服务态度等）等
C7	在客户服务质量标准实施过程中，客户服务人员应及时发现标准存在的问题，并提交质量管理部进行汇总研究，由质量管理部决定是否修订

客户服务质量评审表如表 9-4 所示。

表 9-4　客户服务质量评审表

评审人员：　　　　　　　　　　　　　　　　　　　　　　　填表时间：___年__月__日

在线服务	热线服务时间	□非常满意	□满意	□一般	□不满意	□非常不满意
	服务热线接听及时性	□非常满意	□满意	□一般	□不满意	□非常不满意
	客服人员服务态度	□非常满意	□满意	□一般	□不满意	□非常不满意
	客服人员责任心	□非常满意	□满意	□一般	□不满意	□非常不满意
	客服人员专业水平	□非常满意	□满意	□一般	□不满意	□非常不满意
	问题回复及时率	□非常满意	□满意	□一般	□不满意	□非常不满意
服务有效性	问题处理流程	□非常满意	□满意	□一般	□不满意	□非常不满意
	维修品的修复质量	□非常满意	□满意	□一般	□不满意	□非常不满意
	维修工作的及时性	□非常满意	□满意	□一般	□不满意	□非常不满意
	更换新品的速度	□非常满意	□满意	□一般	□不满意	□非常不满意
	维修人员的服务态度	□非常满意	□满意	□一般	□不满意	□非常不满意
投诉	有无客户投诉	□有　□无				
	投诉处理时间	□非常满意	□满意	□一般	□不满意	□非常不满意
	投诉处理结果	□非常满意	□满意	□一般	□不满意	□非常不满意
评审综合意见						

9.2　售后服务质量管理

9.2.1　售后服务质量体系建设

售后服务质量已经成为影响客户消费的重要因素。一个完善的售后服务质量体系可以吸引客户放心购买，并获得客户的信任。

1. 售后服务质量体系建设的关键内容

售后服务质量体系建设的关键内容如图 9-8 所示。

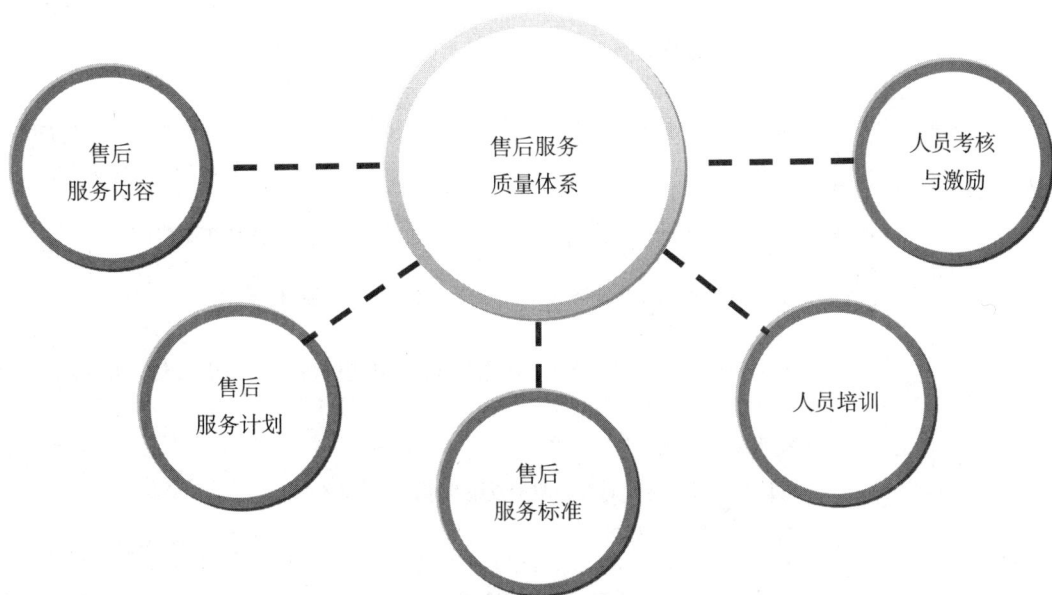

图 9-8　售后服务质量体系建设的关键内容

2. 售后服务质量体系建设的注意事项

（1）保证售后信息流通渠道畅通。为了保证客户售后问题得到及时解决，售后服务体系中信息传递的主线必须通畅。

（2）增加售后问题的受理途径。随着信息技术的快速发展，单一的客户服务平台已经不能满足互联网时代发展的需求，企业可增加官方网站、微信公众号等受理客户售后问题。

（3）确保客户售后的每一个问题都有人负责。首先，做好售后人员的培训工作，做到客户可以随时反馈问题；其次，明确各部门对接人，确保责任落实到人，直到处理完成；最后，每位客户问题的反馈都必须形成独立的档案，以便于日后的客户回访工作。

9.2.2 售后服务质量评价标准

企业制定售后服务质量评价标准，对服务过程进行有效的控制，以便为客户提供高效、优质的服务，提升客户满意度。售后服务质量评价标准如表 9-5 所示。

表 9-5 售后服务质量评价标准

评价项目	分值		评价标准	评价依据
组织结构	3		设立或指定专门从事售后服务的部门，并进行合理的职能划分和岗位设置	企业简介、组织架构图、职位清单、岗位说明书
服务文化	4	3	有明确的服务理念作为售后服务的指导思想，并保证员工理解	企业简介、企业服务理念与承诺、质量方针
		1	对售后服务内容与目标做出承诺，并通过广告、保修卡等有效传递给客户	—
人员配置	7	5	为服务岗位配置资质合格的售后服务技术人员和业务人员	售后服务人员任职资格、售后服务人员资质证书
		2	按售后服务人员总数的 10% 配备售后服务管理人员，对售后服务进行监督与指导	组织架构图
资源配置	12	6	售后服务部门应为业务人员提供相应的培训与激励机制，具体包括： ◆ 售后技术人员技术培训与业务人员业务技能培训 ◆ 定期或不定期的服务文化培训 ◆ 有效的评优、奖励、晋升和员工关怀机制	培训计划、培训方案、培训考核记录、培训应用记录
		6	售后服务部门应具有基础服务设施与系统，主要包括： ◆ 办公场所与服务场所 ◆ 售后服务中涉及的工具、备品备件等 ◆ 售后服务系统、客户信息系统等	第三方产品检验报告
技术支持	18	5	根据产品特点，为客户提供产品售出后的安装、调试及检修服务	
		5	提供商品使用时所必需的使用指导或客户培训，解答并解决客户的疑问	产品说明书、售后服务保障卡
		3	在商品有效期内为客户提供持续的各类技术支持服务	
		5	相关服务活动涉及收费的，应按国家相关规定进行收取，并事先告知客户	
配送	5		对客户承诺的送货范围、送货时间应及时兑现	配送制度与配送记录
维修	18	5	按国家法律法规要求提供保修服务	产品说明书、售后服务保障卡
		5	服务人员应有效执行维修或上门维修的服务程序与服务规范，及时进行维修	维修记录、客户满意度
		5	保证商品维修所必需的材料与配件质量	第三方产品检验报告
		3	对于维修期较长或因维修方原因延误维修时间的，可为客户提供代用品	售后服务保障卡

评价项目	分值		评价标准	评价依据
退换货	10	5	对于要求退换货的客户，企业应按规定提供退换货服务，涉及收费的，应提前告知客户	退换货协议
		5	当商品出现缺陷或难以解决的问题时，应实施产品召回或其他补救措施	质保协议
投诉处理	13	5	由专职人员记录客户投诉，建立完整的投诉档案	客户投诉处理流程、客户投诉处理记录
		8	及时反馈与解决客户投诉	
规范要求	10	5	针对售后服务中的各项活动和流程，制定相应的制度与规范，形成完整的售后服务手册	售后服务手册
		5	制定的售后服务规范应符合国家法律法规的要求	售后服务法规和标准

9.2.3 售后维修服务管理制度

售后维修服务是售后服务的重要内容，可帮助企业树立良好的企业形象，提高客户的满意度。下面是一则售后维修服务管理制度，仅供参考。

售后维修服务管理制度

第 1 章　总则

第 1 条　目的

为了加强对售后维修工作的管理，提高工作效率和服务质量，增强维修人员的责任感，提升客户满意度，特制定本制度。

第 2 条　适用范围

本制度适用于售后维修相关事项及维修人员的综合管理。

第 3 条　管理职责

1．售后服务部作为售后维修工作的责任部门，负责售后维修相关工作事项的规划、实施与处理。

2．售后服务部可以成立专门的售后维修团队，或者指定特约服务商、维修商负责公司的售后维修工作，并与之签订委托协议或合同。

3．因与特约服务商、维修商之间衔接不当、发生冲突而影响售后维修服务的，售后服务专员应及时上报售后服务主管，以便及时处理，防止事件影响范围的扩大。

第 2 章　售后维修服务类型与保修期

第 4 条　售后维修服务的类型

本公司的售后维修服务分为三种类型，具体如下。

1．免费服务，即在免费保修期间内免费为客户维修本公司生产或出售的产品。

2．合同服务，即为客户维修本公司生产或出售的产品，并依本公司与客户所订立的产品维修合同的规定，向客户收取一定的服务费。

3．付费服务，即为客户维修本公司生产或出售的产品，并向客户收取服务费。

第 5 条　关于产品保修期的规定

1．公司根据行业惯例和本公司的营销目标与策略，确定本公司产品的保修期，若产品的不同部位、部件有不同的保修期，应加以详细的说明。

（续）

2. 公司产品的保质期、保修期应载于产品说明材料内，因促销等原因导致保修期发生变化的，应及时通知售后服务部，并准确地传达给客户。

第3章　售后维修服务的实施准备

第6条　售后维修信息的登记

1. 售后服务专员接到客户的维修来电、来函时，应详细记录客户的名称、地址、联系电话、产品型号等信息，尽量问清存在的问题和故障现象，填写在售后维修登记表上。

2. 对于不属于公司保修规定范围内的内容，售后服务专员应根据登记的信息与客户进行再一次的确认，达成签订售后维修合同的意向，并将相关信息进行整理，上交售后服务主管审核。

3. 审核通过后，售后服务主管负责组织相关人员与客户洽谈并签订售后维修合同，合同中应包括客户的详细信息、需要维修的项目、维修类型、材料供应、维修范围、维修期限、质量标准及价款明细和付款方式等重要内容。

第7条　售后维修工作的准备

1. 售后服务经理负责对售后维修工作的登记信息和合同进行审批，确保维修工作的可执行性，审批通过后，由售后服务主管组织做好售后维修工作的准备。

2. 售后服务主管负责组织做好售后维修工作的计划和任务分配，并传达至售后维修人员，由售后维修人员根据所需维修产品的特性和客户的需求制定有效的维修办法，并交售后服务主管进行审批。

3. 审批通过后，售后维修人员负责做好售后维修工作的前期准备，准备的内容包括维修所需工具及备品配件、所需的润滑油等辅助原料、维修工作实施场所的清理、维修人员的到位等。

第4章　售后维修的实施

第8条　售后维修的实施流程

1. 售后服务主管负责按时组织维修人员按约定的事项为客户提供售后维修服务。维修人员持售后服务登记表为客户提供上门服务，凡可当场修理妥当的即请客户在售后维修登记表上签字，然后将其交给售后服务专员，由其将此表放回客户的资料袋内。

2. 对不能在当场修复需要带回修理的产品，维修人员应开立收据交给客户，并在公司进出物品登记表上登记。修复后维修人员应及时将产品交还给客户，要回收据，并请其在售后维修登记表上签字。

3. 若带回维修的产品是有偿服务，维修人员应在归还产品当天凭售后维修登记表到财务部开据发票，以便进行费用的结算。

4. 凡属有偿服务且维修费用较低的，由维修人员当场向客户收费，回公司后向会计交款，据此补签发票，否则当天凭售后维修登记表到财务部开具发票，然后另行前往收费。

5. 维修结束后，维修人员应及时上交售后维修报告单，由售后服务主管考核其维修时间和质量。

6. 售后服务主管负责逐日依据维修人员递交的报告单，将当天所属人员服务的类别及所耗时间填写到售后维修统计表中。

7. 售后服务专员应根据售后维修统计表核对售后维修登记表，并将当天未派修的工作于次日送请售后服务主管优先派工。

第9条　售后维修工作的验收与总结

1. 维修工作结束后，售后服务主管应组织按协议中规定的事项和质量标准对维修的质量进行验收，及时协调解决验收中的问题，并处理好客户的咨询和疑问。

2. 验收结束后，售后服务主管出具售后维修工作验收单，由客户签章，并组织与客户按事先约定的事项办理好费用结算等相关手续。

3. 售后服务主管根据维修工作的实施记录和验收情况对售后维修人员进行考核，并根据考核结果实施相应的奖惩措施。

（续）

第 5 章　附则
第 10 条　编制单位
本制度由售后服务部负责编制、解释与修订。
第 11 条　生效时间
本制度自 × × × × 年 × × 月 × × 日起生效。

9.2.4　售后退换货管理制度

退换货是企业售后服务的重要内容之一，也是对客户的一份承诺。在达成交易时，销售人员要向客户讲清退换货的原则和标准，最好将企业关于退换货制度的实施细则写进合同中，以免发生不必要的麻烦，影响双方的长期合作。下面是一则售后退换货管理制度，仅供参考。

售后退换货管理制度
第 1 章　总则
第 1 条　目的
为了规范售后服务的工作程序，建立完善的管理体系，使售后退换货工作有章可循，特制定本制度。
第 2 条　适用范围
本制度适用于对因质量问题、终止业务等原因而引起的退换货产品的管理。
第 3 条　职责分工
1. 销售部负责接收客户的退换货申请，登记退换货产品及客户的详细信息，并做好与客户的沟通、协商及退换货相关手续的办理工作。
2. 售后服务部负责审核退换货信息，并在质量部及技术部的协助下对产品进行检测、鉴定，确保退换货的产品及处理流程符合公司的相关规定。
3. 在退换货申请得到确认后，财务部负责做好账目登记和财务处理工作。
第 4 条　售后退换货服务工作步骤
售后退换货服务工作主要包括以下六个步骤。
1. 售后退换货信息的登记，详细记录退换货产品及客户的相关信息。
2. 售后退换货申请的审核与确认，判断退换货申请的合理性，并通知客户。
3. 产品的退回，进行协调、跟踪。
4. 产品的检测，出具详细的检测报告。
5. 实施退换货，办理好相关手续。
6. 客户回访，做好退换货服务的总结与改进。
第 2 章　售后退换货实施
第 5 条　登记退换货信息
1. 售后服务人员负责受理客户的退换货申请，在接到申请后，应先询问客户申请退换货的原因，然后与其沟通、协商，维护好企业形象。
2. 对于确认需要退换货的客户，售后服务专员应做好安抚工作，指导客户填好售后退换货申请表，并将带有客户签字的申请表的传真件及售后退换货信息登记表上报售后服务主管和销售部审核。

（续）

第6条　审核退换货申请

1. 售后服务主管先对客户的退换货申请进行审核，查看退换货申请中描述的内容是否符合本企业有关退换货管理的规定，审核通过后，由销售主管进行再一次审核，并签字确认。

2. 客户的退换货申请审核通过后，售后服务人员应及时将售后退换货申请确认表以传真形式通知客户，表中应写明退换货的形式、期限及所产生相关费用的分担办法。

3. 对于审核未通过的申请，售后服务人员应与客户及时沟通，查看是否可以通过保养、维修等方式解决客户的问题。

第7条　交回退换货产品

1. 客户在收到退换货申请确认单后，应按相关规定及时将产品的外包装、内带附件、保修卡、说明书及发票随同产品一起退回，需要承担费用的，应及时办理好相关手续。

2. 由于产品不全或延迟退回而造成的退换货退款延误，其中的责任由客户承担。

3. 产品发出后，客户应及时通知售后服务人员，由售后服务人员做好产品运输情况的跟踪和记录。

第8条　检测退换货产品

1. 产品运抵企业后，销售主管在质量部、技术部相关人员的协助下组织对产品进行检测，并出具退换货产品检测报告交由客户服务部经理及销售部经理审核、确认。

2. 审核通过后，售后服务人员应及时将检测结果通知客户，并协助售后服务主管做好产品的退换货工作。

3. 对于检测未通过的产品，售后服务人员应及时将未通过的原因详细告知客户，并将产品按客户寄回产品的地址或按订单地址寄回。

第9条　实施退换货

1. 售后服务专员负责将产品退换货通知单交给销售部，由销售部为客户提供退换货退款服务。

2. 售后服务专员负责按相关规定填制好退换货处理单，由客户签字确认，然后由财务部核实并负责将货款转入客户的账户中。

3. 对于退回的产品，售后服务专员应及时通知相关部门进行产品的入库和相关账目的更新。

第3章　售后退换货回访总结

第10条　进行客户回访

1. 退换货工作结束后，售后服务专员应进行客户回访，调查客户对企业产品和服务的满意度，及时处理客户反馈的问题，防止客户流失。

2. 售后服务专员负责整理、分析回访资料，并将分析结果交售后服务主管审核，同时将售后退换货的相关资料进行整理、归档，为企业产品和服务质量的改进提供依据。

3. 售后服务主管负责组织对客户的退换货原因进行讨论、分析，提出有效的处理意见和纠正预防措施，交客户服务部经理及客服总监审批后组织落实。

第11条　拒接退换货的情形

对于有以下情形之一的，企业应一律不予接收客户的退换货申请。

1. 退换货前未传真书面申请或未经企业审批而自行将产品退回的。

2. 未详细说明退换货原因及所购产品明细的。

3. 不符合企业批复数量的。

4. 超过企业规定退换货期限的。

5. 退回产品不符合企业规定要求的。

第4章　附则

第12条　编制单位

本制度由售后服务部负责编制、解释与修订。

第13条　生效时间

本制度自××××年××月××日起生效。

9.2.5 售后服务改善流程

优质的售后服务是保证客户满意度与忠诚度的重要举措。企业要不断改善售后服务质量，关注售后服务细节，以使售后服务规范化、标准化。

（1）售后服务改善流程如图 9-9 所示。

部门名称	客户服务部	流程名称	售后服务改善流程

关键节点	客户服务部经理	客户服务部主管	售后服务专员	客户
	A	B	C	D

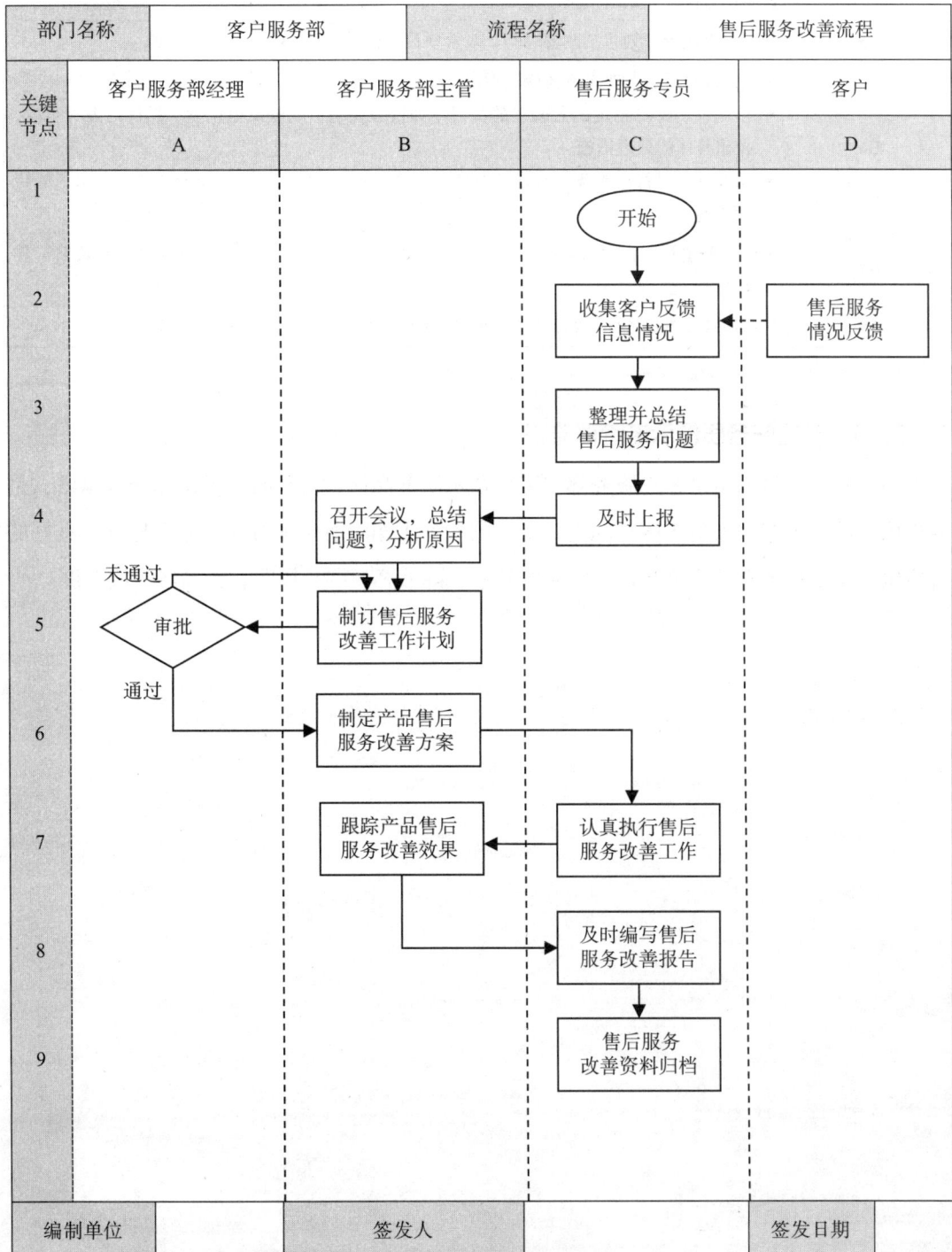

图 9-9 售后服务改善流程

编制单位		签发人		签发日期	

（2）根据图9-9，售后服务改善流程关键节点细化执行内容如表9-6所示。

表9-6　售后服务改善流程关键节点细化执行内容

关键节点	细化执行内容
C2	售后服务专员根据客户反馈的信息，整理售后服务的相关资料，分析售后服务问题及需改善的方面，并及时上报
B5	售后服务改善计划包括改善时间、改善项目、执行人员、改善截止日期等
B6	制定产品售后服务改善方案应注意以下要点 ◆ 指向性，针对特定的需改善的项目，如售后安装、维修及退换货、投诉处理等事项，提出具体的处理措施 ◆ 持续性，对售后服务的改善必须是持续的、有规律的，以实现企业总体服务水平的持续改进
B7	客户服务主管负责对售后服务改善工作的开展情况与进度进行跟踪，保证改善效果符合预期
C8	售后服务改善报告的内容包括售后服务问题、具体整改措施、整改效果等

9.2.6　售后服务质量承诺管理流程

售后服务质量承诺是客户服务部向客户预示服务品质或效果时所做出的服务承诺，是客户服务部全体服务人员在履行职责范围内的服务工作时所必须遵守的办事标准。良好的售后服务质量承诺有助于提升售后服务的效率，降低客户购买风险，提高客户满意度。

（1）售后服务质量承诺管理流程如图 9-10 所示。

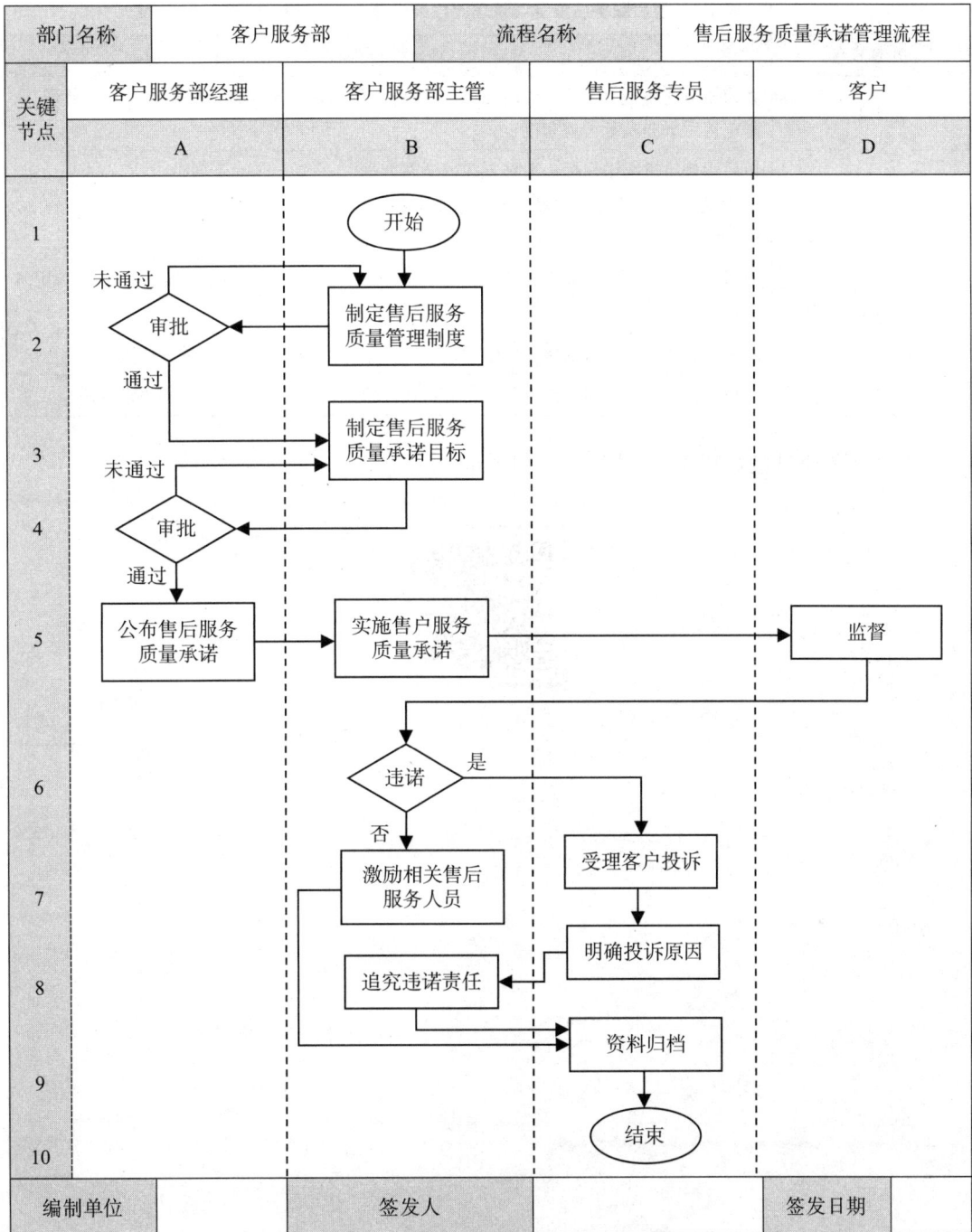

部门名称	客户服务部		流程名称	售后服务质量承诺管理流程

图 9-10 售后服务质量承诺管理流程

185

（2）根据图9-10，售后服务质量承诺管理流程关键节点细化执行内容如表9-7所示。

表 9-7　售后服务质量承诺管理流程关键节点细化执行内容

关键节点	细化执行内容
B2	客户服务主管应从企业产品（服务）特点、客户需求等方面分析企业售后服务现状，制定售后服务质量管理制度
B3	售后服务质量承诺目标一般体现在以下两方面 ◆ 使客户全面了解企业售后服务标准及内容，赢得客户信赖 ◆ 使售后服务承诺合理，符合企业实际
B6	售后服务质量承诺公布后，由客户进行监督，若出现违反质量承诺的情况，客户可进行投诉
	若售后服务人员未违反服务质量承诺，客户服务主管应对相关人员进行激励
B8	客户服务主管根据客户投诉事项，分析投诉原因，并追究相关人员的违诺责任

售后服务质量检查制度，扫描下方二维码即可查看。

第10章
供应链环境下的质量管控

10.1 供应商质量管理

10.1.1 供应商选择与质量控制制度

供应商的质量不仅决定了产品的质量，也与企业的经营利润息息相关。下面是一则供应商选择与质量控制制度，仅供参考。

供应商选择与质量控制制度
第1章 总则
第1条 为了选择合适的供应商，建立安全、稳定的供应商队伍，消除产品安全隐患，保证供应产品质量，特制定本制度。
第2条 本制度适用于向本公司长期供应原辅材料、货品、设备等服务的供应商资质的管理。
第3条 在进行供应商选择与质量控制时，相关部门的管理职责如下。
1. 总经理负责对供应商资质进行审批。
2. 采购部负责组织生产部、安全管理部、质量管理部对供应商资质进行审查。
3. 质量管理部负责对供应商提供的样品进行质量检验。
第2章 供应商质量要求
第4条 供应商按照公司要求，参照"ISO9000系列标准"建立并保持稳健的质量体系，不断提高质量保证能力。
第5条 供应商应建立完善的质量管理制度，以确保提供给本公司合理、稳定的产品，这些制度至少应包括进料验收管理制度、工序检验控制制度、出场检验管理制度、质量奖罚制度等。
第6条 供应商必须保证及时供货。
第7条 供应商应配合本公司及时改进并完善品质质量，达到质量目标。
第8条 供应商所提供的产品附带证件要齐全，其中包括物资合格证、自检报告等资料。
第9条 供应商应主动、积极地参与公司发起的质量改进活动，共同进步。

（续）

第3章 供应商资质评审

第10条 供应商应提供合法证照，包含营业执照、法人委托授权书等复印件并加盖公司印章。

第11条 资质评估分现场评估和询证评估。

1. 对首次与公司发生合作关系的采取现场评估的形式，即到所合作公司现场了解其基本情况。

2. 对原有供应商实行询证评估，即要求供应商提供真实的公司级产品基本情况资料，依据资料内容进行资质评估。

第12条 质量管理部要编制供应商资质评估表，供应商资质审核人员要严格按照评估表列出的项目逐一审查。

第13条 所有审查项目必须全部通过，凡有一项缺陷者即不能作为合格供应商。

第14条 资质审查由供应商资质审核人员具体实施，报总经理审核同意后列入公司合格供应商名单。

第15条 对供应商实行定期评估制度。对于首次与我公司发生业务关系的供应商每年评估一次，三年以后每两年评估一次；老客户每两年评估一次，如发生重大质量问题应及时评估。

第16条 供应商资质审核人员应实事求是，不得弄虚作假。对于严重损害公司经济利益的，要承担相应法律责任。

第4章 供应商质量核定

第17条 对供应商质量状况进行评核，评核的主要内容有以下四点。

1. 质量管理部组织与体系。供应商质量管理组织结构合理、体系健全。

2. 产品质量规范与标准。供应商质量管理部有健全的产品质量规范与标准。

3. 检验方法与记录。供应商有科学的产品检验方法且检验记录健全。

4. 纠正与预防措施。供应商有全面的产品质量预防、改进措施。

第18条 对供应商生产管理状况进行评核，评核的主要内容有以下四点。

1. 生产计划体系。供应商有良好的生产计划体系，确保不会耽误生产进度。

2. 最短及最长交货期限。确定供应商的最长及最短交货期限，以免耽误生产进程。

3. 进度控制方法。供应商有科学的生产进度控制方法，确保不会耽误生产进度。

4. 异常排除能力。供应商有产品异常排除能力，能够保证生产产品质量。

第19条 对供应商供应材料、货品、设备等服务价格进行评核，评核的主要内容有以下四点。

1. 原料价格。供应商原料价格要求低于或等于市场均价。

2. 加工费用。供应商有低廉的加工费用，能够降低生产成本。

3. 估价方法。供应商有精确的产品估价方法，以避免出现较大误差。

4. 付款方式。供应商付款方式方便、快捷，以免耽误生产进程。

第5章 附则

第20条 本制度由总经办负责制定、修订与解释。

第21条 本制度自××××年××月××日起生效。

10.1.2 供应商质量管理体系考核

为了保证供应商提供合格的物料，促进供应商持续改进质量，企业应定期对供应商质量进行考核。对供应商的质量考核应采用定性考核与定量考核相结合的方式进行。

1. 定性考核

对供应商质量的定性考核主要从九个方面进行，分别为生产技术、生产工艺、设备维护与保养、生产现场管理、质量管理体系建立、质量检验过程控制、成本与价格管理水平、售后服务水平、组织管理水平。

供应商质量考核定性指标设计如表 10-1 所示。

表 10-1　供应商质量考核定性指标设计

考核指标	权重	评分标准	分值	得分
生产技术	____%	具有自我设计、开发主要产品的能力，制定了完善的产品设计开发控制制度		
		仅能开发较简单的产品或其中的部分零件，设计控制制度不太规范、严密		
		无产品设计、开发能力，仅能按照本企业提供的图样或样品进行生产		
生产工艺	____%	主要工序均按照相关作业指导手册执行，现场文件均受到控制，人员均按操作标准进行工作		
		工序作业指导文件不够全面，更新不及时，操作人员不完全按照操作标准进行操作		
		无工艺性的指导文件作为操作依据，仅凭口头指挥或操作人员自己的操作经验进行操作		
设备维护与保养	____%	制定了完善的设备管理办法和设备采购、操作、维护和保养流程，对不同的设备进行不同级别的保养，设备一直处于完好状态		
		没有制订重要设备保养计划，设备管理办法不够全面，不能保证设备时时处于完好状态，有时会因设备损坏而停工		
		无任何设备管理办法，只有当设备出了大问题时才进行维修，经常因设备损坏而停工		
生产现场管理	____%	制定了完备、正规的现场管理办法，如自检、互检、巡检等		
		虽然设有一些现场管理办法，但执行力不够，导致产能有较大偏差或出现漏检情况		
		无正规管理办法，只凭班组长口头指挥，很难控制产品质量		
质量管理体系建立	____%	制定了成文的质量管理体系，结构较完善；质量管理体系能够有效运行，相关人员能够认真执行质量手册和程序文件的各种规定		
		制定了成文的质量管理体系，但不完善；体系基本上能够运行，质量手册和程序文件的规定不够严格		
		无成文的质量管理体系，只按一些习惯性做法或口头标准实施作业		
质量检验过程控制	____%	主要产品检验过程能够严格控制，检验人员能严格按照操作规定操作，检验结果有专门的人员负责校核		
		关键检验过程受到控制，有时不能严格按照文件操作，检验结果由检验人员一人填写		
		检验过程包括关键检验过程均不能受到严格控制		

（续表）

考核指标	权重	评分标准	分值	得分
成本与价格管理水平	___%	注重市场价格变化，改善流程、提高效率、降低成本，物料的售价稳中有降		
		对降低成本有一定认识，但措施或方法不到位，产品售价会有小幅度波动		
		物料质量不稳定，且物料价格波动较大		
售后服务水平	___%	有良好的服务能力，能主动调查客户的服务需求并尽力实施；能及时纠正、改善及预防客户的投诉，能将有关信息及时反馈给客户，客户投诉较少		
		对客户服务较好，但不够主动，偶尔有客户投诉，并且对投诉的解决不及时		
		对客户的投诉经常推卸责任或者拖延时间，不能够及时解决		
组织管理水平	___%	管理团队优秀，管理水平高；企业组织结构较合理，岗位责任明确		
		管理团队一般，管理水平一般；企业组织结构不太明确，职责不太清楚		
		管理团队较差，管理水平较差；办事全凭领导口头指示，组织结构不健全，职责不清，工作无章可循，办事效率低下		

2．定量考核

对供应商质量的定量考核主要从四个方面进行，分别为产品质量、产品价格、交付情况和服务水平。供应商质量考核定量指标设计如表 10-2 所示。

表 10-2　供应商质量考核定量指标设计

考核指标	权重	定量指标名称	定量指标计算方法	得分
产品质量	___%	批次抽检合格率	$\dfrac{抽检合格批次}{抽检总批次} \times 100\%$	
		总合格率	$\dfrac{批次合格率加总}{总批次} \times 100\%$	
产品价格	___%	平均价格比率	$\dfrac{供应商的供货价格 - 市场平均价格}{市场平均价格} \times 100\%$	
		最低价格比率	$\dfrac{供应商的供货价格 - 市场最低价格}{市场最低价格} \times 100\%$	
交付情况	___%	交货准时率	$\dfrac{准时交货次数}{总交货次数} \times 100\%$	
		按时交货率	$\dfrac{合同期内实际交货量}{合同期内应交货总量} \times 100\%$	
服务水平	___%	售后服务满意度	相关部门满意度打分在 4 分以上（总分为 5 分）	
		紧急情况按时到达率	$\dfrac{紧急情况按时到达次数}{紧急情况发生次数} \times 100\%$	

10.1.3 供应商产品质量评价

采购管理过程中的产品质量评价是非常重要的一环，因为原辅材料的质量直接影响着企业产品的质量，所以企业需要严格按照规定的步骤或要求进行管控，以确保初期采购的材料质量合格且持续稳定，满足要求。

进行供应商产品质量评价可按照以下程序进行。

1．材料样品质量验收

企业质量管理部按照来料质量验收标准对供应商提供的样品进行检验，确定样品质量指标是否满足企业的质量管理要求，并出具样品质量检测报告递交采购部。

2．材料初步试用

若样品质量验收合格，则进入产品初步试用阶段，由采购部根据生产部的生产计划联络供应商提供一定数量的样品。

（1）质量管理部抽样检测验证试用产品的质量是否满足要求，并出具材料质量检测报告。

（2）生产部试用跟踪，以验证试用产品和其他原辅材料的质量匹配情况，并填写材料试用记录。

（3）质量管理部汇总检测结果和试用跟踪结果，进行综合评价，形成产品评价报告，递交采购部。

3．材料小批量采购试用

采购部依据来料质量验收标准，对采购回来的小批量材料抽样检测，验证质量的符合性；根据生产部生产的成品抽样留样观察成品的质量稳定性，保留留样质量观察记录。

生产部严格按照生产工艺技术标准，用试用材料试做成品，并填写材料试用记录。

4．产品质量稳定性评定

根据材料质量检测报告、材料试用记录、留样质量观察记录综合分析评定材料质量的稳定性，具体评定内容如下。

（1）不同批次材料验收结果相互之间的误差，判定材料质量的稳定性。

（2）不同批次材料试用情况的汇总分析评定。

（3）不同批次材料试做的产品质量稳定性评定。

（4）综合分析形成材料质量评定报告，作为是否可以进入大批量采购阶段的输入依据。

10.2 采购质量管理

10.2.1 样品质量验收管理办法

在样品试制完成后，企业应按产品的国家标准、专业标准及企业标准的要求和方法对样品进行严格的测试与检查，并进行标准要求的各项检验，即检验产品各项性能和质量标准是否达到设计要求。下面是一则样品质量验收管理办法，仅供参考。

样品质量验收管理办法
第1章 总则
第1条 为了加强样品质量管理，确保样品在生产过程中质量稳定且处于受控状态，提高供应商样品质量，特制定本办法。
第2条 本办法适用于本公司相关部门样品质量管理责任的落实与监督工作。
第3条 确定各部门相应的管理职责。
1. 质量管理部负责确定样品检验项目并实施样品的检验，做好质量记录并向供应商提供样品检验的反馈信息，给出供应商样品试装结果是否合格的结论。
2. 生产部需要协助质量管理部进行检验。
第2章 质量标准及检验规范
第4条 质量标准及检验规范包括原材料、在制样品和样品成品质量的标准及检验规范。
第5条 质量标准及检验规范的设定。
1. 质量管理部、生产部及相关人员依据检验规范，并参考国家标准、行业水准、客户需求、自身制造能力等，就供应商提供的原材料样品、在制样品、成品样品分别填制质量标准及检验规范设定表（一式两份），交总经理批准后由质量管理部留存一份，另一份交有关部门执行。
2. 质量管理部、生产部及相关人员分别就原材料样品、在制样品、成品样品，将检查项目、料号（规格）、质量标准、检验频率（取样规定）、检验方法及使用仪器设备等填在质量标准及检验规范设定表内，报相关部门主管审核，且经总经理核准后分发给相关部门执行。
第3章 样品质量验收流程
第6条 采购部与供应商完成对接后，将样品送至质量管理部。样品必须是在根据产品工艺确定的最终生产条件下制造的。
第7条 质量管理部质检人员对供应商提供的全部样品根据产品质量标准及检验规范实施质量检验，并进行相应记录。
第8条 质量管理部质检人员对样品进行复检，并与初检信息进行核对。
第9条 生产部人员协助质量管理部对样品进行试生产，并记录其运行信息。
第10条 质量管理部质检人员汇总所有检验信息，对供应商样品做出验收判断，并编制检验报告交上级主管审批。
第4章 样品验收结果处理
第11条 经质量管理部与其主管人员认定样品合格的，需要将样品检验信息反馈给供应商，并与供应商协商正式投入生产。
第12条 经质量管理部与其主管人员认定样品不合格的，需要与供应商沟通，以确定不合格品问题，并要求供应商重新生产样品供检验。若样品再次检验不合格则与供应商重新协定订单问题。
第13条 样品验收完成后，质量管理部样品管理人员需填写样品处理表，并对其归档。
第5章 附则
第14条 本办法由质量管理部负责编制、解释与修订。
第15条 本办法自××××年××月××日起生效。

10.2.2　采购订单质量验收管理办法

企业对采购订单进行验收时，应确保采购物料质量符合采购标准、设备性能满足生产要求，杜绝不合格物资入库，保证采购验收质量。下面是一则采购订单质量验收管理办法，仅供参考。

采购订单质量验收管理办法
第 1 章　总则
第 1 条　为了促进采购订单验收过程标准化，避免因采购订单质量不良影响生产进程，提高生产质量，降低生产成本，特制定本办法。
第 2 条　本办法适用于公司所进成品、半成品、原材料等物料的验收工作。
第 3 条　进行采购订单验收时，相关人员的职责如下。
1．质量管理部负责制定质量检验标准并审核采购订单验收报告。
2．质量管理部质检员负责采购订单的验收工作。
3．仓储部验收专员负责检验来料的数量、重量、规格，并检查包装及外观情况。
第 2 章　采购订单质量验收的规划
第 4 条　对采购订单进行验收时应坚持以下原则。
1．质量管理部应以"先进先验，先验先出"的原则进行物料验收，若该物料为急件，经质量管理部经理批准后，优先检验，但必须在进料验收单上注明急件字样。
2．进料检验专员要了解并掌握来料物资质量检验要项、质量检验方法。
第 5 条　采购订单质量检验方法一般有以下四种。
1．外观检查：一般用目视、手触等方法进行检测。
2．尺寸检查：一般用卡尺、量规等国际通用检测工具进行检测。
3．特性检测：可根据来料物资的物理的、化学的、机械的特性用特定方法进行检测。
4．结构检测：一般用拉力器、扭力器、压力器等进行检测。
第 6 条　采购订单质量验收的方式包括以下三种。
1．抽样检验：适用于平均数量较多、经常性使用的物料。
2．全数检验：适用于来料数量少、价值高、不允许有不合格的物料或工厂指定进行全检的物料。
3．免检：适用于大量低值辅佐性材料或经认定的免检厂来料，以及生产急用而特批免检物料。对于特批免检物料，进料检验员应跟踪生产时的质量状况。
第 3 章　采购订单质量验收的程序
第 7 条　采购部根据到货日期、到货品种、数量等，通知仓储部和质量管理部准备采购订单验收工作。
第 8 条　仓储部验收专员对来料的数量、重量、规格、包装等验收完毕后，填写来料请检通知单，交质量管理部，由质量管理部质检员做好进料检验准备。
第 9 条　质检员根据该批次物资要求确定检验水平。检验水平是抽样前事先选定的特性。它将样本大小与批量联系起来，质检员可通过过去记录的技术资料、质量资料及生产使用要求确定检验水平。
第 10 条　质检员根据该批次物资要求确定抽样类型。公司采购订单检验常用的抽样类型有一次抽样和两次抽样。
第 11 条　质检员到待检区域按进料检验控制标准及规范程序进行抽样检验。
第 12 条　检验时，如果质检员无法判定合格时，要立即请工程部、请购部门会同验收，会同验收的参与人员必须在检验记录表内签章。
第 13 条　质检员检验完毕，填制采购订单验收报告单，作为检验合格物料的放行通知，通知仓库入库专员办理入库手续，按检验批号标识入库。

（续）

第14条　质检员负责贮存和妥善保管抽样的样品。

第4章　采购订单质量验收处理

第15条　对于判定合格的物料，公司应严格按照以下程序处理。

经质检员验证，不合格品数小于限定的允收水准时，判定该批来料允收。质检员应在材料检验报告表上签名，加盖检验合格印章，并通知仓储部收货。

第16条　检验不合格物料处理。

对于判定不合格的物料，公司应严格按照如下程序处理。

1. 若不需要特采，将来料加以标示"退货"，并在检验记录表验收栏内注明退货，通知采购部办理退货手续。

2. 若需要特采，将进料加以标识"特采"，并在检验记录表验收栏内注明特采处理情况，通知相关部门办理特采手续。

第5章　采购订单质量验收总结

第17条　质检员需及时回馈进料检验情况并将进料供应商的交货质量情况及检验处理情况登记在供应商交货质量登记卡内，每月汇总在供应商的交货质量月报表内。

第18条　质检员应根据进料的实际检验情况，定期对检验规格提出改善意见和建议。

第19条　质检员需定期校正检验仪器、量规，保养实验设备，以保证进料检验结果的准确性。

第6章　附则

第20条　本办法由质量管理部负责制定、修订与解释。

第21条　本办法自××××年××月××日起生效。

10.3　仓储物流质量管理

10.3.1　物资出入库质量管理制度

企业物资的出入库需符合仓库管理制度，以便促进仓库各项工作科学、高效、有序运作，加强物资的储存安全管理与利用效率。下面是一则物资出入库质量管理制度，仅供参考。

物资出入库质量管理制度
第1章　总则
第1条　目的
为了规范物资出入库过程的操作，确保出入库物资的质量，保证各类物料快速、准确出入库，以及及时投入生产，特制定本制度。
第2条　适用范围
本制度适用于所有物资的出入库质量管理工作。
第3条　职责划分
1. 质量管理部人员负责进行物资出入库时的质量检验工作。
2. 仓储部经理负责物资出入库工作的审批与监督检验工作。
3. 仓库管理人员负责物资出入库工作的安排实施与入库手续的办理及台账的登记工作。
4. 搬运人员负责按照货位规划实施物料的搬运及堆码。

（续）

第 2 章　产品验收入库程序

第 4 条　实施产品验收

1. 产品到达仓库后，仓储主管应核对相关单证，并组织进行数量、规格检验，查验产品名称、规格、数量等是否相符。

2. 数量、规格检查完毕后，仓储主管应会同质量管理部检验人员按照产品检验相关规定进行检验。对于检验合格的产品由入库主管负责办理手续，对于不合格产品应通知生产车间领回进行返工处理等。

第 5 条　入库凭证处理

1. 仓储主管签收入库产品并存放于指定库位后，将成品入库明细表第一联交生产部存查，将第二联交仓储部入库主管保管，以据此调整、核对产品库存台账。

2. 生产部依据当日的成品入库明细表汇总编制成品入库单，送仓储部核对签认后，将第一联送财务部，将第二联送仓储部据以转记成品库存日（月）表，自己留存第三联。

第 6 条　产品入库搬运

1. 仓库管理员在仓储主管的安排下将每批入库单开出的数量和相同的成品汇总，分批送到预先安排的货位上，进一批，清一批。

2. 产品码放应做到方便作业与盘点，货号明显，成行成列且整齐，同时满足"先进先出"要求。

第 7 条　入库登记编号

1. 仓储主管根据产品入库的实际情况与数量进行登记，保证账物相符。

2. 对入库的不同品种的产品应根据规定进行编号处理并置于相应的位置，便于查找、盘点。

3. 每日下班之前，仓库管理人员须将本日的产品入库台账报送统计人员，并由统计人员将其录入仓库管理系统。

第 3 章　入库异常情况处理

第 8 条　数量不符产品的处理

入库过程中，仓储部人员若发现产品数量不符，应立即上报仓储部经理并通知责任生产车间与生产部负责人，核实数量不符的原因后，进行补齐或注明数量更改。

第 9 条　质量不合格产品的处理

仓储部人员在入库过程中若发现有质量问题的产品，应立即通知责任生产车间领回返工，经质量检验人员验证作废的，应按照作废流程办理，并上报仓储部经理与生产部负责人。

第 4 章　产品出库前准备

第 10 条　产品出库前物资准备

1. 物料出库前，仓库管理员应对物料的包装进行加固或改换包装，防止物料经过多次装卸、堆码、翻仓和拆检而不符合运输的要求。

2. 根据物料的特性及实际使用要求，有些物料需要拆零后出库，因此出库管理员要事先做好准备，备足零散物料，避免因临时拆零而延误发货时间。

3. 对于需要拼箱的物料，出库管理员应做好挑选、分类、整理和配套准备工作。

4. 对于需要装箱、拼箱或改装的物料，出库管理员应根据物料的性质和运输的要求，准备各种包装材料、相应的衬垫物，以及刷写包装标志的用具、标签、颜料和钉票、打包等工具。

5. 物料出库前，应留出必要的理货场地，并准备必要的装卸搬运设备，以方便运输人员的提货发运或装箱送箱，加快发送速度。

第 11 条　出库凭证的准备

1. 物料一律凭盖有财务专用章和有关部门签章的领料表出库。领料表一式四联，一联存领用部门，一联交财务部，一联交仓库作为出库依据，一联交统计人员。

2. 仓库出库主管在发货时，根据领料表填写物料的出库单。

（续）

第 5 章　物料出库作业程序

第 12 条　核对出库凭证

1．物料出库必须有正式的出库凭证，此类凭证均应由使用部门主管人员、仓储部经理签章。

2．出库凭证应包括的内容如下。

（1）经物料领用部门主管签名的物料领用单。

（2）经仓储部经理签章的出库单。

（3）物料检验合格报告书、合格证等。

3．出库管理人员收到物料领用单后，要认真核对物料的编号、规格、品名、数量有无差错和涂改，有关部门的签章是否齐全。

4．审核无误后，出库管理人员按照出库单上所列的物料品名、规格、数量与仓库账目，再做全面核对。

第 13 条　备货

出库凭证经复核无误后，出库管理人员按其所列的项目内容和凭证上的批注，与编号货位进行对货，核实后核销物料明细卡上的存量，按规定的批次备货。

1．销卡，在物料出库时，应先销卡后付货。

2．理单，根据物料的货位，按物料领用单的编号顺序排列，以便迅速找对货位，及时出库。

3．核对，按照货位找到相应的物料后，出库管理人员要"以表对卡，以卡对货"，进行单、卡、货核对。

4．点数，出库管理人员要仔细点清物料出库的数量，防止出现差错。

5．签单，应付物料付讫后，出库管理人员要在出库凭证上签名。

第 14 条　理货

1．核对。出库管理人员、领料员根据物料场地的大小、运输车辆到库的班次，对到场物料按照车辆配载。领料部门编配分堆，然后对场地分堆的物料进行单货核对，核对工作必须逐车、逐批进行，以确保单货数量、品名、规格完全相符。

2．标识。为方便领料部门的接收，理货员必须在应发物料的外包装上标识收货方的简称。标识应在物料外包装的两头，字迹要清楚，不错不漏，复用旧包装必须刷除原有标志，如系粘贴标签，必须粘贴牢固，便于领料员的收转。

第 15 条　复核查对

出库复核人员按照出库凭证，对出库物料的品名、规格、数量进行再次核对，以保证物料出库的准确性。

1．复核查对的具体内容。

（1）怕震怕潮的物料，衬垫是否稳妥，密封是否严密。

（2）每件包装是否有装箱单，装箱单上所列各项目是否与实物、凭证等相符。

（3）领料部门、箱号、危险品或防震防潮等标志是否正确、明显。

（4）是否便于装卸搬运作业，能否保证物料在运输装卸中不致破损。

2．复核查对的结果处理。

如经反复核对确实不符时，应立即进行调换，并将储备物料上所刷的标记去掉，退回原库房。退回后，再次复核结余物料的数量或重量，是否与保管账目、物料保管卡片的结余数目相符，若发现不符应立即查明原因，及时更正。

第 16 条　交接清点

1．出库物料复核无误后，再将物料交给领料人清点，办清交接手续。

2．车辆到库装载待运物料时，出库管理人员、领料员要亲自在现场监督装载全过程，对于实际装车件数，双方必须共同点校清楚。

（续）

第 6 章　附则
第 17 条　编制单位
本制度由质量管理部与仓储部负责编制、解释与修订。
第 18 条　生效时间
本制度自 ××××年 ××月 ××日起生效。

10.3.2　物资储存质量管理制度

随着现代供应链管理体系的形成，物资储存环节在企业发展过程中越来越重要，企业对其质量也提出了更高的要求。下面是一则物资储存质量管理制度，仅供参考。

物资储存质量管理制度
第 1 章　总则
第 1 条　目的
为了确保货物储存管理科学化、合理化、规范化，实现货物合理储存，提高货物储存质量，特制定本制度。
第 2 条　适用范围
本制度适用于企业所属各类仓库货物的储存、盘点、卫生清洁、养护等工作的质量管理。
第 3 条　管理职责
1. 仓储主管负责制定货物储存保管方案、确定有关工作进度安排等组织管理工作。
2. 仓库管理人员负责实施货物的堆垛、盘点、卫生清洁、温湿度控制、病虫害防治等工作。
3. 质量管理部负责人负责对物资储存的质量进行监督检查。
第 2 章　物资日常储存质量
第 4 条　货物的储存原则
1. 合理、有效地使用仓库面积原则
仓库管理人员根据货物的属性、特点和用途规划设计仓库布局，结合仓库的条件考虑划区分工，合理、有效地使用仓库面积。
2. 先进先出储存方式原则
（1）仓库管理人员应以有利于先进先出的作业原则分别决定储存方式及位置。
（2）仓库管理人员建立码放位置图、标记、货物卡，并置于明显位置。货物卡上要载明货物名称、编号、规格、型号、产地或厂商、有效期限、储备定额等相关信息。
第 5 条　货物堆放的方式选择及编号定位
1. 凡吞吐量大的用落地堆放方式，周转量小的用货架存放方式。
2. 落地堆放以分类和规格的次序排列编号，上架的以分类号定位编号。
第 6 条　货物堆放要求
1. 本着"安全可靠、作业方便、通风良好"的原则合理安排垛位和规定地距、墙距、垛距、顶距。
2. 按货物品种、规格、型号等并结合仓库条件分门别类堆放货物（在可能的情况下推行五五堆放），要做到过目见数，作业和盘点方便，货号明显，成行成列且整齐。
3. 货物存放时应考虑忌光、忌热、防潮等因素，妥善存放。仓库内部应严禁烟火，仓库管理人员要定期实施安全检查。

（续）

第3章 货物记账与盘点质量

第7条 记账与对账

仓库管理人员负责仓库保管货物的出货、储存、保管、检验及账务报表的登记等工作，每日根据出入库凭单及时登记核算，月终结账和实盘完毕后与财务部对账。

第8条 货物月度盘点

仓库管理人员每月必须对库存货物进行一次实物盘点，并填报库存盘点表。

1. 发现盈余、短少、残损或变质，必须查明原因，分清责任，做出书面报告，提出处理建议，呈报仓储主管，未经批准不得擅自调账。

2. 积极配合财务部做好全面盘点和抽检工作，定期与财务部对账，保证账表、账账、账物相符。

第9条 年终盘点

每年年终，仓储主管应会同财务部共同处理总盘存时，必须实地查点产品的规格、数量是否与账面的记载相符。

1. 盘点后，盘点人员填写盘存报告表，若有数量短少、品质不符或损毁情况，应详加注明后由仓库管理人员签名确认。

2. 盘点后，如有盘盈或不可避免的亏损情形时，仓储部经理呈报总经理进行核准调整，若为保管不当引起的库存短少，由仓库经管人员负责赔偿。

第4章 货物储存环境质量

第10条 环境清洁

仓库管理人员每日都要清扫仓库地面，清除仓库内的垃圾、杂物等。

1. 仓库管理员需用扫把清扫地面和地台板，尤其要注意清理地台板下的杂物。

2. 仓库管理员应对产品包装上的灰尘进行清除，可用布或鸡毛掸进行清洁。

3. 仓库管理员应对仓库管道进行清扫，并清除墙角和天花板上的蜘蛛网。

4. 仓库管理员应擦洗仓库的门窗，并对天花板进行清扫。

5. 仓库管理员应对仓库四周进行清扫，防止积水和垃圾堆积。

第11条 温湿度

1. 仓库管理员每天对仓库内的温度和湿度进行检查和记录，确保仓库温湿度控制在标准范围之内。

2. 当仓库温湿度超过允许的上限或者等于/低于允许的下限，仓库管理员应在一个小时内通知仓储主管，仓储主管应在24小时内将问题解决，采取有效措施，及时调整仓库温湿度。

第12条 害虫防治

仓库管理员应采取以下害虫防治措施，防止仓库内产生害虫。

1. 仓库所有门窗应该是密封的，门窗若必须长时间打开，要安装防虫门/窗纱。

2. 仓库墙壁和地面不应有洞或裂缝，若出现洞或裂缝，应在两天内修好。

3. 在仓库周围的树木、沟渠、角落及有可能滋生害虫的地方，每月要喷洒一次杀虫剂。

4. 为了切断害虫的食物源，不能在仓库内和仓库外1米以内进食。

第5章 附则

第13条 编制单位

本制度由仓储部负责编制、解释与修订。

第14条 生效时间

本制度自××××年××月××日起生效。

10.3.3 物资配送质量管理制度

优质的物资配送工作可以为企业赢得竞争优势。如果企业在配送的及时性和交付的一贯性等方面领先于同行业的平均水平，就可能成为有吸引力的供应商和理想的业务伙伴。
下面是一则物资配送质量管理制度，仅供参考。

物资配送质量管理制度

第 1 章　总则

第 1 条　为了提高工作效率，优化配送方案，保证配送工作质量，使商品安全迅速地送到客户手中，特制定本制度。

第 2 条　本制度适用于对配送路线的规划、发货工作及配送工作的质量的管理。

第 3 条　在进行物资配送质量管理时，相关人员的职责分工如下。

1．配送经理对货物配送整个过程进行监督和控制，指导处理配送过程中的突发事件。

2．配送主管主要负责设计物流配送路线，编制配送计划，实施货物配送等工作。

3．质量管理部负责对配送工作的监督检查。

第 2 章　配送路线规划质量

第 4 条　调度员应当按照配送方式和订单要求做好配送路线的合理规划，并满足以下要求。

1．安排车辆日常途径的站点时，应注意使站点群更加紧凑。

2．从距仓库最远的站点开始设计路线。

3．尽可能使用最大的车辆进行运送，对过于遥远而无法归入群落的站点，可采用其他配送方式。

4．卡车的行车路线应呈水滴状，应围绕相互靠近的站点群进行计划，以使站点之间的行车时间最短。

第 5 条　调度员应当及时安排合适的配送员，并提前告知，以便配送员做好出车准备工作。安排时，要根据配送员和车辆的匹配程度，尽量依据车辆选择合适的配送员。

第 6 条　调度员应当准确掌握配送中心周围的客户点、线路情况等信息，根据配送中心的配送能力（包括车辆的多少和各辆车的载重量）、配送中心到各个客户以及各个客户之间的距离等制定配送方案，力求使所有车辆的吨公里数最小，以达到合理控制运输成本的目的。

第 3 章　发货作业质量

第 7 条　备货理货员完成理货作业之后，方可进行发货作业。

第 8 条　商品装车前，备货理货员与配送员共同会点无误后方可放行。

第 9 条　客户的订货、交货地点非其营业所在地，订货单应经销售部主管审批后方可办理交运工作。

第 10 条　如果承运车辆可能于营业时间外抵达客户交货地，成品交运前，调度员应提前将预定抵达时间告知客户，以便客户准备收货。

第 11 条　配送车辆装载商品后，配送员应在商品交运单上签章。该交运单一式四联，第一、第二联交销售部核对后，第一联由销售部留存，第二联供会计核对入账，第三联送交客户，第四联由配送员或者第三方物流人员带回，以备运费月报或申请运费之用。

第 12 条　客户要求自提时，配送中心应先按照订单进行确认，确认和订单要求一致后，方可发货。

第 4 章　配送作业质量

第 13 条　配送员应按照调度员安排的线路进行配送，有特殊情况时需报告调度员，以便更改行车路线。

第 14 条　配送员应主动进行配送，并积极解决工作过程中遇到的各种问题，不允许出现渎职现象。

第 15 条　行车过程中要安全第一，严格按照流程来办事，不得因着急完成任务而擅自更改公司的计划。

第 16 条　配送员要遵纪守法，廉洁奉公，严格遵守运输纪律，维护运输信誉。不得搞假公济私捎脚运输，不得吃、拿、卡、要所运的商品，不得接受客户任何形式的"补贴"，不得刁难客户。

第 17 条　配送员在执行送货作业时，应当按公司规定统一着装，举止、言谈得体，不得出现损害公司形象的行为。

第 18 条　当客户出现疑问时，配送员应当耐心进行答疑，不得与客户争执，不得出现敷衍、冲撞客户等严重损害公司利益和形象的行为。

（续）

第19条　配送员应当积极协助客户方进行卸货，积极配合客户进行商品的验收和检查工作。

第20条　卸货时，要督促卸货人员轻拿轻放，严格根据商品性质和技术要求作业。

第21条　交货时，配送员按货票向客户一票一货交代清楚，并由客户签字，加盖货已收讫章。

第22条　对于货到付款的商品，配送员应当面点清金额。

第23条　商品移交后，配送员应将由客户签字、盖章的票据和相关款项带回，上交配送中心处理。

第24条　商品配送完毕，发现移交有误，要及时报告配送中心经理，并和客户联系、协调，及时处理补救，减少公司或者客户的损失。

第25条　商品在配送过程中，如装卸、运输、保管、交接过程中发生误期、灭失、损坏、错运，以及由于工作失职、借故刁难、敲诈勒索而造成的不良影响或经济损失，均属配送质量事故，要建立专门卡片，注明事故发生原因、责任归属、处理结果等，并由调度员录入配送台账系统，不得隐瞒。

第5章　附则

第26条　本制度由物流部负责编制、解释与修订。

第27条　本制度自××××年××月××日起生效。

第11章
智能制造环境下的质量管控

11.1 智能化的质量管理

11.1.1 智能化质量管理系统

质量管理系统是云端技术和移动平台相结合打造的质量管理网络，每个用户都是网络中的节点，可以充分地与合作伙伴、用户、供应商协同进行质量管理，及时准确地获得上下游的质量信息，并为企业提供标准化、信息化、智能化的质量管理方案，从而能够提高质量管理水平。

智能化质量管理系统的功能如图11-1所示。

11.1.2 大数据与质量管理

大数据是数据量大、数据流快、数据类型多的数据集。在质量管理工作中，企业可通过对产品从设计到交付的整个生产周期的数据进行采集和统计分析，建立数据平台，并结合大数据技术，整合大数据资源，形成有利于质量控制的数据链。大数据在质量管理工作中的应用有以下三点。

1. 质量数据收集

数据的收集是质量管理工作的关键，在生产过程中会产生大量的工艺数据，要从对产品质量有影响的数据入手，利用各种技术实现机器中的通信，将海量数据通过网络及软件方法自动传输到质量数据中心。数据采集的方法主要有系统自动采集、数据库采集、日志抓取等。

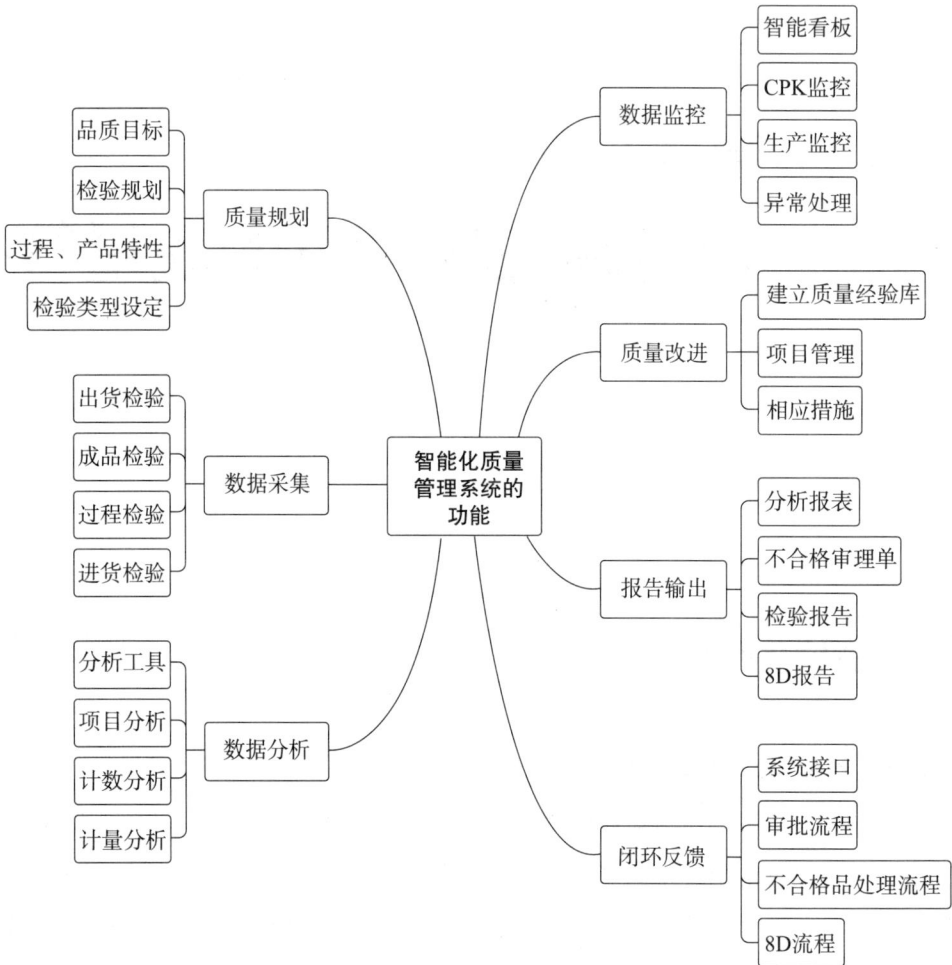

图 11-1　智能化质量管理系统的功能

2．质量数据筛选

在生产过程中会产生大量的信息，企业可利用大数据技术对数据进行必要的筛选，加强对不同类型的数据的分类、归纳和分析，确定信息的相关性，排除不相关的数据，保持数据与信息间的密切联系。

3．质量数据应用

（1）产品故障点预测。在建立产品质量模型的基础上，确定产品质量薄弱环节，对故障易发部位和操作步骤进行修正，预测故障点。

（2）产品缺陷定位。当产品发生故障时，通过数据表现可以快速、准确地定位产品故障。

（3）产品持续改进。在产品的实际使用中，产品设计与生产的收集、分析、安排和传播对于产品的持续改进至关重要。

11.1.3　人工智能与质量管理

人工智能在质量管理领域的应用已较为广泛。通过人工智能的介入，企业可以对关键性内容与记录进行精确分析与掌控，实现智能化、信息化的质量管理。人工智能在质量管理中的应用主要体现在以下四个方面。

1. 设备维护

（1）通过人工智能系统，能预见设备的潜在问题。

（2）使用人工智能系统精确预测设备的剩余使用寿命，提高设备的总体寿命。

（3）人工智能系统可以协助人们制订更明智的设备维护计划，从而优化整个设备的成本和质量。

2. 仓储物流

（1）使用基于数据驱动的人工智能的库存分析方法，降低库存成本。

（2）实时跟踪供应车辆有助于更好地利用物流车队，从而优化总体生产计划。

（3）预测发货和交货提前期，不仅可以准确预测，还可以通过应用人工智能算法进行优化。

3. 质量改进

通过人工智能系统能够理解当前制造质量过程的局限性、缺点或不足。

4. 质量检验

利用人工智能语音质检系统可以帮助企业进行全面的质检，并在多个场景都有相应的解决方案，可以快速定制质检脚本，实现智能化质量管理。

11.1.4　机器人与质量管理

在企业质量管理中，机器人的应用极大地节省了人力资源，提高了实际的生产效率，提升了产品质量。

1. 流程自动化

生产计划下达后，仓库物流机器人接受生产计划指令，按照时间自动开到指定物料的位置，自动抓取物料放到车上。

2. 测量组件

机器人抓取器拾取并测量组件，然后将详细信息发送到坐标测量机。坐标测量机会自动加载正确的软件进行检查工件，然后将检查信息发送给机器人。

3. 实现持续改进

机器人颠覆了许多传统工艺，帮助各行各业的人们持续追求更高的质量。例如，机器人可以在建筑行业 3D 打印结构，确保它们符合项目的严格规范。在质量控制中，使用机器人对于确定产品是否经得起实际使用的检验也很有价值。

11.1.5 工业云平台与质量管理

工业云平台是建立在物联网的基础上，叠加大数据、人工智能等新兴技术，构建的更精准、实时、高效的数据采集体系，具有存储、集成、访问分析和管理功能。工业云平台在质量管理中的应用主要体现在以下三个方面。

1．数据可视化

工业云平台提供多种报表工具与各个业务模块无缝集成，用户可以很方便地进行多维度、可视化的数据分析，为企业经营决策提供支撑，使企业能够调整其战略、政策、流程和资源，以实现其目标。

2．有效沟通

工业云平台配备强大的审批流程设计器，只需添加好审批节点，指派好审批人员，再复杂多变的业务审批，也能快速配置、随时调整，从容应对流程和人员变动，简单设置，即时生效。

3．质量保证

工业云平台完全整合质量检测、警报、制造和库存环节，根据预先确定的要求，员工可从工作中心控制面板或从库存运作直接启动质量警报，将产品指向专用质量区，以进行高级检查，确定是否需要返工或改进。

11.2 全流程质量数据管理

11.2.1 质量数据预警

质量数据预警是将过程工艺参数纳入到过程质量监控体系，通过数据采集、数据挖掘、数据分析、数据对比，发现数据异常，对已经存在的风险发出预报与警示，出现问题时迅速做出反应。质量数据预警工作实施时需确定以下五项内容。

1．量级指标与转化指标的确定

量级指标即每个环节的数据指标，其存在的意义是可以通过加工成为企业想要的数据。

转化指标即每个环节的转化，通过观测转化指标可以快速定位出哪个环节出了问题。

2．每个指标正常波动范围的确定

每个指标要根据历史数据设定一个正常浮动范围。企业可以从以下四种数据维度确认正常波动范围。

（1）同比数据（与上周同一天同时段进行对比）。

（2）环比数据（与前三天同一时段的平均值进行对比）。

（3）每个环节的转化（与前 N 天每个环节的转化进行对比）。

（4）每个小时增幅（与前 N 天每个小时增幅进行对比）。

3．触发条件的确定

要确定数据预警的触发条件，通常是超出正常浮动范围就会发出预警。

4．预警周期与频次的确定

预警的周期通常是一天，频次半个小时一次或一个小时一次。

5．预警方式

一般情况下预警方式有系统弹窗、办公平台关联通知、短信通知、E-mail 通知等。

11．2．2　数据过程监控与分析

企业在生产过程中，可利用统计分析数据，监控生产过程是否处于受控状态，判断过程质量的稳定状态，并了解质量水平。

1．数据过程监控程序

（1）数据采集：提供常见信号的输入接口，能够对生产过程数据及机台状态进行实时采集，并进行初步处理。

（2）现场交互：生产机台现场应具有人机交互功能，以便操作人员进行机台故障报告，接收并选择生产任务。

（3）图形化监测：采用图形化界面，提供给车间管理人员直观方便的监测手段。监测数据有数据量、异常值、缺失值、重复值、范围值等。

（4）现场组网：现场数据采集器应具备组网接口，通过其组网功能，可将车间的所有设备组成一个网络化的设备监控系统。通过适配卡连接的上位机 PC 对处于网络中的设备进行集中监控和管理。

2．数据分析

通过质量数据的分析，确定企业质量管理体系的适宜性和有效性，并用于质量改进，不断完善质量体系。数据分析方法主要有同比、环比、趋势分析、定期全历史趋势分析、业务分析对比等。

11. 2. 3 质量评价数据模型

质量评价数据模型是企业通过对质量指标进行统计分析，按照目标做出综合质量水平评价，提高企业质量管理部整体工作效能，在最大限度上降低质量成本，最终实现组织的利润目标和战略目标。质量评价数据模型如表 11-1 所示。

表 11-1　质量评价数据模型

评价项目	具体内容	目标值	数据来源
质量体系	质量体系认证一次性通过率	98%	质量体系审核文件
	体系文件编写合格率	100%	质量体系审核文件
	质量体系运行问题及时解决率	100%	质量报表
	质量体系推行工作按计划完成率	98%	质量报表
	质量计划及时完成率	98%	质量报表
产品	首次检验合格率	98%	产品检验记录
	抽检合格率	98%	产品抽检记录
	返工率	5%	产品检验记录
	废品率	2%	产品检验记录
	批次异常率	1%	产品检验记录
	制作不良率	1%	产品检验记录
	异常处理及时率	100%	异常处理单
	产品质量原因退货率	0.5%	退货记录
设备	检验设备完好率	95%	设备检验记录
	设备保养计划完成率	100%	设备保养记录
	设备故障停机率	2%	设备运行记录
	设备事故率	0	设备运行记录
客户	客户满意率	95%	调查问卷
	客户投诉率	5%	投诉记录
	客户投诉处理及时率	100%	投诉处理单

11. 2. 4 数据统计与质量判定

质量数据统计是指对有关质量的原始记录的收集、整理、计算和分析，并提供统计资料的过程。质量数据统计资料是企业领导做出质量决策的依据，也是判断企业各项指标完成情况及进行质量考核的依据。

1. 数据统计方式

各职能部门将收集到的数据进行汇总和统计，统计方式包括但不限于以下内容。

（1）质量调查法。质量调查法即利用各统计图表，系统地收集能够反馈质量问题的数据，并进行简单的数据处理和粗略原因分析。质量调查法一般可用于审核并分析市场、客户满意度的质量。

（2）分层法。分层法即按一定的标准对收集的数据进行适当分层和整理，使杂乱无章和错综复杂的数据及因素系统化、条理化。

（3）排列图法。排列图法是寻找主要问题或影响质量的主要原因时所使用的工具。

（4）因果分析法。因果分析法即表示质量特性与有关因素之间关系的一种图形，其用来寻找产生问题的具体原因。因果分析法可用于较为复杂的不合格品项分析。

（5）直方图法。直方图法即通过数据分布状况描绘与分析，判断生产过程中产品质量是否处于受制状态。

（6）控制图法。控制图法即为分析和判断生产过程是否处于控制状态所使用的带有控制界限的图形，其主要用于过程监视和测量。

2．质量判定方式

质量判定的方式主要包括以下三种。

（1）最终检查（OQC&FQC）。企业对成品、部件、组件或返工检查，按客户和供应商确定的抽样计划表（AQL）执行。

（2）首件检验（FAI）。测试产品中的第一个产品或部件中的样本，或根据客户的技术规范，将样本放在一起做首件检验。

（3）实验测试（ET）。通过功能性测试（零件和材料），对有缺陷的样本拆卸或破坏性检查。

11. 2. 5　制造履历数据追溯

制造履历数据追溯是指从源数据到数据产品的衍生过程。通过追溯，企业可以及时找出产品制程问题所在和原因，并做出更好的解决方案，同时也是为了监督每个工作单位的流程，如果出现问题，可以通过监督记录找到负责人。制造履历数据追溯的作用有以下六项。

（1）根据物料走向，进行物料全过程的生产履历追溯。

（2）查看、分析每个关键工序影响质量的关键工艺参数的分布。

（3）质量检验特性及判定结果的追溯。

（4）各批次生产过程设备运行状态追溯。

（5）指定缺陷数据追溯。

（6）通过多维度、多角度将用户关注的数据进行整理展现，可选择数据范围，以快速查看质量 / 产品信息。

11.2.6 质量数据分析报告

质量数据分析报告是指企业从数据中心中读取数据，并以图形、表格的形式显示，实现重点质量报表展示，反映质量管理信息。下面是一则质量数据分析报告，仅供参考。

质量数据分析报告

一、本月生产质量情况简介

通过各车间主管和各班组长的积极配合努力，本月各车间完成了公司下达的生产任务，及各项生产质量技术指标，保证了销售的供货需求。

截至××月××日，实际生产数38万件，成品入库数37.4万件。

二、数据情况

1. 产品审核情况

各车间质量水平如表1所示。

表1　各车间质量水平

车间	A级缺陷总次数 D_A	B级缺陷总次数 D_B	C级缺陷总次数 D_C	样品数 n	质量水平 U	标准质量水平 U_S
A车间	0	15	89	430	0.38	××
B车间	0	23	136	450	0.56	××
C车间	0	7	101	450	0.30	××
D车间	0	45	201	420	1.01	××
零件库	0	3	6	630	0.03	××

注：$U=(10D_A+5D_B+1D_C)/n$。

2. 供货质量分析

供货质量分析如表2所示。

表2　供货质量分析

序号	反馈单位	零件号	退货数量	责任单位	退货原因	备注
1	本厂	××	2	车间	零件表面烧伤	
2	××厂	××	5	综合部	表面黑皮	
3	××公司	××	2 321	A车间	总长短	
4	××公司	××	1 934	B车间	总长短	
5	××公司	××	358	C车间	混件	
6	××公司	××	1 082	D车间	混件	
合计	—	—	5 702	—	—	

（续）

3．进货验收合格率

采购产品、材料进货验收合格率如表 3 所示。

表 3　采购产品、材料进货验收合格率

车间	产品进货验收			材料进货验收		
	总批次	不合格批次	合格率（%）	总批次	不合格批次	合格率（%）
A 车间	71	0	100	24	0	100
B 车间	45	0	100	4	0	100
合计	116	0	100	28	0	100

4．过程产品一次交检合格率

过程产品一次交检合格率如表 4 所示。

表 4　过程产品一次交检合格率

车间	自检产品			客户提供产品		
	交检总批次	不合格批次	合格率（%）	交检总批次	不合格批次	合格率（%）
A 车间	362	3	99.2	45	0	100
B 车间	239	7	97.1	241	12	95.02
C 车间	39	0	100	285	0	100
D 车间	28	0	100	45	1	97.78
合计	668	10	98.7	616	13	98.02

5．产品返工品率

产品返工品率如表 5 所示。

表 5　产品返工品率

返工品数量	月产量	返工品率（%）
0	5 262 150	0

6．出厂产品一次交检合格率

出厂产品一次交检合格率如表 6 所示。

表 6　出厂产品一次交检合格率

入库批次	合格批次	抽样数量	不合格数量	合格率（%）
201	201	3 550	0	100

三、数据情况分析

1. 从表 1 看，D 车间质量水平较低，分析原因得知，D 车间由于 WK3 设备出

（续）

现故障，未及时发现，导致产品出现缺陷。

2．从表2看，××公司、××公司对供货材料把关不严，对供货材料查验工作落实不到位，导致不合格品出现而产生退货。

3．从表4看，四大车间产品批次合格率都在90%以上，且C车间、D车间批次合格率维持在较高水平。

四、问题改善建议

1．成立产品质量监督小组，责成相关部门加强业务协调配合，加大对重点产品的监督力度及设备事故预防。

2．加大对不合格供货公司的处理力度，对问题公司进行适时跟踪，增加监督抽查频次，严厉打击偷工减料、提供劣质原材料等情况。

3．完善本公司质量管理体系及产品出厂检验制度等。

××公司质检部

××××年××月××日